淘宝天猫
网店操盘手记

田现辉 ◎ 编著

**NOTES OF
TAOBAO TMALL ONLINE SHOP**

PREFACE

| 前言 |

想写一本关于电商实战的书，这个愿望由来已久。一方面，我喜欢营销，对各大家的营销理论都有所涉猎；另一方面，我从事电商已有 10 年时间，积累了很多经验和教训，并且在运营的过程中沉淀出许多属于自己的干货。

在此之前，市面上已有很多关于电商的理论、教程或文章，我曾一度犹豫还有没有必要写这本书。

直到我在喜马拉雅上开始录播音频，讲解关于电商的实战经验时，我才发现原来很多人想学电商而不入门。更有甚者，因培训市场的混乱，学习的全是表面功夫或吹牛一样的案例，说误人子弟也不为过。再三思索后，恰逢出版社编辑邀约，我决定将 10 年来从事电商运营行业的所得所思整理成书供读者参考。

我本人进入互联网行业较早，做了 4 年的技术开发，2010 年开始进入电商行业，并赶上了电商第二波大的红利。在这期间，电商平台的规则一直在变，也迫使我们这些营销人不断地思考营销的道与术、营销的工具和方法，以及这些内容怎样更能为当前店铺所用。我比较喜欢框架式的思维，看一个问题总想弄清楚其背后的道理。讲电商的营销也是如此，我把营销拆分为几大模块，然后再细分每一个模块的细节、重点，这也是贯穿本书的主线。本书与市面上手把手教点击菜单、设置一个工具的图书有所不同，因为我基本没有把时间花费在讲解后台或工具的使用等基础操作上，而是从价值和需求出发，力图在电商这个层面，把品牌、促销、产品和顾客维护的方法呈现出来。通过对本书的阅读，读者不仅可以知道要不要这样做，而且可以知道为什么要这样做。

诚然，本书篇幅不长，也没有精彩华丽的语句，但却都是我对多年来自己积累的干货的总结，特别适合有一定运营经验的小店主、中小卖家阅读。

另外，本书相关视频讲解、"宝贝拍摄基础与技巧"电子书、"可视化营销"与"社交营销媒体技巧"PPT，以及店铺运营相关的300个表格已上传至百度网盘，供读者下载。请读者关注封底"博雅读书社"微信公众号，找到资源下载栏目，根据提示获取。

最后，由于时间仓促，且平台规则一直在变化，因此书中难免有疏漏之处，万望海涵，敬请指正。

CONTENTS

目录

第 1 章 必知必会的电商营销知识 …………………………………… 8

1.1 中国电商现状：下半场开始了 ………………………………… 10

1.2 了解电商营销的常用"行话" ………………………………… 15

1.3 具有营销思维，方能高瞻远瞩 ………………………………… 20

1.4 认识淘宝店前台和后台相关页面 ……………………………… 24

第 2 章 店铺业绩的关键指标——转化率 …………………………… 30

2.1 解读电商营销的转化率 ………………………………………… 32

2.2 正确选品是提高转化率的基石 ………………………………… 33

2.3 利用促销工具提高转化率 ……………………………………… 42

2.4 没有这五要素，谨慎设置店铺活动 …………………………… 44

第 3 章 视觉营销才是转化率的重头戏 ·············· 54

- 3.1 练好内功：提升 PC 端店铺印象 ·············· 56
- 3.2 策划漂亮的导航菜单 ·············· 60
- 3.3 PC 端店铺首页规划 ·············· 65
- 3.4 不可忽视的店铺分类页与侧边栏 ·············· 67
- 3.5 打造超高转化率的详情页 ·············· 68
- 3.6 把握促进成交的六大因素 ·············· 70
- 3.7 七个关键点塑造产品价值 ·············· 76
- 3.8 提升转化率的重要环节：详情页排版 ·············· 82
- 3.9 优化宝贝主图和标题 ·············· 87
- 3.10 抓住宝贝描述中的其他优化点 ·············· 93
- 3.11 手机端的店铺装修与宝贝详情页设计 ·············· 99

第 4 章 全方位高精准获取流量的"独孤九剑" ·············· 108

- 4.1 剑式 1：直通车 ·············· 110
- 4.2 剑式 2：钻石展位 ·············· 130
- 4.3 剑式 3：微淘 ·············· 152
- 4.4 剑式 4：直播 ·············· 159
- 4.5 剑式 5：短视频 ·············· 168
- 4.6 剑式 6：阿里 V 任务 & 有好货与必买清单 ·············· 174
- 4.7 剑式 7：淘宝客 ·············· 177
- 4.8 剑式 8：自然搜索、千人千面与站外流量 ·············· 184
- 4.9 剑式 9：超级推荐 ·············· 190

淘宝天猫网店操盘手记

第 5 章 客服越好销量越高 … 192

- 5.1 做好售前服务，促使顾客购买 … 194
- 5.2 用好千牛是售前客服的基本功 … 196
- 5.3 售后服务是吸引回头客的关键 … 199
- 5.4 不在其位也谋其政：协助售后 … 204
- 5.5 六招应对顾客讲价 … 208
- 5.6 增加关联销售，有效提高客单价 … 211
- 5.7 客服应掌握的相关知识 … 214
- 5.8 客服与买家沟通时的注意事项 … 217
- 5.9 详情页描述到位，减少客服工作 … 219
- 5.10 客服与顾客电话沟通的技巧 … 222
- 5.11 大促活动期间的客服工作 … 225
- 5.12 紧跟物流，提升客户好评度 … 230

第 6 章 延长顾客终身价值 … 236

- 6.1 售后评价的处理 … 238
- 6.2 小包装大讲究，做好包裹营销 … 241
- 6.3 客户关系管理 … 248
- 6.4 针对中小卖家客户关系管理的建议 … 251
- 6.5 客户关系管理自动化营销的设置 … 254
- 6.6 会员定期优惠和惊喜体系 … 258
- 6.7 搭乘微信船，做营销推广 … 260
- 6.8 中小卖家更适合个人号 … 267

6.9 新浪微博 —— 现在就可以做起来 …………………………… 271
6.10 微店最好作为备用 ……………………………………………… 277
6.11 售后体验的转介绍机制 ………………………………………… 282
6.12 创建社群要谨慎 ………………………………………………… 286

第 7 章 网店工作规划与实施 …………………………………… **288**

7.1 工作目标的科学设定 …………………………………………… 290
7.2 工作计划的正确分解 …………………………………………… 293
7.3 常用的办公管理工具简介 ……………………………………… 299

第 8 章 店铺诊断与优化 …………………………………………… **306**

8.1 DSR 评分诊断 …………………………………………………… 308
8.2 店铺基础服务与近 30 天服务状况诊断 ……………………… 314
8.3 产品规划的诊断 ………………………………………………… 322
8.4 PC 端首页装修诊断 ……………………………………………… 329
8.5 无线端装修诊断 ………………………………………………… 336
8.6 详情页诊断 ……………………………………………………… 342
8.7 店铺流量的诊断 ………………………………………………… 353
8.8 顾客评价的诊断 ………………………………………………… 357
8.9 老顾客维护的诊断 ……………………………………………… 361
8.10 售前客服的诊断 ………………………………………………… 365

1

必知必会的
电商营销
知识

本章导言

电商发展到现在，已有十几年的时间。随着电商行业的不断完善，整体业态也开始进入一个更正规、更丰富的状态。在新型电商时代，我们应该拥抱变化，在电商的下半场找到应变的方法，实现新的跨越。

学习要点

- 电商下半场的特征
- 淘内营销仍是最有性价比的营销方法
- 电商营销的基本概念
- 电商营销的示意导图和销量公式

1.1 中国电商现状：下半场开始了

"电商下半场"这个概念最早是由美团网的创始人王兴提出来的，在电商的下半场中，我们要找到适合操作的方法，才能走的更远。

淘宝网于 2003 年创建，在十多年的发展中，网络购物的人逐渐增多，电商平台的流量也一直处于高速增长的趋势。对于早期的淘宝网店，不管商家的运营水平如何，只要在网上卖东西，或多或少都可以分到一杯羹，不断释放的流量红利使所有的商品都有可能通过淘宝网销售出去，可以说当时是一个野蛮生长的时代。这种基于中心流量平台分发的电商形式被叫作传统电商。

从 2013 年开始，电商行业发生了一些新的变化，电商变得没有刚出现时好做了，并且出现了多元化趋势，除了淘宝、天猫、京东以外，还出现了微信、社群、微店、短视频与直播等新的电商模式，并且发展态势很好。无论是资金实力方面，还是技术实力方面，抑或是经营管理和经营理念方面，新型电商都对从业人员提出了更高的要求。虽然网购的人越来越多，但新型电商确实越来越难做。

虽然新型电商远比传统电商要更难操作，但是并不代表传统电商不可做。我自己一直身处电商经营一线，对营销和策划又很感兴趣。即便是在晚上散步时，我也会思考这些事情。我们小区门口有很多实体店面，每次路过我都会看到前不久新开的店面又挂出了"转让"的牌子，究其原因，实体店主要的问题在于居高不下的租金和人工成本，而一旦选址失败，转让或换经营方向的空间实在太小了。

在与淘宝站外的一些社群交流的过程中，我发现了一个现象，从淘宝站外获得一个真实"粉丝"的成本居然是 10 元左右。我曾经把一个食品项目交给淘宝站外去做，在有 500 个宝妈的微信群中推广我自己的广告，最终折算下来，我的私人微信群加到一个好友（只是加到好友，并不是成交）的成本在 6.5 元左右。我自认为我的文案、海报还算及格，但当我反馈给群主时，群主表示这个价格已经很低了。

在做惯了淘宝站内的电商营销后，你将会发现，很多人说现在的电商不好做，其实只是相对前几年的"躺着赚钱"模式而言的。如果做好直通车或钻展，目前一个精准点击的成本仍然可以控制在 1~2 元，有的类目成本甚至在 0.5 元左右，而这仅仅是付费推广的成本。但是，淘宝、天猫是一个流量分发平台，除了花钱的流量，还有不花钱的自然搜索流量。只要我们略懂营销，就可以把获得"粉丝"的成本降到更低。

因此，不管是对个人创业者而言，还是作为传统企业触网的第一站，阿里系电商平台仍是首选。尤其是对传统企业而言，天猫还起着企业名片的作用。

> **名师点拨**
>
> 现在电商的成本远高于之前，以前获取精准 UV（独立访客）只需要花费几毛钱，但现在可能需要花费几元或十几元才能得到一个精准 UV。在流量成本居高不下的今天，一定要转向经营顾客，而不是单纯地经营流量。用便宜的流量成交而不重视后续发展的做法并不一定会带来利润。因此，我们应转变观念。

一、从经营流量到经营顾客

从经营流量转变为经营顾客，要"把人当人"，这是一个基本的观念转变。在过去，我们可能专注于昨天或上周引入了多少 UV，成交转化率是多少，而现在的经营中，我们更应该注重的是后端的营销。比如，有多少人被我们留了下来并成为了微信好友；我们策划一次微信营销活动有多少人响应；又有多少人愿意反馈我们产品的问题，并且把我们的产品分享或介绍给自己的朋友……这些才是我们在电商下半场更需要关注的数字。只有彻底转变经营理念，才能放弃对以往流量红利的幻想，进而应对新的变化。

二、具备优秀供应链的企业的春天来了

与以个体为主的淘宝店相比，传统的线下企业一般更具有品牌打造能力，有品牌推广和传播的意识，也有付费推广的能力。他们在供应链、产品及团队管理上都有一些明显优势。只是这些优势主要体现在线下，没有迁移至线上。从电商在中国整个零售市场的占有率来看，线下仍有85%的市场可以进行拓展，因为互联网不仅具有高效的销售能力，而且具有高效的管理、沟通、创新和整合能力。因此，很多线下企业应该用互联网的思维来武装自己。

电商下半场对传统企业来说是一个非常好的时机。早期是电商野蛮生长的时期，更适合个体户或"山寨"产品的成长。现在虽然电商的人口红利在减少，但电商的生态环境已经非常成熟，步入了正规的发展阶段，电商卖家也都开始改变之前的山寨做法，进而转换为规范化的团队管理和营销传播。而优秀的线下企业有着强大的资金、品牌、管理团队和线下渠道，并且拥有供应链的优势，此时进入成熟而健康的电商环境，必定会更加快速地发展壮大，这就是电商下半场是品牌企业和具有优秀供应链企业的春天的原因。

> **名师点拨**
>
> 品牌是在消费者脑海中形成的深刻印象，它需要时间的沉淀，并不是一蹴而就的。而线下优秀的企业品牌都经过了数十年的积累，这为其在互联网电商下半场快速打出自己的一片天地奠定了坚实的基础。

三、中心电商和泛中心电商的并存与互补

所谓中心电商和泛中心电商（或称无中心电商），这个观点是从电商流量获取方式的角度来阐述的。其实，我们并不是从一个中心电商平台过渡到泛中心的电商时代。尽管年轻的微商们、新生派的颠覆者都在宣扬失控的无中心状态，但实际上，阿里仍是电商的绝对主流，可以说是电商的代名词，而"泛中心"只是说电商的生态环境发生了一些变化，出现了一些新的形态，比如出现了社群电商、直播电商等。因此，未来的电商应该是中心电商和泛中心电商并存与互补，而不是传统的中心电商。

首先我们先来解释两个概念，一个是中心电商，另一个是泛中心电商。

1. 中心电商

中心电商可以淘宝、天猫、京东为代表，我们可以把其主要的形式想象成一个超级大的货场，它有非常大的人流量。淘宝每天可能有上亿的 UV 进来，虽然现在这个数字可能因为受自媒体、APP、微信或泛中心电商等影响而有所下降，但从整体来讲，它还是一个非常庞大的流量入口。那么多商家聚集在购物中心，需要消费者来消费，一种方式是消费者通过自然搜索搜索到商家的产品，另一种方式是商家可以通过平台的推荐机制向消费者推荐商品。

我们的产品为什么可以排在前面？怎么才可以经常出现在"猜你喜欢"呢？有时我们搜索过某一个关键字，产品就会被推荐给我们，淘宝、天猫也是如此，后台会通过买家搜索过的关键词将我们的产品推送给买家。将我们的产品推送在前面需要有流量，暂且不考虑其他成本，我们可以认为这个流量是免费的。自然流量是最精准的流量，同时它也是免费的流量。事实上如果操盘过店铺就会知道，提高店铺的自然搜索一直是运营的一个重要目标，也是在中心电商时代商家不得不受制于平台的原因，造成的结果就是很多人费尽心力地去

研究搜索的规则和直通车的漏洞，从而想办法提高店铺的自然流量。

2. 泛中心电商

泛中心仍然有中心，只是这个中心可能只有几十个人、几百个人，最多也就几千几万人。如拥有几万读者的一个微信公众号，又如某个专业领域里拥有几个或几十个人的个人微信号，它们都是个人的"私域"，平台干涉不到，而且一般不与其他的泛中心连通，但不能否认它是一个中心，并且具备很强的卖货能力，这也是我们应该重点运营的区域。

为什么说中心电商和泛中心电商应结合起来？我们可以通过销售流程中的"前端获取"和"后端维护"这样的概念来解释。尽管之前我们也一直这样做，一方面开源，另一方面节流，但在微信这个强大的工具出现之前，后端维护的手段还是很欠缺的。

所以，我们一方面要适应，或者说要遵从淘宝、天猫、京东这种中心电商的流量规则，研究如何增加自然流量，如何降低付费流量的成本。另一方面，要在吸引新流量的同时注意维护老顾客。当购买过产品的顾客转化为流量时，我们要积极地维护他们，把这些老顾客团结在以我们商家而不是以淘宝为中心的圈子中。可以这样形象地说，我们必须先从大海里捞鱼（顾客），再把鱼（顾客）放在自家的鱼塘（店铺）。

在电商整个营销流程里，一直存在中心电商与泛中心电商这两个概念。不同的是，在微信和各类APP自媒体兴起之后，泛中心的势头突然被引爆了，我们必须要对其重视起来。而随着技术的发展，移动互联网的爆发为中心电商和泛中心电商的结合提供了最佳时机。

名师点拨

第一：转变思路。随着流量的采买成本的增加，不能单纯地依靠流量红利来实现销量和利润。

　　第二：介入电商的好时机。对于部分线下传统企业来说，此时介入电商是一个非常好的时机。

　　第三：要重视泛中心电商，更要重视中心电商。在我们做得比较好的情况下，中心化的平台才会在流量红利方面给予我们很大的支持。

1.2 了解电商营销的常用"行话"

　　提到电商营销，就不得不提营销过程中的一些常见术语，如 UV、PV、跳失率等，如图 1-1 所示。本节将从卖货的角度来讲解这些指标，卖家们在学习时应该注重与销售环节相联系，不要只理解字面上的含义。对于一些基本的概念，读者可以从百度查到，此处不做赘述。

图 1-1 电商营销中的 8 大重要指标

一、UV

　　UV 是什么？UV 是 Unique Visitor 的简写，是独立的访客，即通过互联网访问、浏览某个网页的自然人。用线下门店打比方，UV 可以理解为进店的人，进来一个人就是一个 UV，进来两个人就是两个 UV。

二、PV

UV是独立的访客,那么PV是什么意思呢?PV是Page View的简称,是指所有访问者浏览页面个数的总和。例如,一个人看了3个页面,那么此时的UV是1,此时的PV是3;如果说3个人每个人看了2个页面,那么这个时候的UV是3,PV就是6。也就是说,PV永远是大于等于UV的,因为每个UV至少会看一个页面。

结合营销流程,我们在做店铺页面、首页、主图、详情页规划时,就要考虑让每个UV查看更多页面,这样对我们的转化才更有利。例如,线下的店铺肯定希望顾客能在店铺里转来转去,就像超市的入口和出口一般不会放在一起,可方便顾客任意进出,因为入口和出口分开可以增加顾客购买商品的可能性。由此可见,我们在讲提高转化率时,要强调如何策划整体页面以提高销量。

三、跳失率

跳失率与UV、PV存在一定的关系,打个比方,一个人进店铺后看了一个页面就走了,没再看第2个页面,我们就称这个人从这个页面上跳失了。如果一共进来了100个人,其中有90个人都是只看了一个页面就离开了当前店铺而去了别的店铺,或者说离开了淘宝网,那么这时页面的跳失率就是90%。再假如进来100个人,只有30个看了第2个或第3个页面,其他人都只看了一个页面就离开了,那么跳失率为70%。显而易见,跳失率对我们来说越低越好。打个比方,对应到实体店,某个人刚跨进实体店大门扫了一眼就离开了,那就是100%跳失。

当然,不同的类目其跳失率会有所不同。有的类目正常跳失率在

50%～60%，有的类目正常跳失率在70%～80%。因此不必要追求绝对平均的数字。

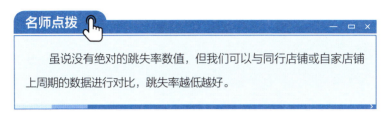

名师点拨

虽说没有绝对的跳失率数值，但我们可以与同行店铺或自家店铺上周期的数据进行对比，跳失率越低越好。

四、页面停留时间

买家在页面停留的时间和跳失率息息相关。当一个人看两个或更多页面时，他的停留时间肯定会长。如果大部分人只看一个页面就流失了，那顾客在店铺的停留时间就非常短。

跳失率和停留时间这两个指标呈负相关：跳失率越高，停留的平均时间越短；跳失率越低，停留的平均时间越长。页面停留时间反映了店铺页面吸引人的程度。在设置店铺页面时应注意呈现逻辑、突出亮点等。

五、成交转化率

转化率是一个至关重要的指标。例如，100个人中有5个人购买了产品，那么转化率就是5%。围绕转化率还有很多其他的术语。如询盘转化率，例如，100个人进来了，有多少人问了客服；还有下单转化率，即进来的人中有多少人下单了；还有下单到付款的转化率，客户下单之后是拍下待付款的状态，该转化率即最终付了款的人占下单人数的百分比。转化率是一套体系，有整体的流程，每一步都可能有多种原因导致某个人最终没有付款，由此可见，转化率是店铺重要的一个指标，转化率越高，店铺销量就越高。关于如何提高转化率，后文中我们再做详细解释。

六、点击率

点击率是指浏览者对商品的点击次数。例如，有 100 个人看了我们的广告图，有 10 个人对图片上的文案产生了兴趣并实现了点击，此时的点击率就是 10%。

需要注意的是，点击率并不是越高越好。点击率和转化率之间需要平衡。例如，我用 1 元包邮的低价可以提高点击率，但是点击进来的人不一定会购买产品，因为他是冲着 1 元包邮进来的。这种被明显低价或明显便宜引进来的流量，实际上是一种垃圾流量，因为他购买正价产品的概率很低。

因此，不要片面地追求过高的点击率，它和转化率之间要有一个平衡。既要让浏览者对产品感兴趣而点击进来，又要让进来的浏览者购买我们的相关产品，这才是精准点击。

七、客单价

客单价是指每个购买者的平均消费价。假设有 100 人进入店铺，其中 3 个购买了产品，如果平均消费了 100 元，那么这时的店铺客单价就是 100 元，客单价自然是越高越好。

八、关联销售

关联销售是指销售与我们主推产品相关联的产品。比如，我们的店铺主要是销售男士西服的，顾客在购买西服的同时还购买了我们的相关产品——领带和皮带。关联销售要求我们通过各种手段让顾客既买了 A 产品，又买 B 产品，甚至还购买 C 产品。关联销售件数的增多，能在一定程度上提升客单价。

如果一件产品只卖 100 元，通过关联销售可能并不容易一下子将客单价提升到 150 元，但不排除能把部分人群的客单价提升到 110 元，或者 120 元。具体的关联销售需要我们在打造页面时就着重策划。

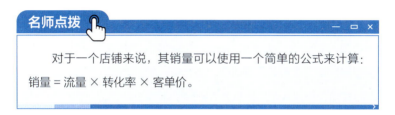

对于一个店铺来说，其销量可以使用一个简单的公式来计算：
销量 = 流量 × 转化率 × 客单价。

这里再介绍一个概念：漏斗模型，如图 1-2 所示。共有 100 个人进入了店铺，其中 70 个人只看了一个页面就离开了，30 个人看了第二个或更多的页面；感兴趣的 30 个人中有 5 个人产生了购买行为。

整体人数的变化，从上到下就像一个敞口的大漏斗，越到下

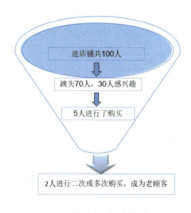

图 1-2 漏斗模型

面人数越少。如果继续往下推演，购买产品的 5 个人平均每个人购买了 150 元的产品，即总共产生了 750 元的销售额。通过不断的维护，5 个人中又有 2 个人产生了第二次购买，共产生了 200 元的销售额。在营销整体流程中，实际上有非常多的环节需要配合，不要单纯地仅提高其中某个指标。

最后再说说获客成本。简单来说，获客成本就是我们成交一个新顾客所要

付出的成本。根据是否要考虑运营过程中的固定成本，获客成本有两种算法。

- 固定成本：开一个公司所需的厂租金、水电费、员工薪酬等固定支出。
- 变动成本：淘宝、天猫、京东等平台的年费、运营费、广告费、推广费等。

比如，100个人中有70个人跳失，在留下的30个人中只有5个人购买了产品。如果这100人的流量总共用了200元推广费，最后有5个人平均购买了100元，也就是说平均花费40元才能成交一个消费100元的顾客。实际上这100元的成交额是不赚钱的，因此我们必须重视后端维护。

再细分到固定成本里，5个人成交均价100元的产品，不仅分摊200元的推广费，还有房租、水电费、运营人员工资，那获客成本就可能高达每个人300～500元，甚至更高。这涉及盈亏平衡点的问题，只有成交顾客越来越多，分摊的固定成本才会越来越低，获客成本才会下降。

店铺成长的前期一般不建议特别关注获客成本。如果过于关注获客成本，可能会看到最坏的一面，觉得店铺无法经营。实际上获客成本到了一个平衡点之后就会形成正向的循环。

1.3 具有营销思维，方能高瞻远瞩

一、认识销量公式

经营过淘宝或天猫的卖家一定熟悉"量子恒道"这一工具。虽然该工具已下线，但它有一个经典公式：销量=流量×成交转化率×客单价。在我看来，

可以把客单价换成客户终身价值,当然,此处客户终身价值实际的意思是指客户累计在我们店铺成交的金额的总和,而销量代表的意义是销售金额,即销售金额=流量×成交转化率×客单价×购买次数。为了加深对销量公式的理解,下面举例说明。

假设100个人进了店,70个人跳失,30个人继续浏览,然后有5个人成交,成交转化率是5÷100×100%=5%。客单价是100元,也就是每个人买了100元的产品,那么第一次的成交额就是500元。通过不断维护,其中的两个人又买了第二次,我们假设第二次购买为200元,那么这两个客户的终身价值就不是100元了,而是300元,随着购买次数的增多,这两个顾客的终身价值就会不断增大。

二、营销中的鱼塘理论和销售流程的正向循环

讲网络营销的人基本都讲过"鱼塘理论",如图1-3所示。这个理论用在电商中很形象,可以把顾客理解为茫茫大海中的鱼,我们通过合适的鱼饵(利益点),让这些鱼(潜在顾客)进入我们的鱼塘(店铺),吃我们的鱼食(购买产品或服务),成为我们的鱼(顾客)。同时,我们通过对已到来的鱼(已成交的顾客)进行维护,加深鱼(顾客)的信任,贡献我们的价值,最终让这部分鱼(顾客)成为自家鱼塘(我们的店铺)里的鱼(老顾客)。这个比喻没有贬低我们的意思,只是形象地告诉我们一个道理。当顾客已经准备在淘宝、天猫或京东上购买产品时,如果我们把鱼饵(成交主张)抛出去,就可能把这些人引到我们自家的鱼塘(店铺)。

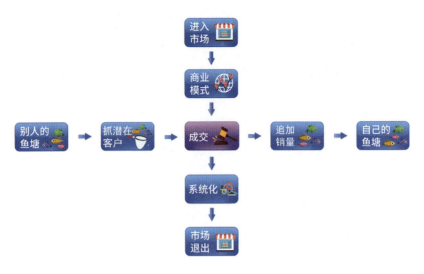

图 1-3 "鱼塘理论"

鱼塘理论是整个营销导图的根基,对电商营销来说非常形象。值得注意的是,成交才是营销导图中重要的一环,不管有再多的潜在顾客,只要没有发生成交,他们就永远只是潜在顾客。

销售流程的正向循环除了能把潜在顾客变成顾客,把顾客变成老顾客外,还能把老顾客再一次转介绍或分享,形成新的购买流量,变成良性循环流程,如图 1-4 所示。

图 1-4 销售流程正向循环

在"电商下半场"的概念中，在经营中心电商平台时，平台会根据成交金额、成交转化率分配更多自然流量。如果老顾客带来的新流量仍然是在淘宝、天猫或京东平台上成交的，那么相应的平台会判断店铺的产品是新老顾客都喜欢的，自然会给予更多自然流量曝光，产品也就有了更多展现的机会。但如果老顾客带来的新流量是通过微信或其他渠道成交的，那么淘宝、天猫是不会知道的，当然这部分成交自然不会增加其展现的机会。

三、良好的营销思维

营销就是把自认为对顾客有价值的东西转化为我们要的价格，也就是把产品或服务换成钱。如果我们的产品是顾客所需要的，那顾客肯定会付钱给我们。听起来好像很简单，但要把顾客的钱与我们产品的价值进行交换，就需要用到营销思维和营销技巧了。比如，要顾客购买我们的产品，我们就必须在产品页面里用音频、视频、图文等方式展现产品价值。如果顾客现在暂时不想购买，那我们也要想办法让他收藏、关注我们的店铺。怎么让顾客愿意收藏我们的店铺呢？我们可以通过给予优惠券、折扣等活动推动顾客去收藏、关注，或通过规划售后体验来引导成交。比如，在包裹里放置包裹信，让顾客关注我们的公众号或添加我们为好友。而我们为什么要加顾客为好友，我们用什么样的手段作为动力，这些都是营销思维。由此可见，营销思维重要的一点就是，让顾客做付钱动作和分享动作，而且要考虑顾客为什么响应，要么是顾客自身需要，产品刚好又符合他们的需要；要么考虑给顾客什么好处可以驱使顾客响应。

> **名师点拨**
>
> 我们在营销流程中的各个环节都要具备营销思维，尽量减少每一个环节中的障碍。表面上，营销只与流量、成交转化率、客户终身价值3个模块相关，但是展开后会发现，其中的内容很多。我们需要深入研究，并且将这些内容应用到实际的销售流程中。

1.4 认识淘宝店前台和后台相关页面

对于做淘宝店铺的营销推广人员来讲，需要熟悉淘宝店铺的前台和后台有关宝贝营销的一些页面内容、功能与设置，以便更加快捷、高效地完成自己的营销推广工作。

一、店招

店招是指店铺的招牌，它是一个店铺主要的形象展示区（见图 1-5），一般有规定的大小和制作要求。

图 1-5 网店的店招

二、导航栏

在 PC 端，导航栏是指位于页面顶部，在页眉横幅图片上边或下边的一排水平导航链接,它起着链接店铺内各个页面的作用,如图 1-5 中的"店主故事""会员优惠"等菜单的链接。

在无线端,导航栏通常是指手机淘宝店铺底部的自定义菜单,但由于无线端的展示空间有限,一般没有 PC 端那么丰富,因此可以用自定义菜单、互动服务窗等配合实现。

三、底部公共区

底部公共区主要是指 PC 端中店铺最下方的区域,一般用来放置全店可用的补充说明信息,如图 1-6 所示。

图 1-6 底部公共区

四、宝贝主图

在阿里电商体系中,产品被称为宝贝,这也是"淘宝"的由来,买到了产品,就是淘到了宝贝。宝贝主图实际就是产品的实拍图,需要按照一定的规则放满 5 张,每张图起到的作用是展示产品特点,是有差异化并且互补的,如图 1-7 所示的左下侧。另外,宝贝的主图视频也成为一个重要的营销阵地,如果我们拍摄了主图视频,视频就会展示在 5 张主图的前面。

五、宝贝标题和商品卖点

如图 1-7 所示,右上侧的文字即宝贝标题,宝贝标题最多由 30 个字(或 60 个字符,一个汉字相当于 2 个字符)组成。如图 1-7 所示的宝贝标题下面的文字即宝贝卖点,宝贝卖点则最多由 20 个汉字组成。

图 1-7　宝贝标题与卖点

六、描述公共区

每一个宝贝的详情页介绍，往往会有全店或品牌公有的信息。为了减少重复工作量，官方提供了一个描述公共区，商家在后台装修店铺时可以将设计好的内容放在详情页公共区，这样就可以实现全部的宝贝共用同样的内容，当修改或删除时也可以一次性实现。图 1-8 所示为蜜爱蜜描述公共区的内容。

图 1-8　蜜爱蜜描述公共区的内容

七、侧边栏

这里说的侧边栏是指淘宝页面左侧宽度为 190 像素的区域，一般用来存放收藏店铺按钮、宝贝销量排行榜、收藏排行榜、宝贝分类或自定义推荐的宝贝等内容，如图 1-9 所示。

图 1-9 侧边栏

八、单页面

在实际的店铺装修中，往往还有一些对品牌有利，但不适合放在宝贝描述页或店铺首页的内容。因此官方提供了单页面来展示这部分内容，图 1-10 所示的寻蜜之旅页面就是一个单页面。单页面在 PC 端和手机端是可以同步的，制作时除了需要注意页面的宽度，其他的内容可以完全相同。

图 1-10 寻蜜之旅页面

九、互动服务窗

淘宝互动服务窗是无线端旺旺聊天窗口的升级版，在与买家沟通交流的过程中为商家提供丰富的互动服务功能。在淘宝互动服务窗中可以设置很多自动回复的互动功能，有时也可用来放置优惠券、查看订单、买家秀等内容的快捷按钮，如图1-11所示。

图 1-11 淘宝互动服务窗

设置互动服务窗的方法非常简单，目前这个功能迁移到了千牛客户端，在"应用中心"中搜索"互动"就可以调出"互动服务窗"插件，如图1-12所示。

图 1-12 调出"互动服务窗"插件

进入"互动服务窗"插件窗口,单击"+"按钮即可添加菜单,如图1-13所示。

图 1-13 添加菜单

名师点拨

淘宝店铺(也包括天猫)的装修不管是手机端还是 PC 端,都在往易用的方向发展。我们没有必要讲解每个菜单的实际位置和用法,在使用中借助官方的"帮助"菜单来学习是较好的方法。

2

店铺业绩的关键指标——

转化率

本章导言

在电商整体的营销流程中,转化率是至关重要的指标。转化率一般又分为页面转化率和询盘转化率,本章将为大家讲解转化率的基本概念,以及品类和促销活动对转化率的影响。

学习要点

- 理解电商中关于转化率的细节
- 选择易于转化的品类
- 利用促销工具提高转化率
- 策划店铺活动的要点

2.1 解读电商营销的转化率

在解读电商营销之前,我们再来熟悉一下下面这两个公式:

销售额 = 访客数 × 转化率 × 客单价

转化率 = 成交人数 ÷ 访客数

由此可见,一个店铺的销售额由访客数、转化率和客单价 3 个因素决定。而这 3 个因素中,较为重要的就是访客数和转化率,访客数就是我们所说的流量。我们需要明白,即便一个店铺的访客数再多,如果他们进来后只是浏览而并没有成交,那么最终引流进来的访客其实并没有转化,这对于店铺的销售来说也是毫无意义的。因此,转化率才是店铺销售中起决定性作用的因素。

那么有哪些因素影响店铺的转化率呢?又该如何提高店铺的转化率呢?

顾客是否有意愿购买我们的产品,可以从本质和表面两个方面来看。在本质上,顾客都是"自私"的,他们购买产品考虑的是自己可能得到的价值,只关心产品对自己有哪些好处,并不单纯考虑产品质量有多好。从顾客角度看,我们的产品质量好只是表象,是支撑他们将得到价值的基石。理解了这个逻辑,我们就要从产品的选择、定位、售卖特点和页面呈现各个方面来做文章。抓住了中心,文章的立意就有了,看似散乱的排序其实质是让顾客感受到价值。

此处所说的转化率是指成交转化率,是狭义上的转化率。广义的转化率还包括点击转化率(点击转化率 = 点击人数 ÷ 宝贝浏览人数),即通过点击产品主图而进入产品页面或店铺首页的转化率。在整体的销售流程中,从浏览到点击,从进店到咨询(或到提交订单),从提交订单到最终付款等,都有不同的

转化率。在运营一个网店时,每个环节的转化都是操盘手应该关注的。对于广义转化率,可以用如下公式进行概括:

广义转化率 = 得到的结果 ÷ 获取的流量总数

电商平台现在都在强调个性化推荐,比如,淘宝、天猫的千人千面,并且平台对转化实行奖励机制,好的产品匹配好的顾客,转化率高的产品会分配到更多的流量。因此,我们应该从多角度来提高店铺的转化率,从而提高整个店铺的销售额。

2.2 正确选品是提高转化率的基石

试想,如果产品本身不好,不被消费者接受,或者产品过时,那么再好的营销手段也只能是徒劳,很难将产品推广出去。由此可见,正确的选品是非常重要的,它是推广的基本前提,更是提高转化率的基石。

在选品过程中要把握一个原则:所有的营销不是卖"优秀",不是卖"更好",而是卖"不同"。当我们接手一个店铺时,首先会关注以下两个方面的问题。

(1)市场整体的状况如何。

(2)与竞争对手相比,我们的产品有什么不同。

对于稍有点特色、稍有点经营经验的店铺来说,都应该从差异化的卖点入手。

除此之外,还要深入考虑其他因素,如有几十个甚至几百个 SKU,就需考虑哪些产品先上架,哪些产品要打包组合上架。

> **名师点拨**
>
> SKU的全称为Stock Keeping Unit(库存量单位),即保存库存控制的最小可用单位,可以是以件、盒、托盘等为单位。SKU现在已经被我们引申为产品统一编号的简称,每种产品均对应唯一的SKU。在服装、鞋类商品中使用得较多也较为普遍,例如,服装中一个SKU通常表示规格、颜色、款式。

在选品时,对于不同类目的产品,虽然分析的方式有可能不同,但都应该从以下几个方面考虑。

一、善用工具分析产品相关信息

产品好不好卖,不是凭感觉,而是要用数据说话。然而数据从哪里来?当然是从市场中来,只有通过对产品销售的相关数据进行分析,才能得出有价值的参考数据,以帮助我们进行产品定位。

淘宝、京东都提供了一些强大的数据分析工具,比如,用于淘宝、天猫行情分析的生意参谋或直通车,用于京东行情分析的商智。此外,我们还可以从百度搜索中总结商品被搜索的特征和趋势。每种数据分析工具都有自己的特点,科学合理地使用这些分析工具,便可轻松、快捷、准确地获取有用的产品销售相关数据。表2-1所示为几种常用的分析工具。

表 2-1 几种常用的分析工具

平台名称	工具名称	应用
淘宝、天猫	生意参谋（市场行情）	查询一些大盘数据，包括优秀店铺、单品，细分到流量指数、销量指数、链接等。可以为我们选品及以什么样的角度切入市场提供帮助，由于生意参谋是阿里自己开发的工具，读取的数据也是权威的交易数据，因此参考意义较大
	直通车	该工具里包含数据透视图，利用此工具可查看有多少人在主动搜索与我们产品相关的关键词，并分析关键词在 PC 端和无线端的展现及平均点击单价等
京东	商智（市场行情）	可以查看的内容包括访客数、浏览量、商品关注数、加购商品件数、加购人数、下单量、下单商品件数、下单金额、商品页成交转化率、UV 价值、评价数、最近上架时间。可以按照货号进行查询，并支持下载及行业店铺类目筛选功能
百度	百度指数	用于查看某个关键词被搜索（也就是被关注）的情况，可以拉长到一年或更长时间，来查看要查询的关键词随季节、热点变化的情况

二、选择毛利高的产品

在选品时，我们应该选择毛利比较高的产品，原因有两点。一是因为要尽量将利润最大化，二是因为毛利高的产品才有比较好的附加服务。

众所周知，早期的网上购物意味着便宜，因为节省了许多中间渠道的成本。但是随着信息的透明化及推广流通环节费用的增高，单纯地卖便宜而忽略品质和服务，将越来越不被消费者所接受。如今的网购市场已进入白热化竞争时代，各大产品拼的是综合服务，不仅要质量好、服务好，而且价格也要在顾客可以承受范围之内，即物美价廉。根据这个特点，我们要尽量选择一些毛利高的产品,以获得合理的利润。因此,毛利是选品时考虑的一个重点。

> **名师点拨**
>
> 拼低价是很不明智的行为。低价格虽然在短时间内可以获得一定的成交量,但做的其实是无用功,因为没有利润,甚至是亏本生意,到最后也没有赚到钱。其实,拼低价有时未必会有好的结果,同一款产品,如果你的价格比其他店铺的价格低很多,这时顾客会怀疑你产品的质量和服务,从而放弃购买你的产品。从顾客的角度看,他们购买产品时并不会认为产品价格越低越好,而是以品质为核心,在品质一样的情况下才选择价格较低的产品,并且有时顾客购物买的是一种放心、一种信任、一种舒心的购物体验。

三、选择复购率高的行业

很多人在开网店前都会了解哪些行业是比较赚钱的。对于淘宝新手卖家,可以通过了解产品的复购率来判断哪些行业是赚钱行业,是值得长期经营的。

复购率是指消费者对该品牌产品或服务的重复购买次数,复购率越高,说明消费者对品牌的忠诚度越高,反之则越低。

经统计发现,复购率较高的产品大多是虚拟商品和生活用品,如充值卡、QQ币、游戏装备和生活快消产品(牛奶、大米、洗涤用品等),其次是女装、女士内衣和饰品等,而电器设备和家具的复购率就相对低很多。针对电器设备和家具这两类产品,如何变相实现高复购率呢?我们可以考虑让客户推荐,或者提供有诱惑力的升级服务及替代性方案等。具体方案可结合同行做法和市场反馈来规划,后续的章节中将会详细介绍。

1. 在淘宝店铺中查看老顾客的复购率

在淘宝店铺中查看老顾客复购率的操作方法如下。

（1）进入店铺后台的"千牛卖家工作台"。

（2）在"交易管理"选项区中选择"已卖出的宝贝"选项，如图2-1所示。

图 2-1　选择"已卖出的宝贝"选项

（3）进入"已卖出的宝贝"页面，当前显示的是"近三个月订单"的所有订单（选择"三个月前订单"选项就可以显示三个月前的所有订单），如图2-2所示。每一笔订单都显示着买家的旺旺号，然后复制此旺旺号。

图 2-2　显示近三个月的所有订单

（4）将鼠标指针定位在"买家昵称"文本框内，把复制好的旺旺号粘贴在此文本框中,单击"搜索订单"按钮即可查看当前顾客的复购率,如图2-3所示。

图2-3 将复制的旺旺号粘贴在"买家昵称"文本框中

2. 从店铺中批量导出订单

使用Excel表格或Access数据库对店铺的数据进行分析时,必须先将店铺中订单的全部数据导出,然后将导出的数据导入Excel表格或Access数据库中来进行分析和处理。

(1)进入店铺后台的"千牛卖家工作台"。

(2)在"交易管理"中选择"已卖出的宝贝"选项,输入时间段,单击"搜索订单"按钮,然后单击"批量导出"按钮。

(3)单击页面右下侧的"生成报表"按钮。

第 2 章 店铺业绩的关键指标——转化率

（4）单击"查看已生成报表"按钮，即可导出Excel表格，如图2-4所示。

图 2-4　导出 Excel 表格的流程

3. 使用"生意参谋"查看老客户的复购率

使用生意参谋自带的工具也可以查看老客户的复购率，可以通过"自助取数"配置报表来显示老客户的数量，如图 2-5 所示。

图 2-5　使用"生意参谋"查看老客户的复购率

4. 利用第三方工具分析复购率

我们可以利用第三方工具分析产品的复购率。图 2-6 所示为使用"集客"工具对产品近 360 天的复购率进行的分析。

图 2-6　使用"集客"工具对产品近 360 天的复购率进行分析

> **提示**
>
> 当我们把历史数据和最近 3 个月的数据同步到"集客"软件后,软件会自动帮我们整理出 RFM(Recency Frequency Monetary)各个级别的复购信息(包括最近购买时间、购买频次、购买金额、回购周期等)。其中,Recency 指最近一次消费,Frequency 指消费频率,Monetary 指消费金额。

5．提高店铺复购率的方法

我们可以通过以下几种方法来提高店铺的复购率。

（1）建立回访制度。定期对老客户进行回访或进行产品满意度调查，提升自己产品的质量和客服人员的服务质量。

（2）引导用户关注店铺最新信息。引导用户关注店铺或商家的微信公众号，以此来让用户在第一时间获取店铺的最新消息。

（3）经常组织促销活动。针对店铺在节假日设置一些促销活动，可以利用会员卡促使顾客持续消费，实行积分制，积分后可以兑换东西，或针对老客户进行折上折之类的活动。

（4）建立奖励机制，针对新上线的产品或爆款产品，可以引导用户进行好评晒照片，后台设置抽奖或赠送超级会员卡等。

（5）老客户介绍新客户。通过给予提成的方式来让老客户介绍新客户，这样既可以避免老客户流失，还可以增加新客户。

（6）经常与顾客互动。要让顾客感受到我们像对待老朋友一样在时刻关注他们，关心他们。

四、选择具有独特性的产品

独特性是产品的核心竞争力。受众在选择产品时喜欢看到不一样的东西，这也是产品定位理论的一个大前提。如果我们的产品具有天然的独特性、唯一性，那固然是好的；假如不具备这样的独特性，则需要我们主动从侧面、多个角度去构造独特性，最终达到"人无、我有、顾客要"的差异化效果。

在打造差异化方面，我发现很多人容易陷入单维度的误区。举例来说，同样是卖鞋垫，有些人如果只从舒适度和吸汗、防臭维度入手，而其他同行也都在讲这些所谓的卖点，消费者自然司空见惯，觉得这是标配，是基本的功能。这些卖点与市场上同类产品相比没有什么特别的地方，即不存在任何差异化，也就对消费者没有特别的吸引力了。但我们仔细思考下，如果我们能发散思维，从产品的原料、制作、代言人、合作单位、专有用途等多角度来塑造产品的卖点，就很容易让消费者觉得我们的产品是"与众不同"的。例如，我们卖一款运动鞋垫，虽然定价很高，最低售价为 120 元一双，但同样获得了不错的销售业绩，主要是因为我们的产品具有独特性（差异性）。首先，在制作材料和制作工艺上，采用了国际上先进的碳纤维和纳米技术，有利于保护消费者的足弓；在销售对象上，主要针对喜欢打篮球、踢足球、跑步、日常行走的运动爱好者，这类人群的购买力相对较强；在合作单位上，与国家体育部门有赞助合作。这几点都避开了产品的基本卖点，突出了我们独有的价值。

又如，我们的一款无蔗糖罗汉果红薯冰淇淋，也是由于产品具有独特性，因此赢得了顾客的喜欢，其独特卖点是具有保健功效，它不是一般的冰淇淋，而是一种具有抗癌、降压、减肥、疏通肠胃等功能的冰淇淋。以绿色、保健、健康为卖点，是其他冰淇淋所不具有的，因此一上市就拥有了不同年龄段的消费者。

2.3 利用促销工具提高转化率

促销工具除了可以提高转化率，还有提升商品客单价的作用，实现让只买一件的人能够买两件，让只花 100 元的人能够花 150 元。在这个思路的指导下，天猫和淘宝都提供了一些实用工具。

在天猫的营销工具中心，有单品宝（特价宝的升级版）、店铺宝、店铺搭配、店铺满减等工具，其主要用途如表 2-2 所示。

表 2-2　营销工具的主要用途

工具名称	用途
单品宝	单品宝可以说是特价宝的升级，它可以在 SKU 级别来定义价格，比如在卖一款衣服时，原价是 200 元，想打折到 150 元，那这个款式的衣服，不管是红色的还是蓝色的都要打折到 150 元。使用单品宝后可以实现同一款衣服不同定价，蓝色的打 8.5 折，红色的打 7.5 折
店铺宝	单品宝可以实现单品优惠，而店铺宝则可实现两个、两个以上，甚至全店商品都能参加打折活动
店铺搭配	店铺搭配有一个工具叫搭配宝，可以实现 A 加上 B，以及 A 加上 C 这样的固定搭配。可以设置一个搭配的价格，只要该商品和其他商品搭配出售的时候，价格就会变动。例如，某款衣服原价是 100 元，和其他商品搭配时，它就会变成 90 元。换言之，为了促使顾客多买一件产品，愿意让出 10 元的利润。虽然提升了客单价，利润率会降低，但总利润肯定是上升的
店铺满减	满减和搭配宝可以共同使用。可以满减、满金额打折或减现金。还有一个是满送，设置满一定金额送某样东西，用法跟满减大体相同
限购	限购往往在产品真正限量或做饥饿营销时使用。我们在做优惠活动时，肯定不希望这个优惠的产品被同一个顾客一次性全买走，而是希望它能涉及更多的人。因此在设置活动规则时，我们需要设置每个人只能买一件或是两件。例如，某款商品是零利润或亏损的状态，但想让更多的人体验到产品品质、服务，然后期待这些人将来能买其他的产品，因此要设置每人限购一件

淘宝的促销工具有限时打折、优惠券、满减满送、商品搭配等。下面着重介绍优惠券。在电商中，店铺优惠券是一种虚拟电子现金券，如图 2-7 所示。它是淘宝在卖家开通营销套餐或会员关系管理后提供的一种促销工具，买家在购买定制了该功能的宝贝后，会自动获得相应的优惠券，在以后进行购物时可以享受一定额度的优惠。

图 2-7 淘宝店铺优惠券

通过发放优惠券，能够促进客户再次到店铺中购买，从而可以有效地将新客户转化成老客户，提高店铺的销量。

如何实现新品销量破零是大家经常遇到的问题。一件新品上架后往往数周都没有一个人购买，常常让卖家感到头疼。其实只要用好优惠券，新品销量就可以轻松破零。方法很简单，在老客户购买商品时，放一张优惠券在包裹中，优惠券上写明：好评后拿着这张优惠券来找客服，指定产品免单包邮或半价包邮（这款产品就是刚上架的新品）。优惠券的使用时间是有限制的，大多数老客户都会在期限内购买新品，如此就可以轻松实现销售破零。但要注意，只给优质老客户发送优惠券，实现基础销量就够了，之后再通过直通车、七天螺旋加上自然搜索，大多数产品一个星期就可以获得两万左右的免费流量。

2.4 没有这五要素，谨慎设置店铺活动

当遇到国庆、春节、端午节等节日时，有的老板看到别人家在做活动就会

要求自己店铺的运营人员也做活动。实际上运营人员在设置活动时，并不是把做活动当作创意性的工作，起不到做活动应有的成交效果。

每一次活动都应该是深思熟虑的结果，要考虑的东西很多，包括成交主张、页面实现、流量来源、客服话术、售后服务，还包括产品活动的节奏等。下面主要从活动策划的成交主张、页面实现、流量来源、客服话术、售后服务这 5 个方面进行详细讲解，如图 2-8 所示。

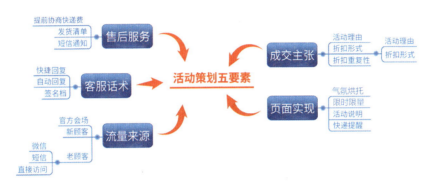

图 2-8　活动策划五要素

> **名师点拨**
>
> 　　虽然活动频率是策划店铺活动时要考虑的要素，但由于类目不同，活动频率也会有很大的差别。例如，对讲品牌、讲品质的类目而言，过多地做活动会对品牌不利，使老顾客产生不信任感；但是对于其他某些产品，可能经常做活动就是主要的节奏。

一、成交主张

什么叫成交主张？成交主张可以简单地理解为"我主张什么"，然后建议消费者成交。通俗来讲就是,我们要用什么样的理由和形式来说服消费者。

1. 活动理由

做活动时一定要有一个理由,如国庆节等节日。平白无故地做活动,只能让这个活动本身的信任度下降。贸然把 200 元的商品打 8 折,消费者会认为这个产品本身只值 160 元。因此,我们需要把平时的价格和平时不打折的理念亮出来,才有可能临门一脚,在节日活动中把品牌变现。

> **名师点拨**
>
> 活动有利也有弊,不能频繁地做活动,但是经常不做活动也是不行的。品牌是需要长期打造的,不管是积累理念、品质,还是情怀梦想,在适当时都需要变现,毕竟公司要成长,销量是眼前的事情。所以,我们对待活动不要一味地抵制,如果全店一年也不做一次活动,这对绝大多数店铺而言都是不利的,我们需要定期用活动来增加用户的黏性。

2. 折扣形式

为了使人信服,除了要罗列自己店铺呈现出来的形象,还要把活动理由组织得逼真。也就是说,折扣一定要有理由,同时要注意折扣的形式。这些其实是很有学问的,并不是看到别人打折,自己也盲目地跟着打折。

例如,一款原价 100 元的商品现在卖 70 元,少卖的 30 元是纯利润,而我们实际少赚的只会比 30 元更多,不会更少。但是,如果出售原价 100 元的商品,再送价值 50 元的商品,那么对于顾客而言比少花 30 元更划算,因为花 100 元就得到了 150 元的价值,其实这样的打折对店铺也是有利的,因为会令店铺的损失减少。因为这价值 50 元的商品,成本有可能只要 10 ~ 20 元。而且原本商品的客单价保持在 100 元,而非 70 元。

当然，折扣的形式还有很多，如满减、直接折扣、满送及搭配等。我们要尽可能地用一种形式实现更高明的营销。这里列举两种折扣形式。

- 包邮卡。例如，设置一个全年度包邮卡的活动，用户只要买够800元即可获得。当然，其他人在店铺买商品是不包邮的，此时这个全年度包邮卡就有了一定的吸引力。而且客户即使不用这个卡，对于我也没有任何损失。而顾客一旦使用，必然是在我店铺里买了东西，能为我带来利润，那么这张卡就起到了非常好的作用。

- 会员级别。笔者店铺出售的商品是蜂蜜，很多人一个月可能只吃一瓶蜂蜜。如果把"双11"促销活动设置为购买1000元送礼品，那么消费者可能会反感，第一反应是自己短期内吃不了这么多蜂蜜。但是如果把活动规则变为"双11"当天预存1000元，整年度都可享受8折优惠，客户什么时候需要就什么时候把蜂蜜给他寄过去，这实际上变成了锁销，后期购买仍按"双11"的价格。同样是8折，同样是1000元，后者被接受的可能性更大。

针对不同类目，需要有不同的折扣形式。建议卖家尽量避免硬折和用赠品去替代，要用锁销的方式来留住顾客，要构建一种宁可少赚但要让顾客跟着店铺走的折扣形式。对顾客来说，只要他们喜欢我们的产品，认为活动很真诚，也确实优惠，那他就会下单。这是提高商品客单价，让活动更有力度的方法。

3. 折扣重复性

很多卖家在设置活动时已经设置了会员折扣或满折，但是普遍会遇到老顾客已经打了9折，此时他又购满了打折金额，是否需要考虑给折上折呢？这是卖家在构思活动时必须要考虑的一个问题。

> **名师点拨**
>
> 如何定义老顾客？对于老顾客的界定，并不一定要用会员制度来判断。客服可以查到该顾客在最近三个月或六个月内购买过店铺里的某一些产品，这样的回头客也可以定义为老顾客。

对于老顾客是否要给折上折这个问题，没有统一答案。卖家需要做的是站在顾客角度思考问题，有以下几点建议。

- 针对使用寿命较短、消费速度较快的消费品，如果设置的优惠力度不是特别大，则可以考虑折上折。
- 在承受不了折上折的情况下，可以在保持原有折扣的基础上，给老顾客送额外的赠品。
- 在策划活动时，如果设置了针对老顾客的特殊的额外优惠，那么在发短信、发旺旺信息时，就要将折上折的优惠信息体现出来，以获得更多老顾客的响应。

上文提到的是新老客户折上折的问题，下面还有一个重点问题：包裹里的优惠券的用法。

很多卖家都会在包裹里放发货单或优惠券，目的是获得更多微信好友、微淘好友或提醒消费者给予购物评价。如用优惠券提醒买家微信扫码，可领取 5 元现金红包，且一个月之内有效。但是如果这个月遇到店庆，所有商品 8 折，客户要是再来回购就属于老顾客，按理还要送礼或优惠。

那么，这个月内收到优惠券的顾客要一次性享受 3 种优惠吗？这也是卖家需要思考的问题。首先，卖家在构思卡片内容时要将优惠活动信息尽可能地阐述清楚。其次，在做活动策划的成交主张时，要考虑成本、利润等问题。避免顾客在购物时多次向客服发问，例如，询问为什么不送赠品、优惠没到位等问题。

二、页面实现

成交主张是构思活动时总的出发点，在页面实现时要注意以下几点。

- 气氛烘托。气氛烘托主要从装修和主题上来体现。例如，在主题上，过年偏喜庆，端午节偏传统等。要让顾客在很短的时间里对店铺、对商品有个定位，因此在做气氛烘托时要尽量做到大众化，因为很多人对奇思妙想的东西反而不理解。

- 限时限量。做活动的目的是让长时间积累的品牌势能在短期内快速变现。活动当天如果能让顾客下单且买很多，那么限时限量的形式就会很有用。

- 活动说明。活动说明其实很简单，就如前文中讲到的折扣重复问题。我们可以使用一个页面对活动的细节做详细说明，活动说明的内容可控制在 7 ~ 8 行，内容也要大众化。过于正规反倒让顾客没有阅读兴趣。

- 快递提醒。快递提醒有两个作用：第一，促进下单，可用快递提醒顾客尽早付款，按付款顺序发货，早付款早到货。第二，如果货真的发不出去，也要让顾客有心理准备。例如，在页面中说明 48 小时或 72 小时内发货，但实际上发货速度有可能比预想的快，对顾客来说，本以为三天后才发货，结果第三天却收到货了，这也是一个惊喜。

活动中每一点每一处都是营销，把这些点贯穿在页面中，去陈列主要爆款产品、主要折扣产品、主要搭配产品、主要赠品，并对导航、店招、手机端、底部菜单等内容加以装修，集中力量做好活动，从而实现短期势能的变现。

在设置活动时，要根据自己的商品来照顾流量，不能一味地模仿。活动是精心策划出来的，并非随便一个小点子，但也不要过多讲究创意。当然，好的创意是可以的，但如果这个创意不能带来流量和销量，那么要尽量把活动策划得像科学，而不是像艺术。

三、流量来源

做任何事都要先分类，店铺运营也是。店铺运营更多的是管理类的工作，吸引流量也一样。一般情况下，流量来源于3个地方。

1. 官方会场

例如，在"双11"和"618"这样的大促中，由于官方宣传，我们能从主会场、分会场获取更多流量。

2. 新顾客

新顾客流量有免费和收费之分。免费的流量实际上和老顾客流量、收费流量是关联的。可以说，"双11"当天能分到多少流量，取决于前一个小时成交金额、成交转化率等因素，对此系统有大数据的算法。再往前推流量是怎么来的，实际上这一个小时的收藏、加购、成交及转化率等因素决定了下一个小时的流量，这属于赛马机制。

如果通过付费（直通车、钻展、淘宝客等）或老顾客的带动、分享，让商品在"双11"前就获得了大量的收藏、加购，那么这部分流量在"双11"当天会有一个整体释放。这部分流量看起来是免费的，但实际上它是由部分收费流量及老顾客转化来的。当然，不管是免费流量还是付费流量，只要是没有在该店铺购买过商品的买家，就都叫新顾客。

3. 老顾客

老顾客流量分为微信流量、短信流量和直接访问流量。其中，直接访问流量是店铺的"铁粉"，只要遇到大型活动，如果"铁粉"认为商品不错，且刚好也有需求，那么他就会下单。

发短信也是很有效的手段。如果成交主张里有针对老顾客的优惠，那么在短信、微信里一定要额外地加以说明。但是发短信要注意发送频率，建议预热时发一条，活动开始后发一条。

> **名师点拨**
>
> 有的卖家会在活动期间给老顾客发送多条短信，这其实会对顾客造成干扰。因为在"双11"大促期间，好多家店铺都在发送短信，过于频繁反而会引起顾客的反感。

短信内容也是一大重点，既要有艺术水准，又不能过度打扰顾客。短信内容也很能体现营销功力，短信的质量直接决定了"双11"的产出是1:3还是1:30。不同的短信会带来不同的数据产出。卖家平时要加强对顾客的理解，去寻找具有吸引力的内容。

发微信也是一种有效的营销手段，微信营销有几个不同的方式。

- 微信群。针对平时积累了"粉丝"的微信群，在做活动时一定是首选。
- 微信朋友圈。如果平时卖家的个人微信中添加了顾客，那么这时候可以通过发送朋友圈加以提醒。
- 微信公众号。微信公众号可以发布促销信息。
- 微信群发。群发也是比较好的方式，但要注意频率。如果群发过多，微信系统会给予警告。卖家需要注意，不要因过度营销而导致账号被微信官方封锁。

当然，如果能结合微信里能用的这几种方式，则效果会更佳。例如，虽然公众号里一般没办法直接放置淘宝链接，但我们可以在公众号的内容中引导"粉丝"添加我们为微信好友，或者让"粉丝"复制淘口令，或者在公众号内容中讲述创业故事，让"粉丝"搜索我们的店铺等。

> **名师点拨**
>
> 无论通过哪种方式提醒消费者点击、搜索店铺，提醒的内容都要足够简便，且操作途径要尽可能的便捷。如果搜索店铺的步骤被描述为四五个步骤，那么"粉丝"通常是不愿意做的。

四、客服话术

每一个类目都非常需要客服话术，特别是在"618""双11"这样的大促期间，客服接待压力很大，活动说明也比较复杂，售后也有可能会延迟。在这期间，做好快捷回复和自动回复能减轻工作压力。

首先，快捷回复和自动回复是不一样的。自动回复是别人问问题时，系统自动回复一条消息；而快捷回复是经由客服点击某一按钮或按某个键，自动发出之前设定好的消息。在活动前，我们可以把一些通用问题的答案用序号罗列出来，设置为快捷回复，以提高工作效率。

除此之外，签名档也是不容忽视的一个地方。客服主管可在活动期间设置好签名档，例如，在"双11"活动期间留和"双11"活动相关的内容，这样能大大减少客服工作量。

五、售后服务

售后一般跟仓库相关，且售后与售前、运营、推广都有衔接。简而言之，就是前面的工作都做好了，把货卖出去了，接下来就是有效率地把货发出去。

售后方面有以下几个点需要注意。

- 提前协商快递费。活动期间货物运输量大，针对快递费这块，我们更有话语权。如果平时快递价格比较高，那么此时我们可以货比三家，找到价优、高效的快递并与其合作。
- 发货清单。为了保证发货更高效、更准确，在打印发货清单时，应把物料备注清楚。特别是活动期间，不同的赠品如果在清单上有所备注，那么售后人员拣货能更好地配合，从而提高工作效率。
- 短信通知。对于不同顾客、不同商品及不同赠品，可以通过第三方工具设置不同的售后关怀短信，实现精细化运营。

策划店铺活动需要的不只是创意，如果顾客对这条创意下的产品没兴趣，那么就是在做无用功。我们要构思好成交主张，并实现到页面，再考虑好各个流量渠道能带来多少流量，以及售前、售后问题。有时还涉及向老板申请预算。例如，希望钻展能吸引来 1000 单的流量，平时的单价是 1 元左右，但到了"双11"，最少要 2 元，那申请的预算就不是平时的 1000 元了。因此，需要提前思考为支持活动需要多少库存及预算等内容。

视觉营销

才是转化率的重头戏

本章导言

电子商务与线下实体销售相比,有一个很大不同,即前者的页面是"导购员"。本章将为大家介绍如何实现页面的营销型装修设计,做到真正的视觉营销,以吸引访客花更多时间来浏览并关注店铺,最终实现成交的目的。

学习要点

- ➤ 掌握电商店铺首页及详情页的营销型设计原则
- ➤ 提高页面静默转化率的一些要点
- ➤ 促销工具对转化率的影响

视觉营销是指通过视觉达到产品营销或品牌推广目的的一种营销方法。视觉营销是一种可视化的视觉体验，它是通过视觉的冲击和审美感观来提高顾客购买产品的兴趣，从而达到推广产品或服务的目的。

法国人有一句经商谚语，即使是蔬菜、水果，也要像一幅静物写生画那样艺术地排列，因为商品的美感能撩起顾客的购买欲望。

随着人们消费观念的改变，消费者要购买的已不只是产品本身，他们开始关心品牌所体现的文化，以及品牌能带来的精神诉求。如今人们的整体生活质量已经上升了一个高度，就服装消费而言，人们在淘汰一件衣服时，绝大多数是因为衣服已经过时，而不是因为衣服旧了或破了。

视觉营销不是线上营销的专用名词，在线下销售中，专柜的设计、橱窗的陈列也一样会通过塑造视觉形象，以期让消费者记住、购买。而线上销售的立体展示会受限，真实场景感不足，因此更需要我们深入理解消费者的心理需求，合理运用店铺的装修和页面设计，以实现营销目的。

3.1 练好内功：提升 PC 端店铺印象

如今的市场都很重视品牌，品牌究竟应该怎样打造呢？在工业时期，传统营销企业用"电视 + 商超 + 渠道铺货"的形式打造品牌，体现了品牌的忠诚度、美誉度、知名度等几个维度。在如今的互联网时代，我们可以将品牌理解为印象，当潜在顾客浏览店铺时，店铺会给他留下什么样的印象，据此他愿不愿意记住，以及能不能记住这个店，推动这些事情对卖家来说是至关重要的。

当然，并不是说做好店铺印象这个基础性工作就可以直接带来销量，但从长远的角度来讲，好的印象、更深刻的印象肯定有利于店铺的发展。因为，它会影响到跳失率、停留时间、转化率、点击率等重要参数，并且它会贯穿整个营销过程，因此需要不断地强化对品牌的重视。

那么，应该如何做好 PC 端店铺的印象呢？笔者总结了以下几点供大家参考。

一、设计个性化的店招

店招是一个店铺的招牌，是本店铺区别于其他店铺的标识性符号，顾客进店后第一眼看到的就是店招。店招的设计，会直接影响到顾客对店铺的第一印象。独特而个性的店招不仅能吸引顾客的眼球，带来订单，给顾客留下深刻的印象，同时还能起到宣传品牌的作用。

图 3-1 所示为蜜爱蜜旗舰店的店招。

图 3-1　蜜爱蜜旗舰店的店招

> **名师点拨**
>
> 店招的设计最好与店铺页面的整体色彩和风格保持一致,这样可以在视觉上给消费者一个良好的形象。

二、店招不宜频繁更换

从某种意义上讲,店招代表了店铺,代表了品牌,也代表了顾客对店铺的认知度和忠诚度。一旦顾客认可了我们的店铺,店招就会成为我们店铺的形象代表,顾客只要看到店招就会想到我们的店铺和产品。这就是企业要设计自己的视觉识别系统的原因。一旦设计了店招,就不要轻易更换它,因为它已成为店铺的形象代言人、对外宣传的名片,顾客会记住这个形象代表。如果频繁更换店招,那么顾客可能并不认可新店招,也许还会对店铺的可信度产生怀疑,从而不再成为店铺的忠实顾客。

三、品牌语要简短精辟

品牌语就是品牌口号,通常是用一句简短的话表达品牌能为顾客带来什么价值。它所强调的是一个公司和它的产品突出的特点,以及向消费者传递的公司的产品理念。

建议在提炼品牌时不要只站在自己的角度考虑问题,也不要只看到自己的产品多么优秀,言语中更不要直白地表达出"我要做领军人物""第一""最好""最高"等含义。暂且不讨论广告语中是否允许出现許类似"最高""最好"等用词,即使被允许,这样做的意义也不大。因为品牌语不能是空洞的,也不能只有华丽的语言,而是要从品牌的实际出发,直击顾客的痛点,真真切切地体现出品牌能带给顾客的差异化的价值、好处,以及顾客的需求。

例如,蜜爱蜜的店招中用了"蜜爱蜜·坚持只卖天然蜂蜜,第 15 年"简短的一句品牌语,可谓言简意赅。既从类目上表达了蜂蜜"天然"的特性——无须加工的天然蜂蜜,正是无数人买蜂蜜的一个大的诉求;同时使用"坚持"和"第 15 年"这样普通的词语表达出了店铺的诚信,以及顾客对店铺的信任,即店铺 15 年来一直专注天然蜂蜜的销售。

四、在店招上放收藏按钮、热销款推荐

从品牌推广的角度来看,制作店招的目的就是向顾客宣传我们的店铺,给顾客留下深刻的印象,并能让顾客记住它。

店招是对外宣传的招牌,一个优秀的淘宝店招设计需要具备的元素包括店铺 Logo、品牌口号、爆款推荐,以及店铺收藏按钮和优惠券等,这样店招的推广作用才能全面发挥出来。

一般来说,店招的右上角或左侧边栏的上方位置,都是比较容易引起人注意的。图 3-2 所示为店招中添加"点击收藏"按钮的位置,提示消费者收藏本店铺,以方便消费者今后再次浏览本店铺。当然,如果不在店招中添加收藏按钮,也可以在其他地方添加,只是其他路径没有那么便捷。要想直接提示顾客关注本店铺,就应该将收藏店铺的按钮放在一个明显的位置,让顾客直接点击收藏,这样效果会更好。

图 3-2　在店招中放"点击收藏"按钮

提示顾客收藏店铺之所以重要，本质是因为顾客收藏店铺可以增加店铺的权重，让店铺的产品在自然搜索中得到更好的展现。自然搜索个性化后，淘宝不再只是依据成交金额来赋予宝贝搜索权重，而是从收藏、加入购物车、成交率、成交金额、回购等多个维度综合测评后赋予宝贝搜索权重。此处只是提醒，但收藏按钮有无，位置明显与否，在一定程度上是影响搜索权重的。当然，同时还要注意，不能以偏概全，不能理解为鼓励收藏就是我们的运营目标。

在设置收藏按钮时，建议放上利益点，比如，收藏店铺领取优惠券、收藏减现金、收藏参加抽奖等，以促使消费者行动。

除此之外，还可以在店招中放一些热销款进行推荐，或者放店铺销量较好的宝贝、套餐等，目的就是方便顾客购买，如图 3-3 所示。

图 3-3　在店招中放一些热销款进行推荐

3.2　策划漂亮的导航菜单

导航菜单就像一个店铺的路标，它负责指引顾客的点击欲望和去向。针对一些不适合放在详情页和主图中,却对转化率有着积极影响的信息,可经整合后放在导航菜单中。

导航菜单是每个店铺的必备设置,很多店铺直接用热销款、上新款等分类标签,不能说这样的设置效果一定不好,但优化导航菜单可能会更好地提高转化率。图 3-4 所示为笔者天猫店铺首页的导航菜单。

图 3-4 导航菜单

导航菜单为什么要这样规划?因为对于不同的类目来说,呈现的要点可能也不一样。但店铺中或多或少有一些不适合放在详情页或主图中描述的信息,如会员优惠、店主故事等,但这些信息对成交转化又有明显好处,所以我们应该将这些内容使用专门页面进行展示。因此,可以把"店主故事""会员优惠"等分类信息直接放在导航菜单中,以方便浏览者点击查看。

一、店主故事页面的内容策划

店主故事可以从自身产品的类目出发,找到痛点,吸引顾客。品牌故事页面的文案结构主要包括品牌创始人故事、品牌来源、品牌特点、品牌历程、品牌成就、品牌优势、品牌理念、品牌承诺、品牌定位等。我们可以根据需要选取合适的要点进行编写。

从营销的角度上来说，店主故事或店铺故事是很容易让人记住的，这对塑造店铺的品牌形象也能起到积极的推动作用。

图 3-5 所示为"蜜爱蜜"的店主故事，通过讲述店主两代人的"蜜爱"故事，把"蜜爱蜜专心只做好蜂蜜"这样一个理念传递给了客户。一是因为店主的父母及店主夫妻俩都是因为蜂蜜结下了姻缘，他们希望自己的爱情能像蜜蜂酿的蜜那么甜蜜，那么纯洁。二是因为蜂蜜对人们的身体具有很好的保健功能，不仅可以增强人的体质，还有天然的美容效果。所以他们就想到了以养殖生态蜜蜂来酿造他们的爱情和事业，同时也能帮助到那些体质差的人，以及爱美之人。

图 3-5 "蜜爱蜜"的店主故事

二、会员优惠页面的内容策划

会员制度是在告知顾客，本店不仅产品足够好，而且对老顾客有足够的优惠。通过会员优惠可以留住老顾客，可以获得稳定的销售业绩。图 3-6 所示为"VIP 会员制度"页面。

图 3-6 "VIP 会员制度"页面

"寻蜜之旅"页面如图 3-7 所示，通过寻蜜之旅可以向消费者展示本店为追求纯天然的生态蜂蜜所经历的坎坷。把蜂蜜的来源用图文或视频的形式呈现在顾客眼前，让顾客真切感受到这些蜂蜜原产于无污染的野生环境中，是纯天然的。通过这些小故事可以加深消费者对天然蜂蜜的信任。

图 3-7 "寻蜜之旅"页面

图 3-8 所示为"寻蜜之旅"分类下的寻找蜂蜜的小故事。

图 3-8 "寻蜜之旅"分类下的寻找蜂蜜的小故事

三、其他单页面的策划

其他单页面的策划需要根据店铺自身的特点来进行，尽量把好的一面展现给消费者，让他们觉得店铺的商品质量安全、可靠，符合他们的要求。例如，时尚家具工厂，主要向消费者展现工厂设计师前卫、时尚的设计水平，原材料的真实性，车间工人的专业性，操作的规范性，以及团队的敬业精神和积极向上的风貌。

3.3 PC 端店铺首页规划

PC 端首页应该如何规划呢？一般来讲，很多店铺会将热销款置于首页的最上方，并伴有产品分类、旺旺客服、快递说明等。

此处以蜜爱蜜蜜天猫店为例进行讲解。本店铺只卖蜂蜜，分类方面相对较少，但也放了其他的导航。除了滚动图片的轮播广告外，还有新品推荐（见图3-9），将新品（热销品）放在首页，配上图文信息（告知消费者为什么推荐这款新品），以及新品的主图、价格。

图 3-9　PC 端首页的新品推荐

另外,首页还规划了由 6 个典型的蜜源地组成的寻蜜之旅,然后是成一字排开的蜂蜜信息(包括名称、价格、重量等),顾客可以快速地找到自己心仪的产品。

当然,首页还可以包括优惠信息、组合套餐、常规视频等信息,但这些与常规的店铺可能没有实质性的差别。这里要讲的一个重点是底部的公共区,如图 3-10 所示。

图 3-10　首页底部的公共区

底部的公共区与首页顶部是对应的,呈呼应关系的,作用是继续展现店铺要呈现给消费者的信息。因为很多人只有看到底部才会对店铺形成整体的印象,而且就算消费者没有看店铺首页中间的内容,直接从顶部拉到了底部,也能知道这是一个十多年只卖天然蜂蜜的店铺。作为卖家,就是要留给消费者一个好印象,这也是设计规划的目的。至于消费者要不要买蜂蜜,有可能其他因素(如价格、差评)在起决定性的作用。

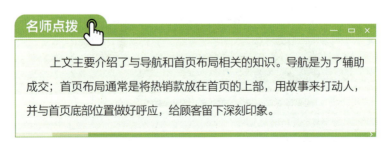

3.4 不可忽视的店铺分类页与侧边栏

关于店铺首页,还有两个小的知识点,可归纳为分类页和诚信保障。通过优化分类页,可以增加产品曝光率;在首页中加入消保信用卡、七天退换、假一赔三等服务,能辅助提示店铺的诚信保障。

一、分类页

不同行业的店铺其分类页的分类标准会有所不同,即使是同一行业的店铺,它们分类页中的分类也会有所不同。分类页里的分类没有统一标准,由策划人员根据店铺产品和特点来规划。但无论如何,在规划时要注意以下几点。

(1)在规划宝贝分类时,要从宝贝价值的角度考虑。如笔者的蜂蜜店铺,可以按照蜂蜜的形态、适合人群和食用效果等进行分类,如图3-11所示。还可以再将分类细化,如按食用效果细分,可以分为滋养、温阳、风痛和美容养颜等。

图3-11 宝贝分类规划

(2)当描述页过长时,侧边栏的下方会显得比较空,这时在宝贝分类中可以重复使用宝贝推荐图片。即侧边栏上部有了一个宝贝排行,下部还可以再有一个宝贝排行,这样做的目的是为宝贝争取更多被看到的机会。

二、加入诚信保障服务图标

阿里和京东平台为了让消费者感受到更好的购买体验，购买得更放心，以及让售后更有保障，推出了种种服务，例如，消保信用卡退换、运费险、订单险等。

在不增加成本或增加低成本的情况下，建议能加上的服务都加上，除非这项服务会出现负面作用。

3.5 打造超高转化率的详情页

打造超高转化率的详情页，是众多卖家一致的心愿。要想实现转化率的提升，卖家在规划设计详情页描述的时候，首先要清楚知道图文阅读的对象，出发点是什么，要达到什么样的效果，其次要明白顾客购买的真实需求是什么。

一、要重点面向大多数顾客

在讲营销时，很多人会用"枣核"方法论来做比喻。单从枣核的外观来看，中间是胖胖的，两头是尖尖的，将它应用到营销中，这两头就代表以下这两种人。

- 一端是永远不可能购买此产品的人，这部分人占少数，大概为 10%。
- 另一端是不管描述好不好，产品质量行不行，都一定会买此产品的人，这部分人也占 10% 左右。

也就是说，无论如何，有一部分人肯定会成为我们的客户，而有一部分人肯定不会成为我们的客户。但这两部分人都不是我们重点关注的对象，我们重点关注的应该是枣核中间的大多数人。

对于枣核中间的这部分人，其买不买产品主要由详情页面设计得好不好来决定的。如果详情页描述足够好，能打动潜在顾客，他们就会购买，反之，即使花钱引流让他们有了点击的行为，他们也不会形成购买行为。因此，详情页描述要面向大多数顾客，让潜在顾客从在买和不买之间摇摆的状态，转变为买的状态，这是我们构思描述页时的重要出发点。

二、要永远面对新顾客

面对新顾客时应注意以下两个方面。

1. 产品描述应通俗易懂，言简意赅

不要把产品过于专业的东西展现给顾客。专家的语言体系和顾客的语言体系有着很大的区别，很多卖家习惯性地把顾客当作很专业的群体，认为顾客听得懂，实际上顾客只听得懂他们自己的语言。因此卖家在描述产品时不要写得特别专业，应做到通俗易懂。一个营销高手要善于用顾客可以听懂的语言，形象地展示出自己要表现的价值，进而让顾客产生共鸣，以达到成交的目的。

2. 描述应从顾客的购买决策过程入手

顾客的购买决策过程如图 3-12 所示，但在实际购买的过程中，很多人是不理智的。有的卖家认为，在详情页描述中，应该引导顾客理性思考后购买才能提高成交转化率，但实际上，在顾客的购买路径里，不管你是用情感打动还是用数据证明，顾客在决定下单时，都觉得自己做了一个理性的选择。

图 3-12　顾客的购买决策过程

对于顾客购买决策过程中的第三个步骤——理智，是需要加引号的。一般顾客认为自己有了感性的认识，然后触动了感情，他自以为是理智的（实际上仍然不理智），进而会采取行动，如收藏、加入购物车、咨询客服或直接付款等。

《购买的真相》这本书讲解了感性、感情、理智、行动这4个步骤的含义，感性对应的是注意力，感情对应的是兴趣，理智对应的是信任，行动就是最后的结果。

在规划产品描述时，第一步是要抓住顾客的注意力，用一两句文案抓住顾客的兴趣，进而提供种种证据，最终让顾客完成成交。例如，首先提出一个论点：我的蜂蜜纯天然。接着一步一步用证据去论证论点是正确的，让顾客产生信任，进而促使顾客产生购买行为。

总而言之，详情页的出发点是：重点面向大多数顾客，永远面对新顾客。具体到做法上，可以从模仿优秀的详情页描述入手。

> **名师点拨**
>
> 在模仿优秀的详情页描述时要多思考，如模仿的理由是什么、哪些点打动了自己。最好以一个典型消费者的身份去发现好的描述，并加以模仿。具体的方法是，将优秀的描述摘出来，包括布局、配色、图文结构等，然后结合自己的产品做出吸引人的描述。设计不是凭空去想，而是有章可循，要去发现背后的逻辑。

3.6 把握促进成交的六大因素

网店最大的诉求就是成交，即使店铺流量再多，只要没有成交量，一切都是浮云。如何才能促进成交呢？影响成交的因素有哪些呢？笔者通过多年的总结与归纳，分析出促进成交的六大要素，如图 3-13 所示。

图 3-13　促进成交的六大要素

一、产品价值

大家都知道，我们购买产品，其实购买的是产品的使用价值，一个产品无论它的品质多高，做工（工艺）多好、名声多好，只要它对顾客没有什么用，即对顾客来说没有使用价值，顾客便不会购买。现代营销之父菲利普·科特勒的经典名言"顾客买的不是钻头，而是墙上的洞"正好说明了这个道理。

比如蜂蜜，顾客需要的可能是养生、保健、美容养颜、减肥等。而蜂蜜是不是天然的、纯不纯、真不真等，这些对顾客来说只是利益的支撑点。假如某款蜂蜜不是纯天然的，但是它对皮肤好，其功效是美容养颜，没准顾客也会购买。如果是纯天然蜂蜜，但对皮肤不好，那么顾客可能就不会购买。这就是我们所说的价值导向，也就是说顾客买的是产品的使用价值，而不是产品本身。

在塑造产品价值时，应该站在顾客的角度，想想顾客购买的目的是什么，或者说他想得到什么结果。从这个角度出发，塑造出的价值才是顾客需要的，具有这种价值的产品就一定会有销量。

二、销量和评价

产品好不好，畅销不畅销，可以从销量和评价两个方面来判断。同样地，销量和评价又会反过来影响宝贝的成交转化率。据统计，销量和评价通常占转化率描述的 40%～60%。因此可以这样说，同类产品中，销量高的产品肯定比销量低的产品好，好评多的产品肯定比好评少的产品更受市场的欢迎。另外，新买家的从众心理会影响产品的销量，就像人们去餐馆吃饭一样，面对几家同类品质的餐馆，经过多次选择，最后多半会选择一家顾客较多的餐馆。因为顾客在对几家餐馆都不了解的情况下，只有销量这一个参数可参考了。由此可见，一个店铺的销量和评价对店铺的成交是至关重要的，较高的销量和较多的好评会源源不断地给店铺带来新的客源和成交量。但从长远的角度看，好品质才会带来好的评价，品质永远是王道。

当然，有时销量和评价也未必全是真的，总有一些人喜欢找刷单客来帮助他们把店铺销量刷起来，还可以控制评价，写很多好评。（注意！这样做是违规的，被发现后会被重罚。）

三、价格和解释

大多数人在购物时会受到价格因素的影响，但商家不能为了让大众接受，就一味地调低价格。商品的价格能体现其价值，高价有高价的理由，低价也有低价的原因。

笔者的店铺里售卖的 42 度蜂蜜系列，便宜的 59 元一斤，贵的则要 169 元，相差整整 110 元，这时笔者需要向消费者解释为什么贵的要 169 元。图 3-14 所示为低价的荞麦蜜（价格为 59 元），而图 3-15 所示为高价的九龙藤蜜。对比两张图片中的信息，可知荞麦蜜产自陕北地区人工种植的荞麦花；而九龙藤蜜属于野生蜜种，其根叶、种子可供药用，且产量很低。通过对比，顾客自然就知道九龙藤蜜价格偏高的理由，从而更易接受两种蜂蜜价格之间的差异。

图 3-14 低价的荞麦蜜

图 3-15 高价的九龙藤蜜

当然，我们还可以从其他方面来解释价格差异。例如，价高的蜂蜜药用价值高、来之不易，或通过了国家权威检测等。同样地，某一款产品价格偏低，可以在详情页中说明原因（如促销、清仓或老顾客福利等）。我们出售的产品无论价格高低都需要给顾客做出合理的解释。

> **名师点拨**
>
> 同一罐蜂蜜，客户并不知道它的真正价值，卖家可以定价为29元包邮，也可以定价为49元不包邮。定价没有统一的标准，主要是看卖家如何塑造产品价值，让顾客认为49元的比29元的更划算。例如，针对49元不包邮，可以从纯天然、无添加，以及与其他蜂蜜的区别等方面加以说明，提升蜂蜜的价值。

四、赠品和促销

很多卖家的产品都有赠品，但真正能提高转化率的并不多，这是为什么呢？原因很简单，卖家提供的赠品并没有吸引到顾客。在赠品和促销方面，有以下两个建议。

- 选品。选择的赠品最好和主产品有较强的关联。例如，售卖某款化妆品时，赠送一个小镜子。小镜子的成本在1～2元，但对于爱美的女孩，一个便于携带的镜子很受欢迎。

- 赠品和促销相结合。通常对于主产品而言，赠品起着锦上添花的作用。顾客购买主产品就能够得到自己想要的，赠品是可要可不要的。但是如果有个时间限制呢？在详情页中说明，只有最近三天（或只有本周内）购买主产品才有赠品，这在一定程度上可以加大顾客下单的欲望。

> **名师点拨**
>
> 当然，赠品和促销也有不好的一面。经常搞促销的话，会提高成本，可能会降低产品价值，也可能让顾客变得贪图小利或产生不信任感。因此，卖家要注意控制赠品和促销的频率。

五、风险承诺

这里所讲的风险承诺，是指加入常见的免费退换、七天无理由退换、赠送运费险等服务。加入这些服务，相当于默认：只要顾客足够信任这个产品，只要他有购买行为，不管什么原因，风险都由卖家承担。在图3-16所示的详情页中，卖家直接指出，有任何不满意，15天内都可以提出退换申请，且不用承担邮费。

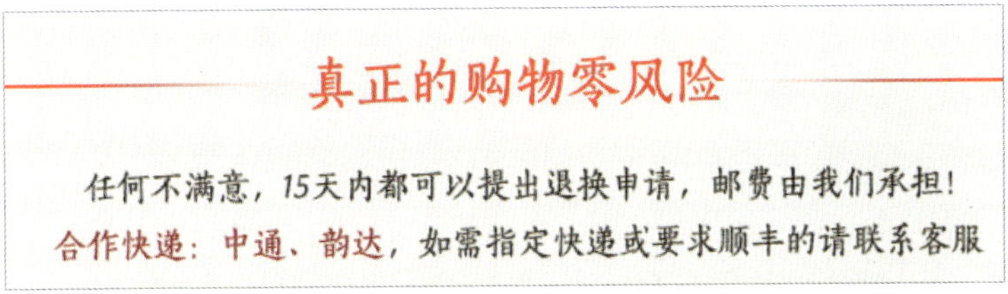

真正的购物零风险

任何不满意，15天内都可以提出退换申请，邮费由我们承担！
合作快递：中通、韵达，如需指定快递或要求顺丰的请联系客服

图3-16 详情页中的"风险承诺"

风险承诺的前提是，我们对产品有足够的信心，告诉顾客我们的产品确实好。这样的承诺能够增强顾客对产品的信任，提高转化率。

> **名师点拨**
>
> 故意购买产品让卖家免费退换货的人是极少的，只要对自己的产品有足够的信心，卖家就可以用上述服务大胆做出承诺，从而获得更高的成交率。

六、包装和快递

顾客了解了产品价值、产品销量、产品赠品后,卖家也提供了退货等风险承诺,这时应该再给出一个包装与快递服务的信息提示,这样能够更加有力地促使顾客果断下单。如图 3-17 所示,在详情页中将包装方式及包装图片展现给顾客。

图 3-17　在详情页中展现包装方式及包装图片

3.7　七个关键点塑造产品价值

前文中提到顾客购买的是产品带给他们的价值,因此,营销人员一定要学习的基本功就是塑造产品价值。塑造产品价值有七个关键点,包括实拍图、独特卖点、场景化的图片、借助公信力、客户证言和销量截图、视频展示、专家姿态,如图 3-18 所示。

图 3-18 塑造产品价值的七个关键点

一、实拍图

在实体店购买产品时,消费者可以通过眼看、手触摸及试穿来体验,而网上购物只能通过实物图片和文字描述来选购。由此可见,实拍图在网店中是一个基本的,也是一个十分重要的元素。实物图拍得好不好会直接影响到网店的销售情况。

不同类目对实拍图或细节图的偏重可能有所不同。在实拍图方面,只有一个建议:如实描述商品,尽可能真实地展现实物。在网商这种独特的评价机制中,不要对图片做过多的处理,过于美化的产品图片虽然能起到吸引消费者的作用,但当消费者拿到的实物与描述中的图片相差太大时,店铺得到的差评就会增多。所以我们要做的就是如实地将产品展现给消费者,来不得半点虚假,否则最终受损的是自己。

二、独特卖点

顾客在购买产品时,可能会在我们的产品和同行其他产品之间徘徊。在产品描述中,我们可以说自己的产品是最好的,同行业的其他店铺也可以说自己的产品是最好的。而很多顾客在购买产品时,追求的不是更好、更优秀,而是差异化。顾客看中的是相比其他家,你的产品有着明显差异化的优势,也就是产品的独特卖点。

当然,不同顾客对同一产品的兴趣点可能不同。因此针对每个产品都要从店铺、品牌、产品、包装、售后等方面去寻找差异化优势。从挖掘差异化卖点这个角度思考,突出自己产品独特的卖点,这样才能决胜于市场。

> **名师点拨**
>
> 图书、3C类商品在品质方面是一样的,差异化更难挖掘。建议卖家从包装、售后服务、附加值等方面考虑。

三、场景化的图片

使用场景化图片并按照一、二、三的顺序罗列出顾客可能得到的价值,在塑造产品价值时,要把顾客带入这样一个场景:使用这个产品将在××时间内得到××好处。总之,顾客需要的是轻松、快速、安全的结果。

四、借助公信力

借助公信力的理论依据源于心理学经典著作《影响力》,该书中提到了社会认同,简单地说就是,大家倾向于认可社会、书籍或媒体权威披露的信息。店铺应该如何借助公信力呢?可以借助权威书籍、名人或是百度百科、公知类网站等。借助公信力的好处在于可增加产品信任度。

如果卖家自己说蜂蜜好,具有××功能,顾客可能会认为卖家是自卖自夸。但如果卖家引经据典说蜂蜜好,具有××功能,效果就大不一样了。比如,《神农本草经》中记载:"蜂蜜甘平无毒,主益气补中,久服轻身延年。"《本草纲目》记载:"蜂蜜生则性凉,故能清热;熟则性温,故能补中;甘而平和,故能解毒;柔而濡泽,故能润燥,其入药之功有五,清热也、补中也、解毒也、润燥也、止痛也。"先通过权威性的书籍等具有公信力的媒介宣传后,再说蜂蜜的好处,这样信赖产品的人就会增多。

如果产品能很好地借助公信力,那么无形之中就会增加产品的价值,这是非常有利于产品运营与推广的。

五、客户证言和销量截图

在当今这个大数据营销时代,用数据比其他推广方式更有说服力。在塑造产品价值时,最好的证据就是客户证言(如评价和销量截图),用客户的好评和销量截图能起到积极的宣传推广作用,证明该产品确实不错,值得购买。正面评价(见图3-19)能为产品带来积极影响。

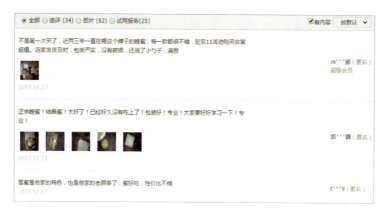

图 3-19　正面评价

顾客都有从众心理，当他们看到该产品被成千上万人购买过，购买的人拿到实物后的评论也不错，这样便会消除他们购买此产品的顾虑，增强他们购买此产品的意愿。

六、视频展示

随着网络购物的迅猛发展，以及人们对网络购物要求的提高，更加直观、真实地向购买者展示产品的功能与特点就显得特别重要。仅仅用图片和文字已无法全面展示某些产品的特点和用法，而如果用视频则可以轻松展示，并且能提高产品的信任度。

图 3-20 所示为一款五谷代餐粉的开水冲食视频，通过视频展示，顾客能看到食用代餐粉的便利、快捷等特点。

图 3-20　产品视频展示

以下产品如果用视频的形式展示给客户,其推广效果会更好。

- 服装。图文很难将服装的细节说清楚,而视频展示则更方便客户联想。
- 工艺品。一些涉及工艺性的产品,将生产过程展示给顾客,可增加可信度,提升顾客的好感。
- 需安装的产品。如布衣柜、自行车等产品,用图文阐述安装步骤会比较费力且不直观。使用视频将安装过程可视化,能够即看即装,简单易操作,让顾客对安装过程一目了然。

七、专家姿态

为什么要以专家姿态向顾客阐述呢?通常顾客会认为卖家对某个行业了解得多,也更权威,在购物时顾客会通过详情页或与客服交流来了解产品,潜意识地把卖家当成产品方面的专家。

根据这一特点,在塑造产品价值时,卖家要以专家的姿态给顾客确定性的答案。不要使用模棱两可的说法,而应该给顾客提供确定性的产品价值。虽然一些客观的说辞会让卖家显得比较谦虚,但实际上并不利于产品的成交,顾客会认为卖家没有解释清楚或者解释得不到位,也有可能理解为卖家对自己产品不自信,从而使买家放弃购买。

对于减肥、美容类带功效的产品,可以用相对确定的答案告诉顾客,使用15天后的效果。写详情页时,注意从顾客的购买需求上考虑。例如,当前蜂蜜含有丰富的天然活性物质,没有加工浓缩;当前美白产品添加了独特的中药成分,等等。

3.8 提升转化率的重要环节：详情页排版

要将现有的内容放在详情页中，使成交效果更佳，就需要详情页具有极佳的版式效果。

一、视觉的锤子

语言是钉子，视觉则是锤子，我们要做的就是把我们的口号深入顾客的脑海里。众所周知，在很多商业广告中，图像往往可以比文字更能有效地传达信息，比单独的文字表达要有力得多。比如，誉满全球的可口可乐广告，人们之所以记住可口可乐这一品牌，就是因为可口可乐标志性的图案，这就是视觉锤的功能。与语言上的概念不同，视觉元素无须翻译就可以跨越国家的界限。由此可见，可口可乐的图案是强大的视觉锤，在当今的全球经济中，强有力的视觉锤是最具价值的资产之一。

在详情描述中，往往需要把最能打动顾客的卖点放在第一屏，但很多人会忽略这一点，美工和设计在做描述时，应当把大部分的功夫放在第一屏内容及文案上。无论顾客是通过自然搜索、钻展还是通过直通车看到主图、标题进入详情页的，都由描述的第一屏来决定要不要往下看。因此，对于一个店铺来说，详情页的第一屏是非常重要的，它就是一个视觉的锤子。

通常来说，文字不太容易抓住人的注意力，除非表述非常夸张，但这样容易失实（偏离事实）。所以一般情况下，我们会用图来做视觉的锤子，再用恰当的文案做辅助说明，将语言的钉子和视觉的锤子结合起来，从而让顾客在瞬间对产品感兴趣。

二、语言的钉子

在商业广告中,广告语往往起着至关重要的作用,语言常常会引起人的关注和兴趣,就像钉子一样,深深地钉在人们的心中。例如,人们之所以知道"妇炎洁"这一品牌,就是因为"洗洗更健康"这句经典的广告语。这也证明了语言在表达品牌概念时的效力。

语言的钉子是要引起人们的兴趣的,在我们抓住顾客的注意力后,要再用一句话来抓住其兴趣点。当顾客看到一个让人震撼的图并决定继续看时,一句能戳中顾客心里的话,就会激发顾客购买的欲望和冲动。

例如,笔者店铺卖的秦岭土蜂蜜,第一张图为秦岭土蜂蜜生产地背景图,配以"采集秦岭深山珍稀野生中草药蜜源酿蜜而成,含有花粉、蜂王浆等多种人体所需营养"这样的文字说明,如图 3-21 所示。接下来再用图文实拍、采集故事等形式来论证为什么秦岭土蜂蜜所含营养的价值高,这样图文结合的方式比直接用文字阐述蜂蜜好吃、好用的效果更佳。

图 3-21 给产品配上文字说明

三、模拟典型顾客的提问

有了第一屏的内容,接下来要模拟典型顾客的提问。既然第一屏说这款产品好,那么接下来就需要使用论据来论证,从不同角度提供证据来证明产品好在哪里,是外观好、口感好,还是功效好。

图 3-22 和图 3-23 所示为用图文结合的形式阐述秦岭土蜂蜜有着天然味

道和自然成熟等特点，从而论证秦岭土蜂蜜确实好。

 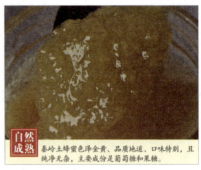

图 3-22　秦岭土蜂蜜有着天然味道　　图 3-23　秦岭土蜂蜜自然成熟

同理，如果卖家在第一屏中提到了某款畅销产品，在接下来的详情页中，可将该产品的销量截图、好评截图等内容做一个展示区域，证明其畅销的真实可靠性。

卖家可站在典型顾客的角度去思考，包括顾客购买商品时还会有哪些疑问，如关于尺寸、材质、物流、售后等问题，再将这些问题的答案体现在详情页中。在购物时，顾客提问的目的是让自己更理智一些。如果我们直接把顾客想了解的问题一一罗列出来，就可以解除顾客心中的疑问，坚定顾客下单的决心。

四、排版的形式

网店商品详情页的排版是有讲究的，版式的设计也是有规律可循的。根据自己店铺的类目，在规划完版块内容要点之后，我们还要考虑内容展示的先后顺序。根据笔者的经验，排版应分区块来展示信息，在满足视觉设计效果的基础上以简洁为主，注意排版形式的时尚、新颖与内容层次的表达，给以浏览者视觉上的享受。

五、序号的重要性

序号就是有顺序的数字编号，在网店中巧用序号来介绍内容，会比没有序号的文字介绍更能吸引顾客。

- 看完第一项，一定有人会看第二项，这几乎是绝对的。
- 看了第二项，仍有大部分人会看第三项。
- 对于第四、第五、第六，可能就没有那么多人想看了。
- 但是如果没有一、二、三，很多人可能会在第一段内容处就跳失了。

当人们看见序号 1 之后，出于习惯会去找序号 2，这是一种心理暗示，有点催眠营销的作用，我们在排版时一定要注意这些细节。产品能不能卖出去，取决于产品价值的高低、价格是否合适等因素。如果价值是足够的，那么在排版时考虑到视觉效果并做好安排，就能起到锦上添花的作用。

六、描述的导航

如果顾客浏览比较仓促，就要给他们设置醒目的小标题加以导读，这个小标题就称为描述的导航。就像目录标题，顾客很容易就能看到产品的一些主要信息，如外观好、口感好、功效好，还有赠品活动或使用场景等相关描述。

图 3-24 所示的描述导航为"天然成熟，自然恩赐"，快速浏览的人只看这个标题就会知道蜜是天然的，他们要想详细了解，就会点击这个描述导航进入如图 3-25 所示的详细介绍页面。

图 3-24 描述导航

图 3-25 详细介绍页面

> **名师点拨**
>
> 在照顾顾客浏览体验时要做到方便顾客浏览，并不是每个顾客都有足够的时间停留在详情页。可能有些顾客没有时间去看细节描述，这时通过简洁描述导航，也能将细节描述的作用体现出来，顾客只需要看几十秒就可以下单购买了。

七、在学习中模仿

把模仿放在最后的原因在于模仿也是很有学问的。畅销产品获得巨大销量的原因和方式肯定各不相同，盲目模仿，可能会导致效果不佳。我们在模仿畅销产品（销量大、好评多的产品）时，应将前文中介绍的几点内容结合起来。例如，模仿时要把塑造产品价值和排版结合起来，分析哪些内容是视觉的锤子，哪些内容是语言的钉子，如何解答顾客的疑惑，如何引导顾客……利用这种思路去模仿，整个排版思路会很清晰，模仿出来的效果也会更好。

3.9 优化宝贝主图和标题

顾客看到产品的第一眼，关注点通常在主图和标题上。不管是 PC 端还是手机端，主图和标题都非常重要。

一、主图：吸睛就靠它

1. 拍摄要求

（1）拍摄背景应该干净整洁，且要与宝贝风格相搭，这样即可将宝贝和背景完美地融合在一起。

（2）拍摄效果要吸引眼球，拍摄的角度、光线、色彩要比同行的更有吸引力。

（3）宝贝一定要拍摄完整，不要只拍其中一部分。

2. 制作要求

（1）主图尺寸最小为 310px × 310px。淘宝规定，主图尺寸在 800px × 800px 以上的图片就能提供放大图。因此在制作主图时最好把尺寸调到 800px × 800px 以上，大部分消费者是很注重宝贝细节图的，细节放大图会增加宝贝的吸引力。

（2）主图文件的大小不能超过 3MB，且图片必须是正方形的。如果制作的主图不是正方形，那么在展示时系统会自动将它处理成正方形，但这样就会导致图片变形。

（3）主图支持的格式包括 .JPG、.PNG、.BMP。

（4）主图背景制作要合适。为了突出宝贝的卖点，在选择主图背景时，最好选用较浅的颜色，白色是卖家常用的背景色，也是天猫商城规定的背景色。

用白色当背景能很好地突出宝贝，但是如果宝贝是金银首饰或其他浅色调的，则可以选用稍微深一些的颜色，比如，很多银饰品会选用黑色做主图背景。

3. 五张常规主图

在淘宝、天猫中，一件宝贝一般有五张常规主图，如图 3-26 所示。

图 3-26　五张常规主图

- 第一张是淘宝 PC 端搜索展现的图片。这张图片主要是从商品卖点出发，一般为正面图。
- 第二张是天猫 PC 端搜索端展现的图片。这张图片通常也是从商品卖点出发，一般为正面图或背面图。
- 第三张可以是侧面图或细节图，可重点突出与其他商品的不同点。
- 第四张一般为细节图，可重点突出促销点。
- 第五张可以是手机端搜索展现的图片，一般为白底宝贝图。

名师点拨

白底宝贝图方便展示宝贝的个性特点，买家根据入口图（白底图）点击进入，可提高买家添加收藏、加购的概率。既能精准打好商品标签，又能精准区分人群，进而增加流量。

4. 文案设计要求

文案设计主要有以下几点要求。

- 第一要吸引顾客的注意。
- 第二要激发顾客的兴趣,让顾客有点击欲望。
- 第三要促使顾客行动,这里的行动主要以点击为主。

5. 独特卖点

图中体现的卖点要挑重点说,不能把所有的卖点都放置在一张主图中。主图承载的信息量过大,反而会引起视觉疲劳,很多顾客可能会故意视而不见,直接绕过。建议抓取一个比较犀利的卖点,用一句话配图的形式把有别于同行其他卖家的独特卖点体现出来。

如图 3-27 所示,一张图中只包含十多个字,整体看起来简洁、大方,并且涵盖了店铺名称(蜜爱蜜)、蜂蜜名称(荞麦蜜)及店铺卖蜂蜜的专业性信息(坚持只卖天然蜂蜜·第 15 年)。

图 3-27 在主图中体现独特卖点

6. 色彩突出

想要色彩突出,可能需要边框、背景色等元素。色彩突出的目的很简单,就是让主图在众多搜索结果中凸显出来。颜色太多会给人杂乱的感觉,建议一张主图中的颜色尽量不要超过 3 种。

> **名师点拨**
>
> 很多人在理解主图设计时会有一个误区,认为要协调,要好看,要与整体平台的搜索结果页具有一致性,其实,只有想办法让主图跳出来能引起顾客的注意,才是一个成功的主图设计。

对于主图的制作,在具体实践中,不同类目会有不同做法,但是无一例外,必须达到比较高的点击率。总之,要提高点击转化率,提高产品销量,卖点的提炼与设计手法的结合至关重要。对主图背景颜色的选用,既要亮眼又不能夺走产品的关注点。整体文案的设计也要规范,主题要明确。

> **名师点拨**
>
> 　　天猫、京东都以自然搜索获取更大流量,因此更大的自然搜索流量就成了运营目的。要想让系统认为我们的产品好,从而分配给我们更多自然搜索权重,其中一项就是我们的点击率要高。而点击率取决于什么呢?一个是展示位置,另一个则是主图及主图下面的文案。

一个标准的优秀主图应该是,用自然搜索的图片和标题让产品在同行产品中凸显出来,用文案抓住买家的注意力,再辅以促销使交易完成。

二、标题:讲清重要卖点,无须面面俱到

在宝贝营销中,很多标题都惊人的相似。大家往往会进入一个误区,即认为把关键词充分地体现在标题里才有可能被搜索到,因此导致系统默认的30个汉字不够用。

> **名师点拨**
>
> 　　淘宝规定,商品标题不能超过60个字节(30个汉字),卖家应尽可能地利用好这60个字节。

实际上现在淘宝非常智能化,不仅仅在使用者的个性化上有体现,在其他

参数方面也有体现。例如，设置江浙沪皖地区包邮，其他地区不包邮，当江浙沪皖地区的买家搜索包邮时，产品会自动呈现，从而增加了产品权重；而当新疆用户搜索包邮时（标题中放了"包邮"等文字），我们的产品也就不会对其显示。

在优化标题前要先认识一下标题的组成。标题名称的关键词组合方式很多，但万变不离其宗，不管怎么组合，一个标题名称的结构是相对稳定的，通常由商品名称、感官词、优化词3部分组成，如表3-1所示。

表3-1 标题名称的组合

组成部分	营销作用	设计要领
商品名称	让买家一眼就能看出商品属性	准确描述商品是什么，让买家"望文生义"
感官词	增加买家浏览商品的兴趣	简洁有力地突出卖点，直击买家需求
优化词	提高商品被搜索到的概率	使用高频关键词的组合，让买家更容易找到本商品

标题中可优化的内容如下。

- 在商品标题中，感官词和优化词是增加搜索量和点击量的重要组成部分，但也不是必须出现的，唯独商品名称必须正确出现在标题中。例如，笔者的产品是蜂蜜，如果笔者没有在标题中体现"蜂蜜"这个商品名称，那就犯了底线性的错误。

- 主要关键词放在句首或句尾比放在中间的权重要好。

- 优化关键词的顺序。在搜索"蜂蜜"时，不管是"纯天然蜂蜜"还是"蜂蜜纯天然"，都可以搜索到蜂蜜。标题能够在智能搜索引擎下被搜索到，且标题可读、整洁，主要看关键词的顺序，对于一些关键词（或长尾词）特别多的类目，在不同时期可能需要对关键词有选择地进行取舍。例如，在店铺开设初期需要累积销量和销量较大两个不同时期，构词原则会有所区别。

- 杜绝堆砌关键词。堆砌关键词只会让产品降权，不会增加搜索权重。淘宝是可以分辨出关键词是否是堆砌的。如果标题中过多地堆砌关键词，反而让买家不知道商家在卖什么，这样一下子就会降低他们的购买兴趣，好不容易引进来一个流量却跳失了，这样会得不偿失。

> **名师点拨**
>
> 关键词堆砌是指在网页中大量堆砌关键词，希望提高关键词密度，提高网页针对关键词的关联度。例如，"水杯"一词是当前热门关键词，标题中出现"保温水杯""刻字杯子""不锈钢水杯""水杯大容量""礼物杯子"等关键词，便形成了对"水杯"这个关键词的堆砌。

- 对于小类目的标题，建议不要把 30 个字占满。小类目的关键词本来就不多，适当地留空格可以提高可读性。对于浏览者而言，在有关键词的前提下，适当地使用空格可以让标题逻辑更清楚，并且符合大众的阅读习惯，实际上还可以为标题加分。

- 不要跟系统玩技术、玩心眼。不要相信标题流量里的黑幕技巧，排除部分骗子的存在，即使系统一时存在漏洞，也必不会长久，玩心眼反而容易助长投机心理。

下面讲解标题下方卖点文字的意义。图 3-28 所示为某款蜂蜜标题下方的卖点文字。

图 3-28　某款蜂蜜标题下方的卖点文字

标题下方的卖点文字,并不是为了堆砌产品更多的优点。当然,介绍产品优点是必须的,但并不是要把所有干货、硬货放在卖点中体现。这里需要提一个概念:销售流程的阶梯概念。一个顾客在看见产品标题、主图后,下一步会想看到什么呢?此时卖点文字便可发挥作用了。当顾客看了标题、主图后依然有疑惑时,再通过卖点文字把他引导到描述(视频、文字或图片)中,再通过客服人员进行引导,实现支付,这就是销售流程的阶梯概念。

由此可见,卖点文字的作用是引导顾客看详情页,它并不呈现全部内容,而主要是对标题的补充,不是重复描述。

3.10 抓住宝贝描述中的其他优化点

本节将对宝贝描述中的其他优化点做一个介绍。除了版式、主图、标题等因素外,详情中的类目、参数、邮费模板、橱窗推荐等内容也是优化描述的重点,如图 3-29 所示。

图 3-29 宝贝描述中的其他优化点

一、类目和参数

类目一定要正确,放错类目不仅会导致没有流量,还有被下架的风险。因此,放类目时不要投机取巧,参数要尽可能的详细。

在提交描述时,除了标题、主图,还有分类图等其他参数。例如,食品有品牌标识、生产日期、保质期等参数。这些参数要尽可能的详细、准确,不要只填写系统要求录入的部分。

在提交商品信息时,有必填(带＊号)和选填(无＊号)之分,如图3-30所示,卖家应尽可能地完善所有信息,不要只填写必填信息。

图3-30　完整填写商品信息

二、邮费模板

如果为每件宝贝都设置一次运费,那么工作量会非常大。实际上很多宝贝可以使用同一个运费标准，在这样的情况下，卖家可以预先设置一个运费模板，然后在发布宝贝时，指定该模板即可，这样就可以便捷地为一批宝贝设置同一个运费。当运费模板被修改后，这些关联宝贝的运费将一起被修改。

网店刚开张时，没有任何运费模板，此时需要通过物流工具新建一个运费模板，在发布宝贝时选中该模板即可。

很多卖家对运费模板都已熟悉，此处不再详细介绍。这里主要介绍运费模板里的区域邮费设置。图 3-31 所示为新建运费模板页面，页面上部分的内容是通用模板（即普通模板），页面下半部分是"指定条件包邮"区域。这种设置借鉴了淘宝第三方服务的工具（免邮宝、邮费宝），在这里可以设置某地某条件、自动免邮、包邮。

图 3-31　新建运费模板页面

三、橱窗推荐

橱窗推荐宝贝集中显示在店铺首页的"橱窗推荐"列表中，同时，当买家在淘宝通过搜索或点击"我要买"，根据类目来进行搜索时，这里设置的橱窗推荐宝贝就会出现在页面中，让橱窗推荐位中的宝贝获得更多的浏览量及点击率。合理利用这些推荐位，对增加店铺的客户流量，以及提高宝贝销售量是非常重要的。

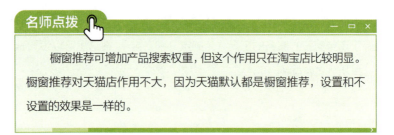

名师点拨

橱窗推荐可增加产品搜索权重，但这个作用只在淘宝店比较明显。橱窗推荐对天猫店作用不大，因为天猫默认都是橱窗推荐，设置和不设置的效果是一样的。

四、会员价格

在更新宝贝描述时，可以选择是否设置会员价。一般情况下，建议选择设置会员价。设置会员价虽然不能直接对产品搜索权重产生影响，但是对老顾客而言，加入会员体系会让他们更愿意成为店铺忠实的"粉丝"。可在淘宝卖家后台选择"营销中心"→"客户运营"选项来开通会员运营，如图3-32 所示。

图 3-32　开通会员运营

> **名师点拨**
>
> 笔者在介绍页面设置时讲过，如果在店铺首页设置了会员导航，那么我们必须建立会员制度，在描述产品详情时，就要设置会员折扣。否则，会员导航这个模块也就无法展现其作用。

五、下架时间

根据淘宝排名规则，搜索一款产品时，产品离下架时间越近，搜索排名就越靠前，也越容易被搜索到。因此，卖家要让产品有一个好的搜索排名，获得更多自然搜索流量，就必须考虑产品的上下架时间。

根据淘宝系统的规定，商品的上架周期为 7 天，也就是说，商品在某个时间点上架，7 天后的同一时间点就会下架。这是一个自动循环的周期，而这个周期内的起始时间和结束时间就是商品的上架时间和下架时间。

关于下架时间，有以下几点建议。

- 分析买家购物最佳时间点。通过分析买家购物时间点，可以选择在流量大的时间段上架商品，获得较高的搜索权重。一般而言，淘宝一天中有 3 个流量高峰时段，分别是 9：00 ~ 11：00，15：00 ~ 17：00，20：00 ~ 22：00。但各个商品之间有差异，这 3 个高峰段并不适合于全部的商品。

- 分析竞争情况。卖家在得出商品类目流量高峰期后，可以通过分析不同时段的竞争情况，来决定商品的上架时间。卖家可以通过生意参谋，进行三层筛选得到一个最佳上架时间。第一层筛选：计算不同时间段高质商品的成交量，得出一个有利的时间段。第二层筛选：分析不同时间段上架商品的数量。第

三层筛选：分析单个竞争对手商品的上架时间点。

- 产品下架的主次之分。在产品种类较多的情况下，可以先找出 3 ～ 5 款主推产品，合理安排这几款产品的下架时间后，再合理分配其他产品。系统不会自动识别爆款、潜力爆款、主推款，我们要根据生意参谋分析出流量最大的时间段，把爆款、主推款等产品放在易成交的时间段，为它们争取更多的流量。

> **名师点拨**
>
> 在分析时段过程中，如果数据较多，不利于分析，卖家可将时间点及相应数据输入 Excel，这样便于筛选和查找最佳上架时间。

六、主图视频

用视频展示产品更能吸引顾客。在推广淘宝店铺时，主图视频对淘宝卖家来说是一个很好的素材。用视频展示产品，在吸引顾客的同时也会对淘宝店铺起到宣传的作用。

现如今网速越来越快，流量越来越便宜，很多人在购物时习惯通过视频来了解产品。在图文信息不能完整地说明产品特点的前提下，可用视频来做补充。

目前，主图视频已面向所有商家开放，部分视频限权类目（如成人用品、虚拟商品等）的商家除外。淘宝系统对主图视频要求如下。

- 时长要在 60s 以内，建议 9 ～ 30s，可优先在"猜你喜欢""有好货"等推荐频道展现。

- 尺寸为 1∶1，有利于增强买家在主图位置观看视频的体验。
- 画质高清。清晰度 ≥ 720px，分辨率 ≥ 720px，码率在 2 ~ 3M 之间。
- 突出商品的 1 ~ 2 个核心卖点，不建议使用电子相册式的图片翻页视频，因为这样的视频观看体验效果比较差。
- 不允许出现站外二维码、站外 Logo、站外 APP 下载、站外交易引导等内容。

> **名师点拨**
>
> 如果之前在手机端发布过 9s 主图视频，现在要重新发布一个 60s 的视频，那么后者会将之前的 9s 主图视频替换掉。PC 端的主图视频和手机端的主图视频是同一个视频，已经互通。

总之，当一个店铺开张后，并不需要马上推广做流量、找合作，主要还是要先优化内功。只有在产品本身足够优秀的前提下，辅以一定的推广，才能使效果最大化。

3.11 手机端的店铺装修与宝贝详情页设计

从 2013 年开始，整个无线互联网的增长呈加速形式发展，规模已经超过 PC 端互联网。所有无线互联网用户的上网行为中，手机购物占了很大的比重。相应地，如何抓住手机购物消费者，提高无线端网店的销售量，便成了互联网大小商家重点关注的问题。

数据显示，无线购物已经成为人们的新习惯，消费高峰出现了"多频次"

的特点。比如，睡前消费、通勤消费、工作间隙消费、课间消费逐渐成为新的购物潮流，甚至妈妈群体从凌晨四五点就已经开始用手机浏览婴幼用品。

很显然，要抓住这部分消费者，卖家必须在手机淘宝上做文章。手机淘宝店铺装修主要从首页和详情页出发。

一、手机淘宝首页的装修

手机淘宝店铺首页和 PC 端店铺首页有区别也有联系，基本的店招、导航等功能两者都有。手机淘宝呈现的逻辑及促进成交的六大因素和 PC 端是相通的，故建议让手机端和 PC 端基本保持一致。

对比手机端店铺首页和 PC 端店铺首页可发现，手机端布局形式和 PC 端略有不同，但整体来说差别不大，如图 3-33 和图 3-34 所示。

图 3-33　手机端店铺首页

图 3-34　PC 端店铺首页

由于手机屏幕小，分类、导航等模块的布局可能和 PC 端略有不同，但并不影响整体效果。其中，爆款海报、轮播视频等重要模块和 PC 端是完全一致的。手机端店铺首页的布局主要有以下几个要点。

- 推荐机制。手机端会有很多产品推荐机制，如单列产品、双列产品等。卖家可根据产品类目在后台装修中多试几种菜单，从而找到适合产品的方式。
- 导航。手机端的导航可以分布在底部菜单中，例如，笔者店铺中把"宝贝分类""寻蜜之旅""客服咨询"等导航放在了底部。关于导航，没有硬性标准，只要方便顾客点击，且在美观上与首页不冲突即可。
- 分类。手机淘宝的分类可以选，但不能改。换言之，"荞麦蜜"这个分类可以隐藏，但不能改成"秦岭蜂蜜"或直接删除。在后台建立模块时，就能发现分类只能选或不选，不能随意更改。

名师点拨

咨询客服是默认的旺旺头像，如果店铺的客服人员比较多，也可以将咨询服务模块放在底部菜单中，或在主菜单中加几个子菜单。例如，联系客服的二级菜单可以区分联系售前、联系售后等。

除以上几点外，品牌故事和互动服务窗也是手机端首页的要点。在手机端，一样要设置"品牌故事"模块。值得一提的是，笔者在 PC 端将"店主故事"和"寻蜜之旅"分为了两个模块。但在手机端，由于手机屏幕较小，将"品牌故事"和"寻蜜之旅"都放在了"寻蜜之旅"大导航菜单下，如图 3-35 所示。这样做的目的并不是马上对销售产生影响，而是希望顾客看了这个菜单后对店铺产生独一无二的印象。

图 3-35 "寻蜜之旅"菜单

品牌故事其实和店铺的大小无关。部分小卖家会认为品牌故事距自己很遥远,其实品牌不必高大上,它只是一种印象,可以在无形中加深顾客对店铺的印象。因为几乎所有人很难记得住简单的说教,但都喜欢听故事。

互动服务窗主要体现在聊天过程中,卖家可以对其自定义。例如,笔者店铺里设置了"积分兑换""品牌视频""订单查询""猜你喜欢"等几个服务窗,如图 3-36 所示。

图 3-36 互动服务窗

单击"订单查询"按钮，对话框中会自动显示订单信息，不用咨询客服。

对于服务窗功能，如果卖家不进行设置，将会显示系统默认的功能。如果卖家设置了，则显示其自定义的功能。对于不同类目的卖家，可根据自身情况自定义这部分内容。

二、手机淘宝宝贝详情页的设计

如果不制作手机端宝贝详情页，那么买家通过手机查看宝贝详情时，淘宝网站会自动抓取 PC 端详情页的内容，经过简单的编辑后发送到手机浏览器上。那么其缺点是显而易见的：一个是 PC 端宝贝详情页的容量过大，发送到手机上则会消耗买家过多的流量；另一个是 PC 端宝贝详情页可以求全求精，但手机端详情页却不一样。手机端要求内容简洁、直接，把卖点高效地传达给买家，以促进成交。

鉴于此，专门为宝贝制作手机端详情页是很有必要的。制作的方法很简单，在淘宝助理中就可以完成。在发布商品时，系统会要求填写手机端描述，卖家可选择"导入文本编辑"或"使用神笔模板编辑"，如图 3-37 所示。

图 3-37　填写手机端描述

淘宝神笔是一款官方开发的宝贝详情页编辑器,卖家可在神笔市场上选择由专业设计团队提供的大量精美模板,替换自己宝贝的图片并修改信息后,生成专属自己宝贝的详情页。其操作十分简单,并且可以灵活编辑。

淘宝神笔在很大程度上解放了卖家的双手,下面介绍如何使用淘宝神笔来生成手机详情页。

第1步:在手机端登录"千牛",在"工作台"界面找到神笔,点击神笔模块,如图3-38所示。

第2步:跳转页面,点击"开始设计"按钮,如图3-39所示。

图3-38 点击神笔模块

图3-39 点击"开始设计"按钮

第3步:选择一个要处理的宝贝,如图3-40所示。

第4步:跳转进入模板市场,选择一个喜欢的模板,如图3-41所示。

第5步:进入选择的模块,替换宝贝图片。点击模块图片底部的蓝色块,点击左侧的拍照按钮或右侧的图片按钮,如图3-42所示。

第 6 步：点击右侧的图片按钮，进入手机端图片浏览界面，选择宝贝对应的图片，如图 3-43 所示。

图 3-40　选择宝贝

图 3-41　选择模板

图 3-42　点击图片按钮

图 3-43　选择图片

第 7 步：往下滑动界面，修改其他图片和文字，如图 3-44 所示。

第 8 步：全部改好后，点击右上角的 按钮，然后点击"确认同步"按钮，如图 3-45 所示。在显示同步成功的提示后，点击"ok"按钮，即可在手机淘宝中生成该宝贝的漂亮界面。

图 3-44　修改其他图片和文字

图 3-45　"确认同步"操作

淘宝神笔还有一大亮点：热区链接。以前在无线端，客户想点击某一图片就跳转到另一宝贝是比较难实现的。自从有了神笔工具，就可以把某一个海报切成四块、五块或更多，这些切块就叫热区，每一个热区上都可以放不同的链接。

热区链接对卖家而言十分适用。例如，卖一款上衣，可以搭配店里的裤子、靴子，上新时可以在不同的位置放不同的链接，然后买家可以通过链接来访问宝贝详情页。

热区链接必须符合淘宝规则，不能随意链接不同类目的商品或站外商品。

在手机端店铺的装修中和详情页的设计中，还有一大要点需要注意，即手机屏幕的大小。由于手机屏幕的大小不一，有的屏幕可能比较大，有的屏幕可能比较小。因此，在设计手机端详情页时，需要把字号调大。美工在出页面时，不要把 PC 端的内容直接套用在手机端，应该调整字体、布局等内容，照顾消费者的浏览体验。

手机端的装修内容看起来比较散，其实不然，我们同样要注意重点是依据营销来布局，为了销售服务而打造整体页面。笔者在介绍手机端装修时，只讲了它和 PC 端的区别和联系，因为二者本是相通的，更多的设置需要卖家将二者结合起来。

全方位高精准

获取流量

的"独孤九剑"

本章导言

获取流量的要点在于精准，而在中心化电商平台里，流量的分配规则很大程度上取决于店铺或产品的成交金额。为了拿到更多的免费流量，我们在流量运营时就必须要有所取舍，既要低成本拿到更多流量，又要让进来的流量相对精准，不至于拉低店铺成交转化率，从而让自然搜索权重维持较高的水平。

学习要点

- 天猫直通车的运作要点
- 钻石展位的推广要点
- 淘宝客的介绍
- 内容营销和达人直播介绍
- 影响自然搜索的因素及如何运营

4.1 剑式1：直通车

当店铺页面内功提升到一定水准后，紧接着就是获取精准流量。所谓精准流量，就是通过广告把产品精准地送达对本产品有需求的人，即潜在顾客。淘宝、天猫、京东、拼多多都有很多的流量工具、流量入口，以及各种各样的流量。以天猫为例，流量包括付费流量及免费流量。

- 付费流量包括直通车、钻展、内容营销、淘宝客及一些需要购买的站外流量。
- 免费流量主要是自然搜索而来的流量。

中心电商平台一个很大、很重要的运营方向，就是想办法提高自然搜索的权重，以享受到中心平台分配给店铺的自然流量红利。

一、直通车

淘宝直通车是为淘宝专职卖家量身定制的，通过关键词出价，并按点击付费的一种精准引流营销工具。它是一种搜索竞价模式，具有精准获取流量、精准转化、有效关联、高权重和精准投放等特点。

（一）了解直通车

直通车的基本概念与操作可能很多人都知道，天猫的直通车是一种点击付费的广告形式，直通车广告每被点击一次，卖家便需要付给淘宝平台一定的广告费用，没有点击则不用交付。

简单来说，例如，在天猫或淘宝搜索框输入"蜂蜜"并搜索，得到的结果页面中，如图 4-1 所示右侧的商品及图 4-2 所示底部的商品，都是直通车的展示位。

图 4-1 搜索结果页面右侧的商品

图 4-2 搜索结果页面底部的商品

直通车广告展示本身是免费的，但只要消费者看到商家投放的广告并点击了广告，商家就需要为这个点击付出一定的费用。在一般情况下，每点击一次的费用是几角钱到几元钱，但在活动促销期间则可能达到十几元甚至二十几元。

直通车在手机端的操作与在 PC 端的操作差不多，但由于手机端呈现的页面有其他特点，如手机端是划屏，没有那么多的位置，也没有区分右侧或底部，因此手机端的付费位置是混在自然搜索中的，如图 4-3 所示，带"hot"字样或者带"广告"字样的商品都是付费推广位置。

图 4-3 付费推广位置

手机端的特点也决定了淘宝直通车在投放时主要应该考虑前几屏。直通车在前几屏的用处比较大，流量也会比后面几屏的流量多，且这种差别效应比较明显。

直通车具有广告位极佳、广告针对性强和按效果付费三大优势，也是目前绝大多数卖家都在使用的一个工具。因为它能实实在在地带来流量和成交，能让卖家立刻看到效果，说直通车是打造爆款的优秀工具一点也不为过。

直通车的优势体现在以下几个方面。

- 被直通车推广的商品，可以大大提高曝光率，带来更多的潜在客户。
- 有购买兴趣的人才能看到该广告，给该商品页面带来的点击都是有购买意向的点击，带来的顾客都是有购买意向的买家。
- 直通车能给店铺带来人气，虽然卖家推广的是单个商品，但很多买家都会进入店铺去看。一个点击带来的可能是几个成交，这种整体连锁反应，是直通车推广的最大优势，店铺人气也会随之提高。
- 可以参加更多促销活动，参加后会有不定期的直通车用户专享促销活动。
- 在展示位上免费展示，买家点击后卖家才付费。卖家可以自由设置日消费限额、投放时间、投放地域，从而有效控制花销，合理掌控自己的成本。系统强大的防恶意点击技术在 24 小时不间断地运行，保证了点击的真实有效。
- 免费参加直通车培训，并且有优秀直通车"小二"指点优化方案，让卖家迅速掌握直通车推广技巧。

对有经济条件的卖家而言，可以通过参加直通车活动为店铺带来可观的流量。

（二）适合用直通车的类目

为什么要介绍适合用直通车的类目？因为很多人在进行电商推广时，一开始就会让卖家开车"烧钱"，这个做法是不对的，因为并不是所有的类目都适合直通车推广，有的类目即使"烧钱"也带不来流量。

前文中提到过，直通车广告曝光的前提是要有搜索量，而有的类目本身搜索量就非常小，这时依赖自然搜索的直通车的作用会很小。还有一些类目，其关键词只有圈内的人知道，而一些精准顾客可能也需要这类产品，但他不知道产品的名字，不知道如何搜索，这时的搜索力度就会非常弱。针对这些类目，可能更适合另一种工具——钻石展位（现在叫"智钻"，但一般简称为"钻展"）。

对于一些大类目，一天仅一个关键词就可能有数十万的流量，而产品本身的性价比也比较好，这时便适合"开车"。而一些小类目，如 2012 年的蜂蜜类目，一天的自然搜索总次数才 3000 多，显而易见，就是把所有流量拿过来，也不足以支撑大的销量。还有一些刚开的店，也不应该马上就"开车"，要对本类目市场有一个初步的判断，谋定而后动。

当然，直通车的界面设置和基本操作会随着工具的升级而变化，因此这里就不讲直通车工具的操作经验了，而是讲一下直通车的使用经验和思路。大家基本上都熟悉直通车后台的地域、时间、人群定向、分时折扣等基本设置，如建立计划、暂停计划、设置限额、添加或调整关键词等。但对于为什么要这样设置，为什么选 A 词而不是选 B 词，以及当出现报表异常时要怎么调整等问题，就没有几个人熟悉了。

（三）直通车推广的一些新变化

曾经很长的一段时间内，直通车都称得上是淘宝推广体系中最复杂的工具之一，不仅是因为它的质量分体系复杂，更是由于市场上层出不穷的欺骗系统的种种黑技术。我们知道直通车的算法体系偶尔也有一些漏洞，但它也很快会修补，而如果我们人为地提高点击率，甚至用刷单来作弊，试图获得更高的质量分（更低的点击单价），就会被淘宝官方处罚，最严重的可能会被永久禁止使用直通车。

直通车有一个"批量推广"功能，可以批量选择最多 30 个宝贝，加或不加自定义关键词都可以，不必考虑质量分，对于出价也只需要设置一个上限即可。"批量推广"功能因为其简单的操作和智能化推广很快赢得用户的喜爱，从而引导卖家把注意力放在产品和顾客这两个基本点上。

所以，在这里建议广大中小商家，尽管去做好产品，做好页面，然后直通车就交给批量推广（智能推广）即可。

（四）直通车广告图的设计和落地页面的设计

1. 直通车广告图的设计

直通车的广告图即宝贝主图，直通车主图又称为推广图（现在天猫的规则有所变化，大部分卖家的推广图只能是主图，少数卖家可以上传自定义的图作为推广图，如果卖家的直通车后台没有上传按钮，则说明没有开放这个权限）。直通车是按点击付费的，因此对产品内功和产品的需求也有严格的要求。如果产品本身的需求量不大，那么投放直通车只能是一种不切实际的"烧钱"行为。在知道自身类目适合投放直通车的前提下，设计广告图时也不能随便做张主图就投放，我们必须熟悉广告图的设计要点。

直通车广告图的设计通常遵循以下 3 个要点。

- 吸引注意。要通过广告图吸引更多的点击量,就必须抓住潜在顾客的注意力。
- 引发兴趣。通过文案、折扣、卖点或是利益点,来引发潜在顾客对广告图的兴趣,这是文案和图相互配合的过程。
- 促使行动。通过限时限量或其他独特内容来吸引顾客点击。

不管卖什么类目的商品,都是精准把顾客从广告图吸引到页面上来,才有可能促成交易。直通车广告图的设计要点与提高页面转化率时的主图设计要点基本一致,只是直通车的点击是要付费的。既然我们把钱花出去了,就得让这个钱花得值,因此要吸引更多顾客点击。

在目前的规则下,高点击率的直通车主图,至少可以为店铺带来两个好处:一是质量得分的上涨,间接降低点击单价;二是可以带动手机淘宝首页的流量。我们可以理解为,点击率高至少代表了某类人群对产品的喜爱,而淘宝个性化匹配就是把合适的产品推荐给合适的人。并且从平台赚钱的角度来看,点击率高通常意味着点击次数的增加,平台可以赚到更多的广告费。因此平台也愿意给卖家的产品提供更多的展示机会。

2. 落地页面的设计

首先,落地页面(指当顾客点击广告图或搜索结果页上的主图后跳转到的页面,如宝贝详情页)的设计必须与直通车广告图保持一致,这是一个很重要的原则。如果广告图提到的某种优惠、某个独特卖点、某个利益点或某个价值点,顾客在落地页面的第 1 屏第 1 行就看到了,那么成交率会非常高。因为顾客在落地页面看到了他想看的东西,不会马上跳失。图 4-4 所示的商品主图中提到"5 斤 9.9 拍下实发 6 斤",在点击后跳转到的落地页面(见图 4-5)中,依然提到了"5斤9.9包邮拍下实发6斤",体现了广告图和落地页面确实是一致的。

图 4-4　商品主图　　　　　　　图 4-5　商品落地页面

> **提示**
>
> 落地页面,即指当顾客点击广告图(包括海报、直通车图、钻展图)或搜索结果页上的主图后所跳转到的页面,比如宝贝详情页。

反之,如果广告图中显示是9.9元包邮,但顾客进入落地页面后发现价格是99元还不包邮,那么很多顾客会马上关闭该页面,这样跳失率会非常高。这样的后果就是,花钱打了广告,但没有留住顾客,没有转化率,这其实是在做无用功。

由此可见,一个优秀的落地页面设计应该是按照成交要素及符合消费者行为的逻辑进行排版的。直通车的落地页面在设计时主要遵循一个原则:直通车广告图和落地页面一定要有效衔接。

如何衔接呢?建议从现有转化率较好的落地页面提炼宝贝标题,作为主图的主要文案。提炼出的标题可能会有3~4种,同时,文案也可能有3~4版,每一版文案的作用可能会不一样,卖家可以多测试几次,从而找到最好的。

> **提示**
>
> 我们也可以从产品描述中去找推广标题,因为描述一般不会经常变化,而广告图则是需要不断测试和调整的。

在做直通车创意时,可以设置 4 个不同的创意(此处所说的创意不是指一个点子,而是直通车图、直通车标题的组合),每个创意要突出不同的要点。比如,在 A 创意中强调优惠,在 B 创意中强调效果,在 C 创意中强调品牌知名度,在 D 创意中强调赠品或促销。经过一段时间的投放(一般 7 天为一个周期)再去看数据,用这种 PK 的方式找到适合自己的推广方案。

(五)设置直通车计划的几个建议

虽然直通车计划的设置很简单,但是设置时还是要重点注意下以下几方面。

1. 设置日限额

如果淘宝卖家设置的日限额是 50 元,那么在这 50 元用完后,宝贝在这一天的直通车推广中就不会再上了。如果不设置日限额,平台就会一直扣除淘宝卖家的费用,直到卖家的账户没有余额可以扣除。消耗设置建议采用智能化均匀投放,日限额建议设置为 200 ~ 500 元(卖家可以承受的范围),尤其是刚开始做推广测试时。

> **提示**
>
> 需要注意,标准推广是按照实际出价正常展现的,智能化均匀投放则会依据日限额与实际流量调整成均匀展现。熟悉此操作的人一般会用标准推广,建议初次接触淘宝直通车的卖家考虑智能化均匀投放。

2. 设置投放平台

投放平台一般有两个：计算机设备和移动设备，它们都有站内推广和站外推广。在计算机设备上一般建议单独投放，移动设备的投放是建立在PC端基础上的。

3. 设置投放时间

可以设置为全时段推广，也可以选择后台建议的时段模板来测试，后期根据结果再确定最优方案。但一定不要特别细致地设置每个小时都有不同的限时折扣，这样不仅费时费力，而且会给分析报表带来麻烦。

> **提示**
>
> 卖家可以选择行业模板，可以选择与商品相关的模板，然后得出诊断结果，给出合适的投放时间段。

4. 设置投放地域

对于一个新品，如果不是特别受限于地域的话，建议前期以物流发达的城市为主，笔者一般会优先选择北京、广州、深圳、江浙沪皖等地区。而对于较偏远的地区，可以选择在后期再开通推广。

> **提示**
>
> 推广时要选择合适的区域，建议排除港澳台地区，因为卖家的商品信息不一定能被那里的人所接受。

5. 人群选择

如果产品适合开人群定向溢价（就是在基本价格的基础上，对特定人群单独加价），建议前期只开放给"四大有钱人"：高频购买的人群、高金额购买人群、月均消费超 1750 元的人群、淘宝 / 天猫优质访客。

二、优化直通车质量分

我们知道，直通车 PPC（平均点击费用）指数越低用于直通车推广的费用就越低。但我们自己的关键词出价只能影响宝贝的排名，而不能影响直通车的扣费，所以降低直通车 PPC 的方式只能通过提高质量得分来实现。下面将主要认识直通车质量分、影响关键词质量得分的因素，以及如何提高直通车的质量分。

PPC 就是"平均点击费用"，也就是单次点击的费用。PPC 的计算公式：PPC= 费用 / 点击量

（一）认识直通车质量分

质量分即质量得分，质量得分主要用于衡量宝贝的关键词和宝贝推广信息与淘宝网用户搜索意向之间的相关性，其计算依据涉及多种因素。简单地说，就是我们的宝贝与买家用关键词搜索时的意图是否符合，以及符合的程度。把这个符合程度用数字表示出来，就是质量得分。

为什么要加质量分呢？这么做有什么好处呢？如果没有质量分，排名只是按出价排，有可能买家搜出来的排在前面的产品不是买家想要的。这时候，买家体验不好，卖家的点击率也不高。当然，这对淘宝也是不利的。有了质量分之后，符合买家搜索意图的宝贝就更容易排在前面，买家更容易找到自己想要的宝贝，买家的购物体验也就提高了。对于卖家而言，为了排名好和花钱少，他们会进行优化，把更符合买家意图的宝贝展现给买家，这样进店的流量也就

更精准了，宝贝的点击率和转化率也都会提高。同样，对于淘宝平台，一方面买家更容易找到自己想要的宝贝，另一方面卖家的宝贝也会更有针对性，像店铺经营、管理、服务、产品质量等方面也会做得更好。直通车的资源是有限的，提高了点击率、转化率，就能够更有效地利用资源。

> **名师点拨**
>
> 直通车原本只是一个按点击付费的工具，但随着商家数量的增多，竞争力度也随之增加，愿意出高价的人群的排名就会占据前面的排名。但也会造成靠出价、预算来排名的局面，这不利于筛选出优质商家。为了公平，也为了让中小卖家有机会参与竞争，淘宝设计了质量分系统。只要产品好、服务好，花少钱也有可能获得好排名，这是质量分系统设计的初衷。

当然，质量分有多个维度，类目相关度、竞争对手同时段的表现对比等，可能都会动态影响质量分。质量分如果是 10 分，当然会很好，但是大家同样都是 10 分，仍会有一些细微的参数影响排名。因为淘宝在直通车系统中展示给我们的质量得分是一个相对分值，不是绝对分值。仅仅是表示我们的宝贝在当前竞争中处在什么水平。分数越高说明越有竞争力，分数低则竞争力就弱。一般 7 分的竞争较大，因为买这个关键词的人多，所以你的相关性好也可能只有 7 分，即处于前 70% 的位置，还有 30% 相关性比你的更好的。10 分的竞争较小，即使不太相关，你也很容易处于最前面的 10%。

（二）影响关键词质量得分的因素

影响关键词质量得分的主要因素有类目、属性相关性、标题、买家体验和创意效果，具体介绍如下。

1. 类目、属性相关性

类目就是我们说的最优类目，类目不能发布错误，属性填写要正确、完整，以提高自己的质量分。

2. 标题

选词时可以用系统推荐词或者其他相关词，将关键词体现在标题属性中，让买家一目了然，可大大提高点击率和转化率。

3. 买家体验

影响买家购物体验的相关属性主要包括收藏与加购人数、好评率、转化率、详情页、旺旺回复速度、跳失率、平均浏览时间等。

4. 创意效果

创意效果通常是指标题的创意、直通车广告图的创意、品牌的创意、色彩与文案的创意。创意效果主要体现在点击率上，创意效果越好，点击率越高，质量分也就越高。

（三）如何提高直通车质量分

直通车质量分需要长期进行优化，通常可以通过以下几个方面来提高直通车的质量分。

1. 提升相关性

相关性是指关键词与宝贝自身属性类目的文本信息相关性，它是影响质量分得分的关键因素。上传宝贝时一定要正确设置宝贝类目，力求把宝贝的各种属性填写得全面、详细、准确。另外，关键词一定要体现在标题中，同时尽量将宝贝属性体现在标题中，以更加吸引买家的注意。

为了提升关键词和标题的匹配程度，关键词尽量不要拆分，否则会影响关键词的效果。标题关键词应该围绕字数较多的关键词来描述，有多个关键词时可以不调整前后顺序，尽量累加和覆盖更多的关键词。后期随着流量和销量的提升再加入一些热词，以吸引更多的精准流量。

2. 提高点击率

影响点击率的主要因素通常有关键词、推广图、投放时间和投放地域。但提高点击率最重要的一点就是做好直通车推广图，点击率越高，说明图片创意越好。从创意图片入手，尽量设计出具有特色、吸引眼球的推广图片。精准的关键词必然是少量的，如果我们在实际运营中发现推广效果不错，在经济条件允许的情况下，可以降低对关键词精准度的要求，主要投放一些不太精准但和产品相关的词，以获得更多的流量。投放时间段要根据具体情况而定，高转化率的时段往往流量也不足，这时可以尝试全天时段的推广。

3. 优化买家体验

买家体验不仅包括收藏与加购人数、好评率，还包括转化率、详情页、旺旺回复速度、跳失率、平均浏览时间等。优化买家体验主要是优化买家反馈，买家反馈包括从下单到确认收货、评价的整个过程。我们应增加买家反馈优化买家体验，比如及时回复优质晒图、等级高、多次购买的老顾客，从而消除中差评等。

> **提示**
> 对于客户的优质好评反馈，钻级别客户要比星级客户的权重高很多。

> **名师点拨**
> 要获得高质量分，就必须把相关性（关键词与标题、类目、属性这几个要素的相关性）做好，把直通车推广图做好，把买家体验做到位。

三、直通车关键词的管理与优化

做直通车推广时,如果没有全面可行的推广策略做指导,则很可能会出现"烧了钱"却没有效果的不良现象,这必然会导致流量的浪费,增加店铺运营成本。所以说,要开直通车,首先要掌握一定的技巧。下面介绍直通车关键词、直通车关键词优化原则,以及直通车关键词出价法则。

(一)直通车关键词

直通车核心的内容是关键词,要做好直通车推广,就必须掌握关键词取词的方法和技巧。

1. 关键词分类管理

关键词有很多种类,一般可分为系统推荐词、广泛词、长尾词、飙升词,词语的种类不同,用法也有所区别。

(1)系统推荐词。系统推荐词是指系统根据历史产品表现进行匹配的词,若账户不同,系统推荐的关键词也有所不同。

(2)广泛词。广泛词是指范围较广、搜索量非常大和展现机会相当大的词,如女装、球鞋这类词。这类词不建议出高价投放,可以开启人群溢价,如果能圈定更多优质流量就可以投放。一般用于测款,从中选出利润款。

(3)长尾词。长尾词是指通过精准属性拓展出来的词,精准性相对较高。长尾词一般建议投放两个或三个词的组合,如果组合词太多,则会导致过于精准而没有展现的情况。可以构建独立计划培养长尾词,避免热词点击反馈差,对长尾词造成不良影响。长尾词竞争小,前期培养质量得分,后期能以很低的出价获得优质流量,是计划中重点培养的对象。

(4)飙升词。飙升词是指平时流量很低,但是在某一段时间内流量突然提升的词。这样的词即使在一段时间内出价很低，获得的流量也是非常高的。飙升词大多是淘宝推荐引流的，还有一些与热点新闻、节日、流行影视剧等相关，如××同款。飙升词能够快速提升点击率，降低PPC。

飙升词通常可以在淘宝排行榜中查找或在生意参谋中查找。

2. 关键词原则

直通车的选词是需要经常增删的。选词结束后，每天仍需要在后台查看关键词的效果。

（1）中心词一致原则。有些产品可能会有多个中心词，虽然都是产品的中心词，但数据表现是不同的。对这些中心词进行数据分析对比，从展现指数、点击率、转化率等多维度去分析，然后确定宝贝的主推中心词。确定了中心词之后，在直通车推广加词时，要围绕中心词进行拓展。要保持主推中心词的一致性，提升中心关键词的权重。

（2）优先展示原则。在同一个计划中常常会有一些相近的关键词，当买家搜索某个关键词后，该计划中可能会有几个词都有展示机会，那么哪个关键词会被优先展示呢？首先，买家搜索的跟系统投放的关键词完全一致的关键词会被优先展示；其次，匹配方式选择精准匹配的会比选择广泛匹配的优先展示。另外，宝贝标题和推广标题最好保持一致，如果两个标题中都包含该关键词，那么关键词初始权重会更高，在买家搜索时就会有优先展示的机会。

3. 选词途径

一个优秀的直通车"车手"，必须时刻关注淘宝的动态，养成良好的工作习惯,如每天浏览一次关键词。找到优质关键词并分析这些优质关键词的相关数据(如点击转化趋势),然后培养这些优质关键词。

直通车关键词的选词途径有多种,常用的选词途径如表 4-1 所示。

表 4-1 选词途径

途径	内容阐述
生意参谋	生意参谋的词表是各个类目重要的选词渠道。该词表每天可为每个类目提供 500 个词
TOP 20W	属于直通车后台中搜索量较好、曝光量较高的一些关键词组合,它是直通车"车手"迅速提升店铺流量的工具
搜索下拉框	系统平台的下拉框里会展现最近搜索量较大的词或飙升词等,这些词都属于热搜词,流量较高
系统推荐	虽是简单、方便的一种选词方法,但系统推荐的关键词需要经过挑选并组合。卖家可以根据这些关键词的相关性、市场平均出价及展现量点击率等参数来挑选
组合关键词	重新组合匹配的关键词,其相关度较高,转化率较好,可以保障直通车初期的流量精准度
借用他人的关键词	直接参考同类目热销店铺的同类热销宝贝的关键词,如运用魔镜等软件直接套用他人店铺的热词。虽然带来的流量也不少,但是转化率通常只是一般,还需要进行优化

关键词的选用途径虽有多种,但我们应该通过多种方式进行实践,找出适合自己店铺的推广方式。

(二)直通车关键词优化原则

关键词的好坏直接影响着直通车推广效果的好坏和直通车资费的高低,直通车卖家一定要设定好关键词,时刻做好关键词的优化工作。在进行关键词优化时通常要遵循以下 3 个原则。

原则一：养词，主要是提升关键词的质量得分（持续时间：7～14天）

初期加词尽量以精准为主，建议是20%的热门词+80%的长尾精准词。前期主要是养词，以提高质量得分和点击率。

对于养词，有以下几点注意事项。

（1）不要纠结于关键词质量得分太低，因为我们的质量得分都是养出来的，而不是选出来的。

（2）要引进流量。如果不引入流量，质量得分就养不起来。

（3）养词阶段的前期可以不带来转化，但一定要注意收藏率和点击率，同时分析不转化的原因，要随流量的引入进行改进。

原则二：以点击率为导向，优化关键词（优化周期：7天）

推广一段时间后，质量得分养起来了，PPC自然就会降下去，这时我们应注重的是关键词的点击率。可使用流量解析工具查看关键词市场平均点击率，与自己的数据进行对比。高于市场点击率的，建议适当调高出价；低于市场点击率的，建议适当调低出价。

原则三：关键词的新陈代谢法则（优化周期：7天）

要经过优胜劣汰的淘汰制度选出关键词，以保证账户不断"换血"，确保每个关键词都能带来展现点击。

更新关键词的主要思路是删除点击率低的关键词，添加新的关键词。添加关键词的方法有以下两种。

（1）筛选系统提供的关键词。以点击转化率为基准，由高到低进行筛选，在添加词时要注意关键词的匹配性。

（2）拓展ROI（Return On Investment，投资回报率）较高的词。找到

ROI 较高的关键词，点击即可进入流量解析工具，然后点击"推广词表下载"。这里出现的词就是转化较好的词的拓展词，这时我们还是用同样的方法筛选点击转化率较高的词，进行选择性的添加。一般添加上去之后，转化效果都会比较好。

（三）关键词出价法则

1. 降价法

挑选部分相关性较好的优质词，为这些词统一出高价，排在首页前三名最好。如果排不进前三名，那么排到第四五名也可以，首页前几名的展现量是非常高的。利用提前测试好的图，点击率一般就不会太差，并且卡位在前几位会快速提升质量得分。如果操作资金有限，则可以调整时间折扣，在流量高峰重点投放，其余时间降低折扣。第二天质量得分就会有很大提升，第三天开始就可以慢慢调低出价。随着权重的上升，后期即使调低出价，排名也不会降。然后在计划中添加这些词的拓展词，新加入的关键词初始质量得分都会比较高，因为基础权重好，这就是降价法的基本操作原理。

2. 升价法

升价法是从低位开始慢慢抬高出价，但如果操作得不好，就会陷入恶性循环。因为刚开始出价低，排名位置靠后，导致展现、点击量都很少，质量得分就会很低，导致平均点击花费会很高，此时很多卖家可能会想到降低出价来试图降低 PPC，但出价越低，展现会越少，从而陷入恶性循环。

建议投放自然流量点击和转化都还不错的产品，首先筛选一批搜索指数较高的关键词，出价不要太高，排名在第三页即可，然后设置好时间折扣和投放地域慢慢优化排名，将排名调整到点击率较好的位置。测试图片是重中之重，图片好点击率才会提升，然后质量得分才能慢慢养起来。

> **名师点拨**
>
> 质量得分提升后开始提高出价，卡位到首页。排名越靠前，点击率会越高，因此即使提高出价，PPC 也不会升高。升价的过程比较慢，但是原理很简单。

四、调整直通车的依据

直通车作为一个重要的付费推广工具，商家在使用时应该根据"开车"的效果时时调整直通车，特别是每天支出（消耗）很大时，即使是一个小小的调整也可能产生很大的效果。直通车应该什么时候进行调整，以及直通车的调整原则和依据是什么呢？直通车调整的依据主要有报表时间、地域、搜索人群、关键词等，而调整总计划则是重中之重。

开直通车的时间、地域、搜索人群、关键词和投放设备等内容调整的相关事项如表 4-2 所示。

表 4-2　直通车内容调整的相关事项

调整事项	内容详解
时间	在设置直通车计划时，可以设置从周一到周日，以小时为单位。再根据生意参谋等工具找到该类目商品的成交高峰时段，设置不同的比例，可以动态设置，让出价随着时间段、销量而变化。比如，通过生意参谋找到上午十一点和下午四点是蜂蜜商品成交的高峰期，夜里成交率特别低。因此，应该把成交高峰期的出价调整为 150%，以基数为 1 元算，即 1.5 元；在成交率低的夜间，应该将出价调整为 50%，即 0.5 元

续表

调整事项	内容详解
地域	地域不同，人群喜好和运输情况也会有所不同。在设置直通车广告计划时，可以依照类目来分析地域接受度，让产品不受欢迎区域的人群看不到相应广告，这样才能做到精准推广。比如，一些商品不会受港澳台地区的人群喜欢，而且也没有合适的快递送达；再如，一些液体商品运往新疆、西藏地区的费用非常高
搜索人群	根据人群特征的不同，在设置计划时，可以按照指定的人群提高出价或降低出价。人群特征分类如下： ①有人经常购买高价的东西； ②有人经常逛淘宝、天猫； ③有人特别热衷领优惠券； ④年龄、收入、性别等层次不同
选取关键词	直通车的核心是关键词，要想直通车的效果好就必须寻找高质量的关键词，想成为开直通车的高手，需要每天浏览一遍常用的关键词（浏览淘宝下拉框、搜索框下方推荐词、淘宝排行榜榜单、直通车后台关键词变化、数据魔方热搜飙升榜等）。另外，一定要留意淘宝首页搜索框推荐词，这很有可能会成为当下飙升词，如果有符合类目的词一定要添加。PC端和无线端关键词的侧重点有所不同，有30%的关键词一般在两个平台都能有好的表现，在添加关键词时，根据计划的不同，侧重选择的关键词也要不同，属性词、搜索列表推荐词、手机包这类关键词更适合手机端投放 提示：某一个关键词应该出多少钱，更多的出价原则来源于报表
投放设备	设备指的是PC端和手机端。在手机端出高价还是出低价，取决于类目特点，没有统一的标准。一般来讲，我们可能都会去抢手机端的头部流量，这时溢价会比较高

在具体投放直通车时，我们可以从时间、地域、搜索人群、选取关键词和投放设备5个维度去分析报表。根据报表再对计划进行优化处理。

在分析报表时需要注意以下几点。

- 次成交概念。有些人可能通过直通车的某个关键词在某个时间点进入到页面，但没有成交。这个关键词虽然没有促成交易，却带来了潜在顾客收藏店铺、收藏产品或加入购物车的行为。没有成交的原因可能有多种，偶尔一两天出现这样的数据不足以说明问题，但如果连续很长一段时间都这样，我们就要分析一下从加入购物车或收藏到成交的障碍在哪里，并加以改善。

- 消耗周期。前文中提到从直通车的 5 个维度来分析成交、加购、收藏等，要注意报表存在周期的问题，例如，报表周期可能为一天、一周、一个月或一个季度等。

- 产出周期。如果今天是周一，从现在起向前数七天就是上周一。假如上周一一天消耗了 500 元，如果看一天的产出，可能只有 500 元，就是花了 500 元卖了 500 元。但如果这天产生 500 元的同时又产生了 3 笔加购和 5 笔收藏，或者没有收藏和加购，只要当点击的人在接下来 7 天之内又有成交，都会算在上周一当天。

4.2 剑式 2：钻石展位

钻石展位（简称钻展）是淘宝图片类广告位的自动竞价平台，是专为有更高信息发布需求的卖家量身定制的产品，精选了淘宝优质的展示位置，通过竞价排序，按照展现计费。钻石展位的性价比高，更适合店铺、品牌及爆款的推广。目前钻展已升级为智钻。

一、钻展的基本用法

钻石展位是按照流量竞价售卖广告位的，计费单位是"每千次浏览"

（Cost Per Mile，CPM），即广告所在的页面被打开1000次需要收取一定费用。钻石展位不仅适合发布商品信息，更适合发布店铺促销活动、店铺活动及店铺品牌的推广。钻石展位不仅可以为店铺带来充裕流量，还可以增加买家对店铺的好感，增强买家黏度。

（一）钻展在营销流程中的地位

直通车是按照搜索来呈现结果的，展现时并不付费，有点击时才付费。钻展则相反，不管有没有点击，只要投放展现了，就按照展示付费。

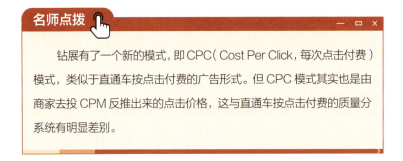

名师点拨

钻展有了一个新的模式，即CPC（Cost Per Click，每次点击付费）模式，类似于直通车按点击付费的广告形式。但CPC模式其实也是由商家去投CPM反推出来的点击价格，这与直通车按点击付费的质量分系统有明显差别。

钻展的资源位置非常多，如图4-6所示的淘宝首页就是一个钻石展位。

图4-6　淘宝首页的钻石展位

淘宝首页流量巨大，对于资金雄厚的大卖家来说，将其放在首页可以带来充裕的流量，从而带来更多的顾客。除此之外，卖家也可以考虑在与自己宝贝同类频道的首页购买钻石展位。图 4-7 所示为美食频道首页的钻石展示位。

图 4-7　美食频道首页的钻石展位

> **名师点拨**
>
> 　　天猫首页、手机端淘宝也有钻石展位。钻石展位除了官方自用的版块，剩下的都可以竞价，这些位置不仅包括淘宝站内、站外的，还包括 PC 端及手机端的位置，而且都提供全网平均点击率的数据，以供卖家参考。

参加钻展既有利也有弊。钻展在流量环节中只是一个流量工具，不要把它看得过于强大。利用钻展虽然理论上能获取首页非常多的流量，但说到底它也只是流量工具，从经营流量转变为经营顾客还有很多其他工作要做。

下面介绍钻展的两个实用功能。第一个实用功能是实时调整价格和广告预算。笔者从 2010 年开始用钻展 Beta 版（测试版），当时的计划必须在前一天 15 : 00 前完成，17 : 00 前充钱，否则第二天会被锁定（不能充钱、不能改变计划)。现在的钻展非常灵活,可以随时启动、暂停和终止,包括计划下的单元,单元下的某一位置的选择。第二个实用功能就是计划的复制。当我们辛辛苦苦自定义出一个计划,并且只想改变计划中的某个部分使其成为第二个计划时,可使用复制功能将整个计划复制,然后改变其中的创意或定向部分就可以了。如此一来,我们可以得到两组测试结果,这在广告投放中是非常重要的。使用复制功能,可以节约时间,提高工作效率。

> **名师点拨**
>
> (1)钻展是以展示付费为主的一个广告形式,点击不收费,因此要想办法提高点击率。
>
> (2)钻展在站内、站外手机端和PC端都有非常多的位置,有很多的资源位供选择。
>
> (3)理论来讲,钻展流量是巨大的,只要预算足够,就可以引进很多流量。
>
> (4)钻展竞价模式是按照投放的时段、总预算做智能分配的,出价高先展示,预算多展示时间长。
>
> (5)在营销流程中,对于卖家尤其是中小卖家而言,钻展是非常有用的弯道超车的工具,但在非常有转化潜力的前提下,其仅仅是一个启动的引爆点,而不是一个核心的运营要素。
>
> (6)钻展计划可以实时调整,用好复制功能便可以很方便地测试和调整计划。
>
> 不要期待网店第一次做广告就能挣钱,第一次只要不亏钱或略亏钱都是可以接受的,维护老客户及获得更多的新客户才是广告的目的。当老客户越来越多,并且成为忠实客户后,利润自然就有了。

（二）钻展的优势

钻石展位作为常见的营销工具，具有哪些优势呢？

1. 充足的展现机会

通常，直通车在达到一定流量后，展现会很有限，即便有钱也花不出去。例如，直通车某款美妆商品，需在用户搜索与该商品相关的关键词后才得以展现。钻展则可以拓展人群或跨类目定向，覆盖范围更广，展现机会也更多。直通车对自然搜索量及商品的质量分要求比较高，当一些中小卖家或小类目还不能"开车"时，可以考虑钻展。钻展可以自由构思创意图文来展现宝贝卖点、独特价值，把顾客引到店铺中。

2. 大数据定向人群更精准

钻展是一个以图片展示为基础，以精准定向为核心，面向全网精准流量并实时竞价的展示推广平台。钻展重视消费人群，可以降低成本，提高转化，提升品牌曝光度。例如，某款大码女装在做钻展广告时，可以单独展现给体重在140斤以上的人群看。定向人群越精准，转化率也就越高。

3. 带动整店动销

与直通车不一样，钻展主要是展现某个店铺，而非展现某款商品。钻展展位铺进来流量后，会将流量以不同的比例分散到不同的商品，这对每款商品的动销，以及每款商品的收藏、加购都有着重要意义。

4. 配合活动完成大促

通过钻展可进行策略布局，以达到以下目的。

- 现有用户发展为购买用户。
- 潜在用户发展为现有用户。

- 购买用户发展为忠实用户。
- 沉默用户激活为活跃用户。

钻展可进行不同维度的战略布局，在把握好消费者人群分层的基础上，制订营销策略，实现不同阶段的投放需求，使活动效果更上一层楼。

5. 引流成本更可控

钻展可根据每个卖家的不同流量需求，制订不同的钻展玩法策略。例如，某卖家的预算投入只有 500 元，在投放广告时，可重点优化投放时间段、地区、定向，从而实现更好的投入产出比。

6. 挖掘同行卖家的顾客

利用钻展，还可以有针对性地挖掘同行卖家的顾客，因为他们的顾客可能也是我们的顾客，如果用直通车或自然搜索，那么要排在大卖家前面会很难；但如果定向他们的店铺，把自己的广告推送给他们的顾客，代价和测试的成本都会比较低。

（三）玩转竞价模式及计费模式

钻展竞价模式与直通车有一点相似：谁出价高谁就优先被展示，出价第二的就第二个被展示，出价第三的就第三个被展示，以此类推。

这里要注意一点，假如有 10 个商家都在 00∶00 ~ 24∶00 进行投放，预算也都足够，在某一时段如上午 8∶00 ~ 9∶00，谁的出价更高，谁就在 8∶01 开始展示，但能展示 5 分钟、10 分钟还是半小时，要取决于总预算。总预算越高，分配到当前时段的预算就越高。简单来说，钻展竞价模式就是出价越高展示越早，预算越多展示时间越长。

钻展竞价的整个过程是一个动态的调整过程。例如，笔者今天上午 8∶00、

9：00、10：00 的展示都在前 5 分钟，但到 11：00 时突然有一个商家的预算非常多，出价也高，那笔者的店铺在 11：00 ~ 12：00 这个时间段就得不到展现，也就是没有流量消耗。没有消耗的这部分费用会平均分摊到当天计划剩余的时段，这就是动态调整。

> **名师点拨**
>
> CPC 模式是根据 CPM 反推过来的。如果在按照展示付费投放了一段时间后，发现基本上点击单价在 1 元 ~ 2.5 元，那么 CPC 可能也要出到 1 元 ~ 2.5 元才会有流量消耗。

在创建钻展计划时，有两点新的变化：托管计划和推荐计划。

- 托管计划：大家在创建计划时，只要加进去自己做好的创意，剩下的出价定向便由系统完成。这与之前的自定义（计划包括设置时间、地域及其他要素）有着一定的区别。
- 推荐计划：系统会推荐资源位和出价，卖家可以选择按照或是不按照系统的推荐。

如果卖家有充足的经验，建议全部自定义计划。自定义计划测试很方便，而且就得到的结果和托管计划、推荐计划相比，产出更高。

二、钻展的进阶用法

创意图是钻展的灵魂，它对店铺积累基础销量及提升店铺的销售量起到很重要的作用。首先，消费者一般是通过点击自己喜爱的创意图片进入店铺的；其次，消费者最终是否买下商品，或收藏、加购宝贝或店铺，也是由创意图决定的。由于钻石展位是按展示来付费的，且展示 1000 次的费用是固定的。既然花的钱是固定的，肯定希望能够吸引到更多的顾客进入详情页，那么，设计制作一张高点击量的创意图就显得非常重要了。

（一）不能偏颇：在转化和点击之间求平衡

在转化和点击之间求平衡，也是实战方面的提炼。如果用夸张、不符合事实的图片或特别抓眼球的文案获得了高点击，那么描述页的跳失率可能会非常高。例如，点击率从 2% 提升到了 4%，点击单价会相应下降 50%，原单价 1 元的点击可能会变为 0.5 元，虽然点击率提高了一倍，但有一部分顾客是被好的图片和文案吸引进来的，他们进入描述页后发现不符合实际会很快跳失，这样会导致跳失率非常高。这样引进的流量不仅没给店铺带来成交，反而造成高跳失率，会降低自然搜索的权重，让系统认为该店铺不被欢迎。所以，我们在设计创意图时，一定要遵循一个原则：让更多人点击图片的同时尽可能吸引成交，不要单纯追求点击率。

比如，我们测算到每个点击花费了 2 元钱，转化率能达到 4%；假设点击单价降到了 1 元，转化率却只有 1%。虽然单价是降低了，每个点击可以节约 50% 的费用，但转化率也降低了，只有以前的 25%。同样是花了 1000 元的推广费，第一种情况可能产生了 500 个点击，产生了 20 个成交；第二种情况则是产生了 1000 个点击，却只产生了 10 个成交。因此，我们不要片面追求点击单价，并不是点击单价越低越好，要综合考虑点击单价与转化率。

（二）如何才能做好钻展创意图？

既然钻展创意图如此重要，那么，参加钻展的新手们应该如何做好创意图呢？

（1）首先必须了解自己推广的产品的特性。只有熟悉产品的特性，才能更好地控制拍摄产品的角度、设计出适合产品特性的版式，以及撰写出吸引消费者眼球的文案。

（2）明确推广的目的。如果是全店的推广，则需用多款宝贝作为创意图片，而文案也是针对全店的推广来写的；如果是打造爆款，则只需用单品作为创意图片，其文案也是针对该宝贝而创作的。

（3）选择适合自己产品的创意参考模板。善于运用钻展后台强大的创意排行榜，选择适合自己店铺风格的模板做参考。

> **名师点拨**
>
> 如果没有使用"我关注的店铺"这个功能，则可以先签订协议，然后手动添加关注的店铺的 ID。如果关注的店铺也使用了这个功能，就可以看到他们的创意模板了。否则，无法看到他们的创意模板。

（4）配上好的文案。一个好的创意图可以吸引更多的人去点击，而一个好的文案则能起到画龙点睛、润物细无声的效果。同时，要善用网络热词将商品的优惠促销信息、商品的功能与特点言简意赅地表达出来。

> **名师点拨**
>
> 写作文案时需注意的事项：文案不得夸大或虚假宣传。如"最优品质""最低价""最佳""独家""最顶级"这类词最好别用；禁止出现"外贸""日单""尾单""仿货"等敏感和品牌模糊字眼；限制使用"最后一天""仅此一天""限时1小时"等限制时长的文案。

（5）配上好的产品图片。俗话说，好马配好鞍，好的创意图需要配搭好的产品图片，即使文案再好，但图片质量差、色彩搭配不好或者排版不好，那么也没人会点击。好的产品图片首先是绝对清晰的,其次是突出产品的质感,特别是细节图一定要表现出质感,最后是产品图片要更能体现产品的特性。

> **提示**
>
> 不得使用未经授权的名人图片、国家领导人图片,也不得使用低俗图片等;禁止使用图片拼接。

(6)创意图的整体设计要合理。图文排版要有新意,突出产品卖点(一般只强调一个卖点),整体配色不要超过 3 种颜色,字体也不能超过 2 种,且创意图的背景要能很好地衬托出文案。另外,创意图的风格要与店铺风格一致。

(三)创意文案:一句话说动消费者

用一句话说动消费者,这里的"动"是指行动,即一定要让顾客点击。要达到这一效果,设计钻展图文时就必须注意以下 3 个要点。

(1)创意文案应该呈现一个犀利、独特的卖点,让顾客觉得不点进去就是损失。

创意文案会同时考虑到点击和转化两个因素,不能单纯地追求点击量,即在转化和点击同时考虑的情况下,尽量用一句话或一句半说动精准顾客点击广告图。

(2)初期投放最好是模仿。

文案常见的构词方式包括"只要""就""还"。例如"只要 19 块 9 就能得到原价值多少的东西,还有某某赠品相送"的一个句式。但写时又要注意语言,可提炼成"今天 19 块 9 得到原价值 59 元的东西,前 50 名还有特殊礼品相送,点击立即行动、立即抢购"。最终看到的广告图背后的思考逻辑要有一个行动按钮,有明显的利益点来促使顾客进入这个页面。

(3)注意广告用语的写作原则。

广告要永远面向新顾客,不要把顾客当作非常专业的人群,不要讲只有圈内人才听得懂的话。也就是说,在投放钻展时,我们要争取大多数典型顾客,永远面向新顾客,说他们能听得懂的话。

> **名师点拨**
>
> 图文设计要把握注意力、兴趣和行动这三要素。无论是直通车还是钻展,这三要素都是图文设计的基础。用一个色彩、特殊图形吸引顾客注意力,把眼球抓过来;然后用一句话的利益点引发顾客兴趣,并且用限时优惠、限量优惠、买赠等促销口号来引发顾客的点击行动。同时,只有通过不断测试和优化,才能做出高点击的创意图。

三、钻展落地页面的设计要点

落地页面设计的 4 个要点和高点击的创意图是密切关联的,在设计时需要考虑以下 4 点。

(一)广告和页面的一致性

钻展落地页面设计的第一个要点就是,让顾客看到和广告一致的东西。这样做的原因在于一方面可以减少顾客跳失,另一方面可以加深顾客对产品的印象。顾客看广告时的兴趣比较浅,但当他进到页面后,页面中再次提到主图中的兴趣点,将会容易加深顾客的印象。

（二）商品价格的考量

一般情况下，做钻展的首选商品肯定是单价几十元的商品，而不是高单价商品。高价产品很难通过一张广告图加一个页面来实现转化（成交），顾客的购买障碍一般会较大。可以先通过一个几乎没有购买障碍且利益点明显的产品去实现成交，就可以获得顾客的信息资料（或添加顾客微信号），然后有机会引导下一次的成交，直至让顾客成为我们的老顾客。

如果一开始就用高价商品做推广，顾客即使看中明显的价值和利益点，但根据人们生性有所顾虑的特点，他们在最后付款时仍然会担心自己的选择是否正确，担心其他各种问题。这种情况在二次购物的顾客中就比较少见，因为他们已经比较信任当前店铺，因此老顾客不仅购买得更多，而且决策得更快。比如，笔者店铺内有蜂蜜、蜂胶和蜂王浆，如果笔者选主推商品，肯定会选蜂蜜。高单价商品成交转化的障碍比较大，而低价的商品则更容易成交第一次。而顾客通过对低价商品的购买，对店铺产生了信任后，第二次购买就简单了，也只有跨过第一次的成交门槛才会更容易购买店铺推出的高单价商品。因此，在选款时，首要考虑商品价格是否合适。在确定商品和价格后，再优化页面，设置好价值点。

（三）直接引到宝贝详情页

在引导顾客跳转时，尽量直接引到宝贝页，极少数情况下，可以引到单页面或首页。顾客访问的每一步都有跳失的可能，如果 100 人进到首页（或单页面），绝不会有 100 人都接受被引导到宝贝页。因为首页和单页面没有直接的购买按钮，这期间就会有跳失。

但如果直接引到宝贝页，在阐述的价值和品牌理念到位的情况下，顾客点击立即购买，便可随即完成付款，整个成交流程就可以轻松完成了。比如，现在手机淘宝的支付设置了指纹或免密支付，我们会发现，从点击立即购买到支付成功，只要短短几秒，就算真的有一些人后悔购买了该商品，绝大部分人还是抱着买了就买了的心理，不会再申请退款。而如果这个流程不是几秒，而是几分钟，需要一步一步地确认，则会让顾客有更多思考时间，顾客甚至会厌烦流程的烦琐，导致跳失跑单。

（四）不要推荐过多的产品

设想顾客对广告中的上衣图片及文案产生了兴趣，但是进店之后全是裤子、靴子、裙子之类的商品，由于推荐产品过多，顾客没有快速找到自己想要的上衣，便会跳失。但我们又想让进来的流量尽可能看更多的页面，所以这里就得把握一个度，根据类目的差异"因地制宜"，站在顾客的角度考虑问题，而不是强行推荐。

> **名师点拨**
>
> 推荐产品不要太多，如果推荐产品太多会导致当前页面上的主产品不易被看到。通常推荐 3～6 款产品比较合理。

四、数字最可靠：用报表优化钻展

钻展工具与直通车工具一样，报表功能都非常强大。由于钻展门槛低，现在一个钻的卖家也可以开通钻展，再加上报表功能，中小卖家也可以使用钻展实现"弯道超车"。

（一）认识钻石展位的报表

1. 钻石展位的报表结构

钻石展位的报表结构分为首页和报表。通过首页可查看"今日投放效果"报表，以及对单日数据进行对比。通过报表可以查看"账户整体报表"（历史投放数据），整体报表又可分为"展示网络报表"、"视频网络报表"和"明星店铺报表"。其中，"展示网络报表"又包括"计划列表""推广单元""创意""定向""资源位"的相关数据，如图4-8所示。

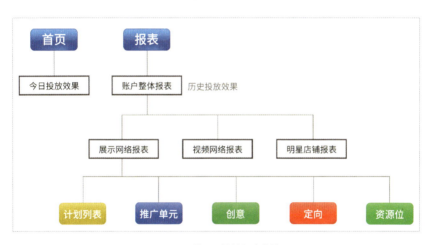

图4-8 钻石展位的报表结构

2. 查看钻石展位的报表

（1）首页页面。通过首页可以查看单日投放效果的相关数据，包括展现量、点击量、点击率、千次展现成本、点击单价、消耗等，如图4-9所示。

图 4-9 查看"单日投放数据"

通过对单日投放效果的相关数据进行对比,其下方的趋势图可以帮助我们了解数据的变化情况和变化趋势。另外,时段报表展现了每个小时的数据情况,方便我们了解每个小时的数据变化。

(2)报表页面。在报表页面,账户整体报表提供了账户历史投放数据,包括千次展现成本、消耗、点击量、点击率、点击单价、展现字段等,如图 4-10 所示。选择"对比行业均值"选项,则可查看自身目前的水平与行业平均水平的对比情况,如图 4-11 所示。

图 4-10 在报表页面中查看"全店竞价推广报表"数据

图 4-11 在报表页面中查"全店竞价推广报表"数据对比

> **提示**
>
> 通过右下角的相关按钮可批量下载自己所需的报表（可以自行选择报表数据的类型、内容及时间）。

（二）钻石展位数据分析思路与内容

对于钻石展位，通常首先需要对下载的数据进行整理和汇总，然后对比分析。在分析时主要把握这样的思路：店铺目前的状况→导致店铺现状的原因→应该如何操作→解决措施是什么（调整和优化）。

通常来讲，钻石展位数据分析的内容主要包括以下几个方面。

1. 流量情况分析

分析流量的获取情况时，主要分析的数据指标有日预算是否消耗完成，以及 PV 和点击率是否达到预期。

2. 投放效果分析

（1）在报表页面可查看点击单价与同行均值的对比。

（2）在资源位列表的资源位详情页面中可查看同类目商家的平均点击率。若店铺的点击率低于同行，则说明需要优化定向人群和创意；若点击率高于同行，则说明定向人群和创意很好，可继续投放。

（3）查看点击成本，当然，与同类目的商家相比，点击成本越低越好。若点击成本不够理想，可尝试优化千次展现成本（测试出价，避免出价过高）和点击率（提升定向精准度、创意质量）。

> **提示**
>
> 点击成本＝千次展现成本÷(点击率×1000)。图4-12所示为点击、流量、点击成本的通投、定向（人群定向、店铺定向）设置效果对比。
>
>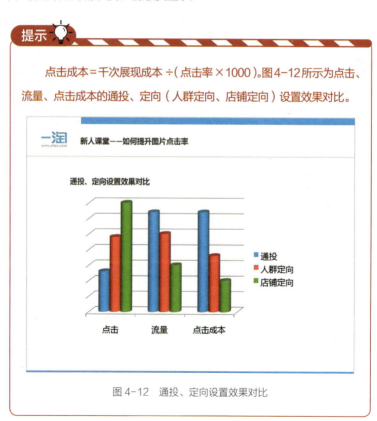
>
> 图4-12　通投、定向设置效果对比

（三）分析报表，优化计划

分析报表实际上是从上到下解剖计划并调整的过程。一般情况是先看计划，包括计划总支出、总销量、总加购数量和总收藏数量。然后向下拆分到具体单元，如PC端首焦图和无线端首焦图哪个资源位产出更多，继而一步步地定位，定位到具体的创意定向。整个过程呈树状的结构，一个计划包含很多个单元，每一个单元包含很多资源位，每一个资源位有多个定向，每个定向下有多个创意图。

图4-13所示为"单元"数据信息。具体的解剖计划需要卖家亲自操作，从上到下一步步地分析出对转化有帮助的广告图，再计划增加预算和增加投放时长等。

图4-13 "单元"数据信息

（1）从计划到单元，到定向，到资源位，再到创意，是一步步分解的。此过程中需要一定的测试经验，同时更要信赖数据的反馈，且数据必须是一定周期的数据。时间过短则不能说明问题，还有可能把我们引向错误的结论。

（2）通过一步步地定位，最终得到计划、单元、定向、创意，从而指导我们放大合理的计划,删除有误的计划,最终得到相对优秀的计划,得到较稳定的产出。

(3)图 4-14 所示为来源于蜜爱蜜钻展后台的真实数据,在相对高价的蜂蜜店铺中,1:4.3 的投入产出还是很不错的。

图 4-14　蜜爱蜜钻展后台的真实数据

(四)钻展的定向选择

钻展可以定向竞争对手的店铺,即将我们自己的广告向竞争对手店铺的所有访客展示,可以让竞争对手的客户转化成自己的客户。钻展的定向功能非常符合广告原则,可以实现给在自己店铺有过购买、收藏、关注、浏览行为的群体看广告的目的。

1. 地域定向和时间定向

在推广计划里可以设置地域定向和时间定向。地域定向是根据访客所在地域来进行流量细分。地域定向与商品的属性有关,比如,猪肉类商品就不适合在一些少数民族聚居地的城市投放广告,因为有些少数民族是不吃猪肉的。因此,常用地域通常可以全选,非常用的地域可根据情况单独勾选。

时间定向是指商家可以根据自己商品的特点,在一天中的不同时间段合理地投放广告。在推广预算有限的情况下,合理设置钻展投放时间段,可以有效提高淘宝钻展推广效果。一般来说,钻展的投放时间段的设置可以从以下几个方面来考虑。

（1）店铺人群访问特征。不同类目的店铺，人群访问时间也不相同。我们可以根据店铺商品类目和人群访问特征来决定投放时间段，比如，主营 3~6 岁女童服装的店铺，早上 9:00~11:00 流量比较充裕；12:00~13:00 流量下滑；17:00~19:00 流量明显下滑；20:00~23:00 为流量高峰期。

（2）平台属性分析。虽然 PC 端和手机无线端的访客高峰时段略有差异，但随着智能手机性能越来越好，手机无线端购物的比例也越来越高，手机端已成为网络购物的主流平台，特别是在晚上，手机无线端的流量会达到全天最高，一直维持到 23:00。

（3）商品销售对客服的依赖性。如果本店商品销售对客服的依赖性小，则可以设置全时段投放。如果对客服的依赖性大，则建议在客服可承接的时段投放。建议使用店铺自动折扣、满减活动，提高静默下单率。

> **提示**
> 流量低谷时段的竞争店铺较少，可以用较低的钻展 CPM 和 CPC 获取流量。9:00~23:00 的出价较高，00:00~8:00 的出价较低。

2. 类目型定向、店铺型定向和宝贝型定向

（1）类目型定向主要包括群体定向、兴趣点定向和行业店铺定向。这类定向的流量较大，适合搭配匀速投放和 CPC 出价方式来控制点击成本，常用于拓展店铺新客户。

（2）店铺型定向主要包括访客定向和营销场景定向。这类定向主要根据消费者的浏览、收藏、加购和购买等行为区分出不同的人群，这类定向的流量精准，效果明显，常用于维护店铺老客户。

图 4-15 所示为店铺的定向选择数据。

单元　定向　资源位　创意　　下载报表　默认数据　搜索定向

定向信息	消耗	触达	兴趣	行动			成交		衍生指标
		展现量	点击量	收藏宝贝量	收藏店铺量	添加购物车量	成交订单量	成交订单金额	千次展现成本
智能定向-店铺优质人群:智能定向-店铺 计划：PC端展现付费计划 单元：手淘焦点访客定向	1,007.88	29,062	815	56	30	180	70	5,167.51	34.68
智能定向:智能定向 计划：PC端展现付费计划 单元：PC首焦单元	664.20	17,972	403	15	6	65	36	2,915.81	36.96
智能定向-宝贝优质人群 计划：PC端展现付费计划 单元：手淘焦点访客定向	609.97	16,369	595	30	15	89	33	2,909.44	37.26
喜欢我的宝贝的人群:蜜爱蜜 秦岭土蜂蜜 农家... 计划：PC端展现付费计划 单元：手淘焦点访客定向	577.95	20,231	531	20	12	34	29	2,247.07	28.57
访客定向-自主店铺:蜜爱蜜旗舰店 计划：PC端展现付费计划 单元：PC首焦单元	451.14	16,659	173	8	--	11	9	891.82	27.08
访客定向-自主店铺:蜜爱蜜旗舰店 计划：PC端展现付费计划 单元：手淘焦点访客定向	441.23	14,663	286	9	6	56	25	2,279.69	30.09

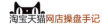

图 4-15　店铺的定向选择数据

在定向店铺之前，首先要找到合适的竞争对手，一定要找与自己店铺产品相匹配的店铺，这样带来的流量才更加有效。也就是说，定向店铺时并不是所有的竞争对手都要选，比如说，价格差别过大的，虽然它可能是这个类目的消费人群，也是自己的精准人群，但它选择的价位和自己的价格明显有区别，这种对手不要去选。

另外，不要把所有的竞争对手都选到一个计划里，应有意识地把他们区分在不同的单元或不同的计划里。这样方便我们测试最终结果究竟是哪一部分店铺定向、人群定向，让定位更符合店铺定位，对运营也有帮助。

值得一提的是，人群定向的效果一般，如果没有非常大的资本，一般情况下我们不选人群定向。很多卖家加了人群定向，甚至通投，带来的流量当然也很可观，但不一定能马上带来盈利。因此人群定向只能作为一个参考，不建议卖家刚做钻展就选择人群定向。

(3)宝贝型定向。主要是指通过商家指定的宝贝,寻找与这个宝贝相似且有竞争关系的其他宝贝,然后找出对这些相似宝贝感兴趣的消费者群体。这类定向的流量与宝贝的热门程度相关,热门程度高则采用匀速投放和 CPC 出价方式来控制点击成本。

> **名师点拨**
>
> 推荐使用智能店铺、智能单品、访客定向、相似宝贝定向等几个定向,不建议做类目定向、人群定向和站外投放。对于营销场景的选择也要谨慎,因为营销场景有时效果还行,有时效果会不好,不稳定。

(五)选择钻展资源位的建议

进入智钻后台,选择"资源位",就能看到钻展的资源位。图 4-16 所示为店铺的资源位。

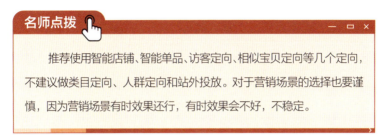

图 4-16 店铺的资源位

钻展资源位可分为 PC 端和手机淘宝两种，其中手机淘宝资源位的流量占比大，效果更好，商家应该适当提高手机淘宝资源位的投放，获取更多流量。

选择资源位是钻展投放的第一步，钻展的资源位有很多，卖家可以根据自己的实际情况选择适合自己的资源位。如果选择不当，则不仅浪费钱，还达不到想要的推广效果。

选择资源位时有以下两点建议。

1. 资源位数量不宜过多

虽然资源位的数量多，可以为店铺带来更多的流量，但在资金预算不充裕的情况下，建议选择 1～2 个资源位，最多不要超过 5 个。

2. 优先选择较优质的资源位

首先选择较优质的站内资源位进行投放，根据投放的测试数据，保留适合自己店铺的资源位，最后根据预算来调整资源位的个数。

> **名师点拨**
>
> PC 端首页天猫精选、三屏位置，以及手机淘宝天猫的客户端的首页焦点轮播图等钻展位置的效果都不错，其产出和流量都比较稳定。建议商家多在这几个资源位上进行投放。

4.3 剑式 3：微淘

微淘是卖家与买家进行联系的平台，卖家可用微淘导购、销售，以及与买家互动。微淘也是一个社区化的营销方式,卖家只要把买家集中在自己的微淘中,即可保持和买家的互动,从而带动口碑宣传。

一、吸引并留住"粉丝"

微淘中重要的就是"粉丝",无论卖家发布哪种信息,最终都是为了获取更多的"粉丝"。如果没有"粉丝",一切都是空话。那么,卖家要如何吸引"粉丝"的关注呢?

(一)主动吸引买家关注自己的微淘

在吸引新"粉丝"之前,卖家应设置自己的微淘账号。账号的定位和命名要能让"粉丝"能快速知道该账号的功能。在命名时注意避免使用生僻字,用与店铺相关的名称会更容易被"粉丝"搜索到。

下面介绍几种吸引"粉丝"的技巧。

- 首页设置二维码。要让店铺被更多新人关注,可将店铺二维码放置在首页。"粉丝"或潜在"粉丝"经手机淘宝的扫一扫功能扫描后,能跳转至微淘关注提醒,也能看到店铺近期活动商品。
- 群组之间的互粉。加 QQ 群互粉是一种较为常见的方法,卖家可以自行选择加入群组,进行互粉。
- 售后拉粉。卖家可在包裹中或在包裹外贴微淘二维码,并添加相关提示:关注微淘,有礼相送。小卡片成本不高,却是很好的宣传渠道。
- 微博推广。微博作为图文并茂的社交软件,可将二维码或商品、店铺信息用巧妙的方式展现在网友眼前,让店铺获得更多关注。

卖家也可在贴吧、论坛、QQ空间等地发布微淘的链接或二维码信息来进行推广，以获得更多的"粉丝"。

（二）留住已有的微淘"粉丝"

微淘"粉丝"积累是个漫长的过程，可以说每一个"粉丝"都来之不易。有了"粉丝"的微淘，还必须留住"粉丝"，避免"粉丝"流失。

- 与"粉丝"互动。微淘并不是卖家唱独角戏的地方，想要增进和维持与"粉丝"的关系，就需要卖家投入感情去问候、评论、回复"粉丝"。
- 用活动带动"粉丝"的积极性。要和"粉丝"互动，卖家可以在微淘上举行各种活动，送出小礼品、小奖品等，让"粉丝"感到惊喜，带动"粉丝"的积极性，让"粉丝"一直保持微淘的兴趣。
- 推送符合"粉丝"兴趣的内容。无论是什么类型的营销，目的性都不能太强。微淘也是一样，如果在内容中直接推广商品，被接受的可能性就不大。要留住"粉丝"，就要从"粉丝"的兴趣点出发，推送"粉丝"感兴趣的内容。
- 让"粉丝"有收获。要想留住"粉丝"就要让"粉丝"感受到有收获，如签到有礼、收藏有礼；也可以在微淘内容中体现出实用技巧性的东西，能让"粉丝"感到有所收获。总之，要让"粉丝"感到有所收获，粉丝才会继续关注店铺账号。

（三）微淘的内容为王

微淘要"吸粉"，内容是王道。发布微淘的方式多种多样，总的来说离不开内容策划和布局。卖家首先要做的是定位微淘账号，然后分析账号"粉丝"特点。例如，一个主营女装的卖家，可以在无线"运营中心"中用"人群分析"功能查看近期来自所有页面、所有渠道的人群分析。卖家通过人群分析，便可得知精准客户的画像，如客户的年龄、性别、消费层次、职业分布、等级等。再分析精准客户的兴趣，找到相关内容进行微淘推送，运营就能事半功倍。

微淘内容包括 4 个方面：促销活动、最新上新、品牌文化、热点内容，如图 4-17 所示。

图 4-17　微淘内容

- 促销活动。促销活动最好有针对性，例如，老用户享受优惠折扣；新用户初次购物获礼物；老用户介绍新用户，新、老用户均享优惠等。
- 最新上新。店铺中有了新品，可更新帖子。内容可以是店铺新品体验活动，新品上架享折扣或前多少名免单等。
- 品牌文化。无论店铺大小，都要有品牌文化或经营概念，这部分内容都需要原创。各个店铺之间的文化有差异，如果连这部分内容都抄袭，那么不仅不会被"粉丝"认同，还有可能被扣上抄袭的帽子。
- 热点内容。很多"粉丝"都喜欢八卦，呈现的内容中如果结合了当前的热门事件，能引来不少"粉丝"围观。

在布局微淘内容时还需要注意标题、封面、差异化等方面的内容。更新内容时一般需要图文并茂，先用图片来吸引"粉丝"注意，再在标题上润色，突出亮点，让人有点击欲望。图片与标题要相互呼应，不要含广告信息。

> **名师点拨**
>
> 微淘的篇幅可根据运营资源来安排，长短皆可。一般来说，500～1000字为佳，有料的内容可稍加篇幅，但不宜超过3000字。微淘的推送时间也有讲究，可通过生意参谋、生e经查看店铺不同时间段的流量分布，选择流量较多的时间段推送消息，效果更佳。

二、做出差异化的微淘内容

在微淘中，内容差异化并非仅单一地发布活动或上新，需要加入多种元素，避免"粉丝"产生阅读疲劳。如图4-18所示，该旗舰店展开讨论热门剧《三生三世十里桃花》大结局；如图4-19所示，以解读高跟鞋的秘密来丰富阅读者的知识。两个内容之间看起来没有直接的关联，但最终都宣传了店中的鞋子，看起来也不显生硬。

图4-18 讨论热门剧的微淘内容

图4-19 丰富阅读者知识的微淘内容

如图 4-20 所示，在微淘中推送买家秀，真实的反馈胜过广告词，买家对售后客服的评价也是对服务的一种认可。如图 4-21 所示，微淘发布中奖内容，吸引"粉丝们"点击参加。二者的运营内容虽然不同，但都起到了宣传商品的作用。

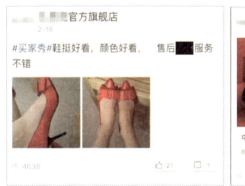

图 4-20　微淘推送买家秀　　　　图 4-21　微淘发布中奖活动

三、通过数据观察微淘运营效果

微淘营销并非一劳永逸，卖家通过对运营数据分析后可以进行改进。如果卖家单凭个人的感觉去改善微淘营销，可想而知，效果应该好不到哪儿去。卖家可以借助数据来查看并改进微淘营销。打开微淘管理中心，能看到微淘数据概况、直接引流情况、直接引导成交笔数、单条动态数据等数据情况，如图 4-22 所示。

图 4-22 "微淘数据"页面

（1）通过分析净增"粉丝"数能快速得知近期"粉丝"的增长量。

（2）通过直接、间接引流情况和直接、间接引导成交的情况，可衡量近期微淘引流效果。

（3）通过数据能直观地看到微淘运营效果，便于卖家调整和修改，以获得更多的"粉丝"和更好的引流效果。

在微淘数据中，单条动态数据对内容的改进有很大的参考意义。单条动态数据的内容包括标题、发布时间、曝光量、阅读量、点赞数、评论数、成交笔数、成交金额、流量等，如图 4-23 所示。卖家可清楚地看到每一篇微淘推文的效果，然后可对效果不好的推文进行改进。

图 4-23 微淘内容单条动态数据

4.4 剑式4：直播

互联网的在线直播从前几年的 YY，发展到了如今的映客、虎牙、全民 TV 等多个直播工具。2016 年是直播元年，淘宝直播在同年 5 月正式上线。从此，淘宝直播成为一种新的引流方式，通过场景互动，可以加深用户对品牌信息的接收度和品牌的真实度。由此，诞生了新的消费形式：卖家边播边卖，"粉丝"边看边买。这与以往的客户和客服通过文字交流不一样，客户可在直播过程中直接提出疑问和要求，卖家也可通过现场展示来解答，整个互动过程更加简便、直观和真切，销量也会随之上升。

一、认识淘宝直播

淘宝直播是一种内容营销方式，它是为卖家和买家之间的互动提供的一个视频平台。卖家可以通过直播中的首页图、标题、简介来吸引买家的关注。

淘宝直播涵盖的范畴包括母婴、美妆、潮搭、美食、运动健身等。淘宝首页有"淘宝直播"分类，如图 4-24 所示。

图 4-24 "淘宝直播"分类页面

单击任意一个直播间，即可看到直播间详情。直播间页面共分为 3 个板块，如图 4-25 所示。

- 直播画面：位于直播窗口的最左侧，从中可清晰地看到直播名称、在线观看人数等信息。
- 互动区：位于直播窗口的中间位置，可看到新进入直播间的用户、购买商品信息、关注信息及提问聊天信息。
- 商品信息区：位于直播窗口的最右侧，可看到主播正在推广的商品名称、价格、颜色等信息。

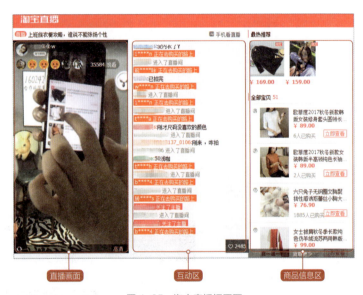

图4-25　淘宝直播间页面

淘宝直播在卖货方面有独特的优势，它可以与巨量商家、产品直接结合现场展示产品，更加直观。主播在直播间推广商品时，可以与消费者进行交流，对消费者反映的问题一一作答，特别是可以通过现场很直观地向消费者展示商品的功能与特点等。比如，介绍某款衣服时，主播可以现场试穿，让消费者看到这款衣服在她（他）身上的效果，可以通过视频特写向消费者展示商品的整体外观、材质、颜色和纹理等。这种推广方式比传统的详情页展示的效果更好，更能吸引消费者。

二、淘宝直播的类型

淘宝直播属于一种消费型的直播，它主要是通过在线视频展示产品，让买家直观地感受并购买产品。淘宝直播可以分为淘宝店铺直播、淘宝达人直播、天猫直播和全球买手直播4种类型，如表4-3所示。无论是哪一种，都要满足一定的条件。

表4-3 淘宝直播类型

类型	内容简介
淘宝店铺直播	（1）店铺符合直播的准入条件和类目要求才可以申请 ● 店铺信誉等级：一个钻以上 ● 微淘"粉丝"数量：不同行业的要求也不同，但最低需要3万，登录手机淘宝"粉丝"数量显示在店铺首页的右上角 （2）适合一些中小卖家
淘宝达人直播	达人直播具有人格化的特点。达人在其行业积累了一定数量的人气后方可申请成为淘宝直播达人，申请的基本要求如下 （1）有淘宝账号，且需要绑定支付宝并实名认证过 （2）注册成为达人，需要开通淘宝达人号，且一个身份证只能有一个达人号 （3）注册所用的身份证信息下没有淘宝店 （4）达人的等级需要在指定级别以上，达人要擅长控场和互动，要口齿伶俐、说话流畅等 提示：在百度搜索"淘宝达人平台入口"，登录官网，再登录自己的淘宝账号，便可申请成为淘宝达人

续表

类型	内容简介
天猫直播	（1）条件：只要是天猫旗舰店的商家，便可自行创建直播间，然后就可以开始直播 （2）天猫直播申请入口：tlive.tmall.com （3）遵守规范如下 ● 在直播时不得发布不实信息，如捏造细节、图文不符、夸大事实、虚假中奖信息，不得发送无意义内容及重复内容，不得伪造官方活动，以及发布使用绝对化用语的信息 ● 不得发布天猫平台之外的推广信息，如发布淘宝网、聚划算、一淘网、微信、QQ等站外的信息和链接等 提示：天猫直播比较适合品牌商家，要求商家拥有很强的运营团队。与其他淘宝直播不同，天猫直播自带浮现权
全球买手直播	全球买手直播适合有海外资源（经常出国）的主播，也就是想做代购直播的主播，主播首先需要有淘宝店铺，且有签证、护照，一旦店铺售假，直播权限也会无法开通，要等一到两年方可再开通。申请条件如下 ● 店铺微淘等级为L1及以上 ● 店铺确保没有严重违规行为，没有虚假交易 ● 店铺状态正常，且有较为稳定的综合运营能力

三、淘宝主播应具备的素质和申请方法

（一）主播应具备的素质

（1）喜欢购物，有非常丰富的购物经验。

（2）语言表达能力强，时尚、有品位。

（3）品牌知识面广，具有挖掘品牌好货的潜能。

（二）申请方法

新主播开号的流程如下。

（1）确定账号达人身份。

（2）开通阿里妈妈账号。

（3）按照要求录制清晰的审核视频，视频时长要控制在 60s 之内，横屏拍摄，尺寸为 16:9 横版视频。

（4）在应用商店下载淘宝主播 APP，提交录制好的视频进行审核。

> **提示**
>
> 审核周期为 1 天，如果没有通过，则需要重新录制视频，再次按照步骤提交。审核通过后，再告知机构人员开通浮现权。

> **名师点拨**
>
> 新主播基础的工作完成后，应该熟悉以下几个地址的作用。
> 阿里妈妈网址：申请佣金链接，结算佣金，查询销售订单。
> 达人创作者后台：发布内容，修改个人信息，查收最新官方消息。
> 直播中控台网址：主播可在这里发布直播预告，查询直播回放。
> 阿里 V 任务主播榜单：学习优质主播，吸取经验。

（5）创建预告 APP 版视频地址，在 PC 端发布预告须登录直播中控台地址。

（三）哪些人可以成为主播？

1. 自己申请做达人

如果卖家具备表演特长，有信心做好直播，则可以申请做达人。当然，在申请前要符合淘宝直播后台的相关规则，如"粉丝"积累量满足要求等。配置方面，需要有部智能手机，还需要下载安装直播软件。

2. 找主播合作

找主播合作的方式可能对中小卖家来说比较现实，可以去阿里后台或其他第三方资源中寻找与类目相关的主播红人。根据该主播以往的直播水平、表现能力等，确定主播和产品的吻合度，然后选择合作或是不合作。按照目前的行情，一场直播的佣金从免费到几千元不等。

四、开通淘宝直播

要进行淘宝直播，首先必须开通淘宝直播。开通淘宝直播的流程：开通淘宝达人→淘宝大V认证→申请直播权限。

1. 开通淘宝达人

（1）进入淘宝达人平台，登录淘宝账号，根据用户提示开通淘宝达人账号。

（2）按提示完成支付宝绑定、实名认证、身份认证，完成认证。

（3）填写达人信息，设置头像和简介，然后确认开通。

淘宝达人开通后，接下来就是大V认证了。

2. 淘宝大V认证

（1）进入淘宝达人平台，选择页面左侧的"达人成长"选项。此时，页面右侧会显示达人等级要求。目前申请大V达人，等级必须是"创作达人"以上。

（2）如果满足要求，则选择页面左侧的"阿里V任务"选项，页面会跳转至阿里V任务界面。

（3）选择页面中的"马上入住"选项，即可看到"我是商家"和"我是达人"两个选项。

（4）单击"我是达人"下面的"申请大V达人"按钮，在弹出的窗口中单击"申请大V达人"按钮。至此，淘宝大V认证完成，接下来就是申请直播权限了。

> **提示**
>
> 要申请大V认证，商家必须是3个钻以上的淘宝卖家或天猫卖家，达人必须达到创作达人以上的等级。

3．申请直播权限

（1）大V认证成功后，返回淘宝达人平台，选择页面左侧的"频道申请"选项。

（2）进入"频道申请"页面，里面有频道分类，满足要求即可申请相应的频道。

（3）如果手机中没有视频或视频直播选项，说明还没有直播权限，没有大V认证，只是开通了达人而已。

> **名师点拨**
>
> 商家号和达人号不能是同一个号，必须满足前一个条件才能进行下一个认证。

五、淘宝直播浮现权

淘宝直播浮现权对于淘宝直播来说是非常重要的,没有浮现权就没有曝光量,也就没有排名。

(一)淘宝直播浮现权

淘宝直播浮现权可以简单地理解为淘宝直播对外展现的权限。试想,如果没有展现权,即使我们一直在直播,也只是在自己的"私域"里直播,只有进入我们店铺的人才能看到直播内容,观看的人数自然就会很少。在开通了直播浮现权后,我们的直播就会在"直播公域"里展现,这样便可以获取更多的曝光机会,观看的人数自然就会提升。

(二)开通淘宝直播浮现权

开通淘宝直播浮现权需要满足以下几个基本条件。

(1)考核周期:每隔 15 天对主播考核一次。

(2)考核范围:在考核周期内直播时长为 30 分钟以上,直播的次数要达到 5 次以上的达人主播(非机构主播)。

(3)具体考核的数值为:场均观看人数为 50,人均观看停留时长 0.5 分钟。(当然,直播内容符合内容规范要求为前提。)

(4)上述标准为暂定值,按照以上标准从高到低排序,最多每次奖励 100 名主播。

要做浮现,除了要重视观看人数、停留时长、成交转化这些重要的数据指标外,还要了解自己类目的浮现规则。虽然店铺的观看人数数据、停留时长数据满足要求,但若没有成交数据,则通过率仍然不高。

> **名师点拨**
>
> 要真正提高淘宝直播浮现，除了要严格遵守淘宝直播浮现权的相关规则外，更重要的是提高主播直播的内容质量，吸引一定的精准"粉丝"。

六、找"网红"合作

"网红"就是网络红人，是指在现实中或在网络生活中因为某个事件或某个行为被网民关注，从而走红的人，也包括长期持续输出专业知识而走红的人。从 papi 酱到直播红人李佳琦，"网红"行业可谓蒸蒸日上。

作为卖家，在有条件且商品够好的前提下，完全可以考虑和"网红"合作。"网红"包括段子手、自媒体大 V、直播客、视频"网红"。

- 段子手的"粉丝"量大，但不精准，可以做品牌广告，但是一般转化率不高。
- 自媒体包含各行各业，合作之前必须看"粉丝"属性与商品的匹配度。例如，有些"网红"的自媒体"粉丝"量大，且变现能力强，但不易达成合作。
- 微博大 V，不能以"粉丝"数量决定效果，主要看博主与"粉丝"之间的互动，选择互动性较强的博主。当然，选择博主时，行业相关度也很重要。例如，卖化妆品的去找美妆博主，效果会更佳。
- 找各平台的主播，尽量找大主播合作，小主播的收入不稳定，变现能力也不强。
- 与专攻视频的"网红"合作难度更高，因为他的视频算得上是优质视频。如 papi 酱，视频中她会换多套衣服，后期还需要剪辑。虽然麻烦，但是视频的传播力是很好的，如果能与这类"网红"合作，效果是很不错的。

跟"网红"合作的形式也是多种多样的，如签代言、内容合作、形象代言、投广告等，主要还是根据商品特性和费用来决定。例如，经营美妆商品的，可找到美妆主播，赞助该主播直播所用的化妆品，让该主播在互动中将商品信息传达给"粉丝"，产品销量自然会大增。

4.5 剑式5：短视频

短视频是2017年才开始发力的，在手机淘宝中尤为明显。图4-26所示为手机淘宝中的"每日好店""猜你喜欢"等多个场景，它们都是以短视频的方式呈现给受众的。

短视频相比直播有3个优点。

- 短视频要求在短时间内表现出卖家创意，因此质量更高。如果在视频中加入导购，那么转化不会比直播差。
- 短视频字节数占比少，加载快，方便传播，不至于让潜在消费者花太长时间加载视频。
- 相比直播，短视频可以随时随地载入观看，不会出现像直播那样半路加入而看不懂主播在说什么的情况。

图4-26　手机淘宝中的短视频

在短视频这块，笔者建议以合作为主。找到与商品类目相关的达人，由达人来制作和上传视频，同时，卖家给予相关的提成或佣金。自己具备制作视频能力的卖家，可以自己拍摄、上传视频。对卖家而言，目前短视频处于一个比较好的红利期，应该积极把握。

短视频是淘宝发展的一个趋势，它在提高转化的同时也会为商品加权。不同类目的商品在短视频的制作方面会有很多不同的点，而且针对不同的用户，短视频的表达点也会不同。

一、了解消费者分类

就目前的淘宝市场而言，消费者可分为以下四类。

- 快消用户。这类用户有个显著特征是"目的明确"，购物过程可以用"快""准"来形容。针对这类用户，短视频需要在最短的时间内表达出哪些商品性价比高，哪些商品好用，让买家快速决定买还是不买。针对这类用户群体，短视频的时长可控制在9～30s，投放位置在主图第一张或详情页里。

- 无目的性的用户。与快消用户相比，这类用户显著的特点就是时间多，他们喜欢看新鲜、好玩的东西。考虑到上班和休息时间，尽量在周末投放一些带故事情节、新鲜玩物的短视频。

- 有品位用户。这类用户的生活质量处于中等偏上，在购买商品时，他们特别注重商品质量，且消费能力较强。针对这类用户，制作短视频时需要花费更多的精力，要在背景音乐（Background Music，BGM）、字幕、设计等方面下功夫，给用户展示产品高大上的品质感。

- 刚需用户。这类用户主要集中在家电类目中，故短视频中需要展现消费者关心的商品介绍、测评、售后及使用教程等内容。

二、短视频的类型

短视频的类型大体可分为两类：商品型及内容型。短视频的类型不同，展现的位置也不一样。例如，手机端的短视频分别在每日好店、必买清单、淘宝头条等版块展现。

（一）商品型短视频

商品型短视频主要以展现商品卖点为主，如图4-27所示。这类短视频比较符合快消用户的购买习惯，其展现时长一般在9～30s，投放位置在主图第一张或详情页里。商品型短视频在发布后，有机会在"有好货""猜你喜欢""行业频道""购买后推荐"等位置展现，可获得免费加权流量。

图4-27　商品型短视频

（二）内容型短视频

与商品型短视频相比，内容型短视频的拍摄门槛较高，多以故事情节或达人教学为主。针对新手卖家，可找达人、达人机构合作拍摄内容型视频。由于故事情节丰富，内容型视频的时长比商品型视频更长，基本在3min左右。

内容型短视频被抓取展示的位置更多，且被抓取后，可能迎来相当可观的流量。内容型短视频的展现位置如表4-4所示。

表 4-4　内容型短视频的展现位置

展现位置	内容型短视频类型
每日好店	店铺故事、镇店之宝、品牌新品故事、创意广告
必买清单	场景型内容，如做菜教学步骤、旅行必备
爱逛街	偏向教学、评测类型，重点类目包括时尚、美妆、美食等
猜你喜欢	不限类目，可以有商品主图类的单品展示，大多以展示主图视频为主
淘宝头条、淘部落、微淘	网络红人内容，如穿衣心得、化妆步骤、生活窍门
微淘、淘宝头条	直播切片

如果短视频被抓取展现了，则可能迎来流量爆发期，卖家要把握住机会，增加商品权重。

三、拍摄与制作淘宝短视频

对短视频制作有兴趣的卖家，可以尝试自己拍摄简单的商品型短视频。在拍摄前，重要的是要先明确主题。如果一个视频的主题不明确，则很难吸引客户。但一个视频中主题明确却又较多，就很难控制时长，不符合短视频的"短"了。

（一）淘宝短视频的拍摄

对于淘宝短视频的拍摄，具体的拍摄设备及拍摄技巧如表 4-5 所示。

表 4-5 拍摄设备及拍摄技巧

准备工作		具体内容
设备	相机	手机、相机皆可。如果对视频要求较高,可购买微单相机,配合相应的镜头进行拍摄
	三脚架	三脚架的作用主要是保持拍摄的稳定,减少画面抖动。外景拍摄较少的话,可购买偏重的三脚架,防抖效果更佳
	灯光	不管是手机拍摄还是相机拍摄,都需要一定的光源。在拍摄视频时,至少需要 3 盏以上的灯,其中一盏主灯(600W),两盏辅灯(400W)
	静物台	大多数纯白底的商品视频、图片都是在曲面的静物台上拍摄的,由此可见,拍摄短视频时,一个衬托商品的静物台十分重要
	其他	根据商品类目,还可以配备反光板、柔光箱等设备
陈设		在没有好的摆放思路或缺少装饰物的情况下,可直接把商品放置在静物台上,呈 45° 的角度摆放来拍摄
构图		三分构图法可以说是拍摄短视频时较实用的构图方式。该方法简单易学,以纵横各两根线,将画面分为 9 份,呈"井"字形,将商品放置于中心区域或 4 个交点处
布光		一般而言,布光法则就是三点布光:主光主要用于照亮商品主体及周围,辅光用于填充阴影区域和主光没有照亮的地方。这样布光的好处在于可形成景深和层次感
拍摄	风格	没有固定的风格一说,按平时的拍摄风格、手法、技术来拍摄即可
	视角	尽量避免单一角度拍摄,可以更换不同的角度拍摄,这样便于后期剪辑,视频效果也更加丰富

(二)制作淘宝短视频

拍摄完视频后,还应对视频进行编辑与制作。由于手机软件会导致画质严重损失，因此卖家通常不会选择手机软件剪辑视频。但是对于刚入门的卖家，也可以选择无水印的视频 APP 进行剪辑练习。如果是新手小白，则可以使用"爱剪辑""会声会影"等操作简单、易上手的视频编辑软件。如果还想深入研究视频编辑，则使用 Adobe Premiere、Vegas、EDIUS 等专业的视频编辑软件进行视频制作。

四、短视频的关联营销策略

展现位置不同的短视频受众也不同，故在制作视频时要注重高度匹配，同时还要在视频里添加一些关联营销策略，如添加字幕、背景音乐、优惠券和红包等。

- 字幕和背景音乐可以说是短视频中基础性的东西。添加字幕和背景音乐，使视频更完整，令观看效果也更佳。
- 在视频中插入关联宝贝，实现边看边买。值得一提的是，关联宝贝必须与视频内容相关。
- 在视频中插入优惠券、红包，用较直接的方式进一步刺激购买。例如，在教程类的视频中搭配实用工具，再配以适当的优惠券。
- 在视频中加入标签，可以对主图视频分段打标签，让视频内容透明化。打标签的好处在于消费者在观看视频时可以拖动视频进度，直接查看感兴趣的内容，直击消费者痛点。
- 插入倒计时宝箱，这其实和店铺优惠券是相连的，前提是优惠比例大于 20%。卖家可以根据产品情况和活动来设置。

> **名师点拨**
>
> 视频标签可以在"视频中心"下的"视频分段标签"里设置。但目前标签是固定的，根据类目来设定，不能随意更改。故在规划视频内容时，应根据宝贝的评价及消费者比较关心的核心问题去设置标签。

4.6 剑式6：阿里V任务 & 有好货与必买清单

随着内容电商的不断发展，消费者在面对成千上万的商品时，希望有更专业、经验更丰富的导购为自己找到想要的商品。

一、什么是阿里V任务？

阿里V任务是淘宝官方推荐商家寻找优质达人合作的唯一官方平台。商家可以在这个平台上发布推广需求，如新品测评、尖货推广、品牌活动直播、营销活动造势等。

阿里V任务相当于中介平台，卖家可根据自身需求找到不同类别的达人。平台中有"找创作者""官方任务""短视频专区""品牌专区""商家广场"等版块，如图4-28所示。商家可以通过后台注册账号，联系红人，再根据要价和佣金比例的协商来展开合作。

图 4-28　阿里 V 任务的主页面

在阿里 V 任务上找达人合作，非常方便和安全。需求方先将合作任务在平台上发布出去，并将所需资金付于平台监管机构（官方机构）；承接方接受任务，在任务结束后需要需求方再次确认任务订单。这类似于在淘宝平台购物，有了确认收货的环节，钱才会转到卖家的账户中。既保证了资金的安全，也对达人的质量有个验收，在一定程度上能提高合作质量。

二、有好货与必买清单的玩法

众所周知，官方小二创建了一些招投活动频道，如淘宝头条、淘宝直播、必买清单、有好货等。小二会明确频道展现位置、频道定位、对内容创作者的要求、内容要求、频道管理规范，内容创作者可根据频道的要求报名参与频道投稿。截至目前，内容创作者可参与的频道有 100 多个，主要包括手机淘宝、猫客、支付宝等 APP 的各种前台场景。

有好货、必买清单及淘宝头条等频道面向的群体不同，玩法也有一定的区别。

- 时尚大咖：面向中高端消费的年轻、时尚、爱美的女性，提供专业潮搭、时尚新品和流行资讯。
- 潮流酷玩：面向中高端年轻男性，致力于打造潮男风向标，前沿科技发烧聚集地与装备爱好集中营。
- 我淘我家：面向中高端消费人群，为处于不同人生阶段的人，打造有趣、专业、丰富、品质生活聚集地。
- 有好货：面向高消费用户，是以宣扬品质生活的精品导购平台，建议有精品选购能力和内容创作能力的达人来分享。
- 必买清单：是为用户提供新鲜的、高品质商品的场景化导购平台，建议有场景化导购能力的达人来分享。
- 淘宝头条：热门、新鲜、有消费引导性的生活资讯，以及权威、可信的经验分享平台。
- 生活研究所：希望利用居家生活细分垂直领域少数人的智慧，给用户可信赖的高品质的货品和知识。
- 映象淘宝：为手机淘宝导购场景提供短视频内容的平台，目前导购场景包括每日好店、有好货、必买清单、猜你喜欢等，欢迎有短视频制作能力的达人朋友来分享。

对于以上活动，卖家可自行加入，也可找到相关达人合作。例如，对于淘宝头条，商家如果自己写文章，被收录的概率不大，如果找达人合作，每条的单价在50～200元。商家可以让员工用心在后台寻找，以发现合适的达人来推广店铺或商品。

淘宝现在在内容营销这方面不断地介入，但总体来说图文、视频、直播是基本的营销形式，我们应考虑抓住"网红"这种具有影响力的人物进行内容营销。

> **名师点拨**
>
> 无论是哪种引流方式，店铺最终还得讲转化率。找"网红"达人、大V合作或推广也都是为了引流，要提高转化率，还得看产品的质量、主图、详情页和客服。店铺基础工作做好后，再加以直播、短视频等内容营销工具，以及找达人、红人合作，使产品变得火爆。

4.7 剑式7：淘宝客

淘宝客推广是按成交计费的一种推广模式，其作用类似于线下的推销员。阿里巴巴首次将广告推广视为商品，让其公开地展示在交易平台上。广告发布商和淘宝客可以实现销售利益的分享，实现双赢。阿里妈妈是淘宝客常用的推广平台。

一、什么是淘宝客？

淘宝客就是一批帮助卖家推广淘宝商品并从中赚取佣金的人（个人或网站）。任何网民都可以充当淘宝客，只要从淘宝客推广区获取商品代码，让买家通过给定的链接进入淘宝卖家店铺并成功付款交易，就能获得卖家支付的交易佣金。

这种无须成本投入，时间自由，束缚少，风险小的赚钱模式已经吸引了数十万人员参加。在淘宝联盟平台可以找到各种类型的商品，最高佣金提成甚至达到成交额度的50%。业绩较好的淘宝客的收入可能高达千万元，收入相当可观。

对卖家而言，淘宝客就像一群不领底薪的推销员，只需要将产品成功分享出去，就能轻松赚钱。相较直通车和钻石展位而言，淘宝客的管理更简单、方便，就连支付佣金都不需要过多操作，支付宝链接代码会自动扣除相应的费用，这样卖家投入的时间和精力都较少。

在淘宝客推广模式中，有卖家、买家、淘宝客和淘宝联盟4个主要角色，如图4-29所示。在环环相扣的推广链中，每个角色都不可或缺。

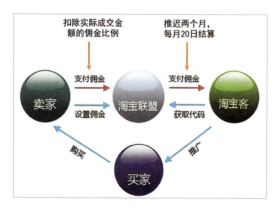

图4-29　淘宝客推广模式中的四个主要角色

卖家将需要推广的商品发布到淘宝联盟上，并设定愿意支付的佣金，在交易成功后支付佣金。

淘宝联盟作为推广平台，负责收集、发布商品信息和代码，并对每笔推广收取一定的服务费。

淘宝客在淘宝联盟中寻找合适的信息，获取专属推广代码（PID），并将商品推广出去。如果买家通过这个推广（链接、个人网站、博客或社区发帖）进入淘宝店铺并成交，淘宝客就可以赚到卖家提供的佣金（其中一部分是淘宝联盟的服务费）。通过推广链接进入店铺的，15天内产生的所有成交均有效，淘宝客都可以得到卖家支付的佣金。如果掌柜退出淘宝客推广，退出后15天内推广链接仍然有效，买家在此期间点击链接购买后，卖家仍得计算淘宝客佣金。

淘宝客获取佣金必须以有效购买为前提，在买家确认收货后，系统会自动将相应的佣金从卖家的支付宝中扣除，并在第二天记入淘宝客的预期收入账户中，每个月 20 日统一结算上个自然月的费用。月结时，系统将按照佣金的 10% 收取技术服务费，然后将剩余佣金转入淘宝客的收入账户。在阿里妈妈账户，淘宝客需要绑定实名认证的支付宝账号，这样才能顺利提现。

卖家可以在佣金范围内调整店铺各类目的佣金比例，以及直接调整主推商品佣金比例，淘宝客按照对应的比例结算。佣金计算的规则是支付宝的实际交易额减去运费乘以佣金比例。通过某件商品的推广页面进入店铺后购买了店铺内非主推的商品，也可以按照店铺各类目统一的佣金比例结算给淘宝客佣金。团购、拍卖、虚拟类目的商品不会计算佣金。

例如，商品售价是 100 元，卖家的佣金比例为 6%，运费是 10 元。那么除去额外的运费，淘宝客成功推广得到的佣金是（100-10）×6%=5.4（元）。

淘宝客推广拥有巨大的流量优势，站外所有可以推广的地方，如 QQ、个人网站、博客、微博、论坛、社交网站、比价网站等，都是淘宝客活动的范围。与直通车、钻石展位相比，淘宝客的投资回报率是最高的，并且按实际成交结果付费，减少了卖家的投入风险。

如果商品的质量和销量不佳，盲目找淘宝客也会被拒绝。通常情况下，店铺在有了一定的基础销量后，可通过手机淘宝上的达人、各类购物 APP、购物 QQ 群等渠道找淘宝客，与淘宝客合作以快速提高商品的销量。

> **名师点拨**
>
> 很多卖家会将聚划算和淘宝客推广结合起来使用，找淘宝客需要时间，要提前做好淘宝客的相关工作，等条件成熟了可再参加聚划算等活动。但不能将淘宝客和直通车、钻展等推广结合使用。

二、合理设置佣金

设定佣金是招募淘宝客的一个重要环节,卖家应考虑到成本与毛利的关系,保证在整个推广计划中毛利处于可以承受的范围。在与同行业横向进行佣金比较时,佣金的设置不要低于平均水平。一旦确定佣金比例,就不宜频繁改动。如果在一次活动中需要分阶段促销,那么调整佣金时幅度不要太大。设置佣金的流程如图 4-30 所示。

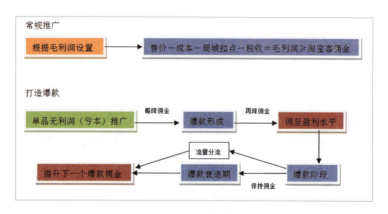

图 4-30　合理设置佣金的流程

在一件商品的推广过程中,商品所处的阶段不同,设置的佣金比例也不同,具体方法如下。

- 在新品阶段,短时间内可使佣金大于利润以引入流量,迅速打开市场,让客户知道这款商品,从而累积原始的销量和好评。
- 在爆款形成前,调整佣金比例使佣金小于等于利润,持续吸引淘宝客的关注,保证销量逐步提升。
- 在爆款阶段,整体下调佣金比例,使佣金小于利润,逐步实现收益。而在市场稳定后的爆款衰退期,将商品推广的佣金稳定下来,维持住淘宝客,保持销售量即可。

> **名师点拨**
>
> 无论是直通车、钻展还是淘宝客的付费推广，即使卖家感觉赚钱了，也不要急于满足。付费推广的核心是撬动更多流量，带动整个店铺如滚雪球般地发展。因此，当付费推广挣了钱时，应考虑加大投放量，获得更多的流量及销量。

三、淘宝客新玩法

淘宝客一共有3种计划，但常用的只有两种，分别是普通计划和定向计划。

- 普通计划：基本上每个淘宝客都可以申请加入来推广产品。
- 定向计划：可设置为通过审核的淘宝客才能推广产品。

一般情况下，如果卖家想与固定的资源合作，为指定的合作人设置较高的佣金比例，就可以使用定向计划。设置定向计划会生成申请链接，有选择地把链接发给指定合作人，合作人点击申请后卖家再通过审核即可。参加这类定向计划的淘宝客一般会在推广后享受较高的佣金。

淘宝客现在正处于结合"网红"直播和达人推广的黄金时期。一般情况下，与主播谈合作需要提供基础费用，从几百元到几千元不等，具体要看主播的推广能力及"粉丝"基数。除了基础费用，卖家还要在淘宝客后台设置定向计划，佣金比例设置在 15%～25%，这样高业绩的提成会让主播更有动力推广产品。

达人的推广方式也是一样，例如，某个达人在手机淘宝的"有好货"频道里写了一篇以蜂蜜为主题的文章。这篇文章里穿插了笔者店铺中的 4 个宝贝。

虽然整篇文章像百科类、知识类的科普文章，但最终能给笔者店铺带来几千元的成交。笔者便可以从这几千元中拿出 10%～15% 给达人。

我们应该重点关注淘宝客与主播、达人结合的形式，而不是只开通淘宝客计划就行。另外，达人们在生产文章、视频内容时也需要优质的产品去填充，他们优先选择的肯定是有佣金的产品。如果我们不开通淘宝客，那么被选择的概率便会变小。所以，即使我们不找付费类的合作，也应该把淘宝客计划开通，可以把佣金比例设置得稍低一些。

图 4-31　淘宝头条文章

名师点拨

淘宝客的一个巨大的红利在于结合主播和"红人"。我们要精选能为店铺、商品带来真正意向人群的优质"红人"或达人，即使付高佣金也可以，只要能带来真正需要的顾客。图 4-31 所示为淘宝头条文章，从适合小个子女孩的穿搭来写，在"吸粉"的同时促进购买，吸引精准客户。

四、几种不可合作的淘宝客

淘宝客虽然能为商家带来巨大的红利,但有些淘宝客是不可以合作的,主要有以下几种。

(一)佣金要求过高的淘宝客

通常,一些所谓的淘宝客联盟领头人会有很多群(微信、QQ),他们要的佣金比例有时会高到 70%~80%。如果佣金在 50% 以上,那卖家就要慎重考虑了。首先,根据类目特点分析自己能不能承受这种佣金比例;其次,要考虑这些人群的受众人群和商品的受众人群是否一致,如果单纯地为了销量而不考虑利润,那么不利于店铺的长期发展。

(二)纯粹走量的淘宝客

纯粹冲量的淘宝客可能会有成千上万的淘宝客资源,只要卖家将产品用类似白送的形式设置定向计划的佣金比例,就可以迅速起量。这类单纯冲量的合作一定不能考虑,先不谈利润的问题,更重要的是会影响淘宝搜索的千人千面。因为这部分走量的群体,相当于花低成本得到了不需要的产品。这部分人有可能带有其他类目标签,导致系统判定这部分人不喜欢本产品,从而打乱整个店铺的标签,拉低千人千面的自然搜索权重,给店铺带来很大的负面影响。

(三)第三方联盟

一些纯粹赚佣金的 XXX 客联盟网站,把产品挂到相应网站上售卖,同时要求卖家缴纳保证金。例如,价值 1 万元左右的商品在网站上售卖,就要求缴纳 1 万元的保证金。消费者下单付款时,网站链接可能会跳转到我们的店铺,这与正常的下单没区别,但网站会从我们缴纳的保证金中以扣除手续费为由,扣除成交商品金额的 80% 或更高的费用返还给购买商品的顾客。如图 4-32 所示,整个流程就是顾客通过第三方链接来到我们的店铺购买商品,然后从第三方处得到全部返现,卖家既赔了钱和运费,还要付佣金给第三方平台。

图 4-32　第三方联盟

这种网站名义上也是冲量,会引导消费者给好评,但这些消费者所携带的标签可能已经是黑名单标签,不是正常顾客,会严重扰乱自然搜索,因此这种形式的合作也一定不可取。

4.8　剑式 8:自然搜索、千人千面与站外流量

千人千面通俗来讲就是消费者甲和乙看到的页面是不同的,尤其是手机淘宝,会根据消费者的历史浏览、加购、收藏等行为,向消费者呈现最有可能令其成交的页面。淘宝在智能化算法的基础上呈现出各种各样的个性化页面,这就决定了我们在做自然搜索时不能只定量地思考,而要考虑很多参数和技术细节的问题。

一、无为而为之

无为而为之,也就是前面提到的不要定量地去做这件事情,而应该定性思考。什么是定性思考?鬼脚七曾在一篇文章也提过不要去琢磨淘宝搜索(包括直通车)漏洞,即使有漏洞或内幕,也很快会被堵上。淘宝搜索的算法一直在变化,且越来越智能化。只有一点不会变,就是为了自己的生态健康和平衡,淘宝在照顾中大型卖家的同时也会照顾到小卖家。因此会尽量把好的产品、好的店铺、优质的服务推向更精准的潜在顾客。

我们在做自然搜索时,要向着正确的方向思考,向客户提供优质产品的同时做好基础工作,包括产品页面的呈现、产品介绍、客服话术、产品包装、物流与售后服务等,踏踏实实地做好产品,顾客就会增加回购,给予好评。从而保障了店铺整体权重的上升,这样我们就能做到无为而为之。

二、别和淘宝搜索玩技术

不要跟机器去玩技术,因为机器有大数据,有智能算法。有些人喜欢玩黑搜,即利用黑客手段干扰淘宝自然搜索排名,商家可能花2万~3万元买套工具,用来模拟点击、加购、收藏,从而让单品排名迅速提升。但这样做的风险极高,已有一大批做黑搜的卖家被淘宝抓取,而且淘宝会马上把这些店铺封死。如果是直通车,今后就不能再做推广了;如果是自然搜索,则会大幅度地降权重,这样做是得不偿失的。

三、做好基础工作,提升自然流量

前文中提到自然搜索千人千面,主要是告诉大家不要投机取巧(包括不开黑车、不做黑搜、不做黑钻),而应该从商品品质出发,自内而外地观察流量。

接下来讲解自然搜索优化的相关内容。

只要我们扎扎实实地做好基本功，把店铺的类目、参数、标题、上下架时间、主图等方面的基础工作做得尽善尽美，就能提升店铺的自然流量。这也是店铺通过自然搜索能被搜到、能引进更多精准顾客的基本前提。

1. 类目

错放类目和属性，是一些新手卖家常犯的错误。例如，在发布新商品时将裤子放到了衣服的类目下，或是将冬季属性的服装命名为夏季属性的子标题等。无论卖家是故意错放类目、属性来改变商品排名，还是无心犯错，都应及时下架错放的商品，再重新上架。

预防错放商品类目的措施如下。

- 通过卖家中心后台选择精准类目。这属于最简单也最常见的方法，直接在宝贝发布页面的"类目搜索框"中进行商品关键词搜索，选择淘宝推荐的类目，然后从中选择出精准的宝贝类目。

- 借助阿里指数选择精准类目。通过阿里指数可搜索某个商品的精准类目及热门类目，不仅可以避免错放类目，还能帮助卖家发布热门类目，获得更多流量。

- 在淘宝网的搜索中选择精准类目。直接登录淘宝网，在淘宝搜索框中搜索宝贝关键词，查看其中的"相关分类"，从而选取合适的精准类目。

- 参考别人发布的类目。输入自己的商品标题进行搜索，并查找相似商品，为自己设置类目提供参考。

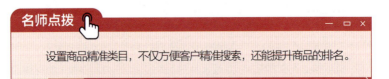

设置商品精准类目，不仅方便客户精准搜索，还能提升商品的排名。

2. 参数

在编辑宝贝详情时,参数要尽可能得全。后台中的参数包括必选项和可选项。对于一些可选项,卖家可以尽可能地把这些参数填充完毕,使参数尽可能得详细。

3. 标题关键字

首先,标题关键字一定要有大词、热词。如果卖家连大词、热词这些基本的点都丢失了,那么消费者必然无法搜索成功,这是一个极大的失误。然后是主要关键词的位置,最好放在句首或句尾以增加权重。

4. 上架时间

在设置商品的上下架时间时,主要是调整爆款商品的上下架时间,分布在一周内是相对均匀的,这是为店铺整体带来自然流量的基础。

5. 主图吸引力

主图的吸引力不言而喻,包括钻展广告图、直通车广告图和自然搜索主图。主图必须符合两个原则:平台(淘宝、天猫、京东)原则和广告原则。在做主图时,不要把重心放在排名上,而应该放在吸引力上,如果商品排名在第一页,但是由于主图吸引力不够,导致点击率下降,那么系统会认为这个商品有所缺失,最终也会影响到自然搜索权重。

四、直通车带动自然流量

对于做过直通车推广的商家,都会知道一个名为"直通车引来"的自然流量曝光和成交。对"直通车引来",即直通车推广越多,越有可能带动自然搜索排名。图 4-33 所示为直通车对自然流量的影响。

图 4-33 直通车对自然流量的影响

> **提示**
>
> "直通车引来"的功能只针对部分类目开放,部分类目无此功能。

从后台的直通车基本的报表带动自然搜索的曝光及成交来看,直通车对自然搜索流量有带动作用,如图 4-34 所示。

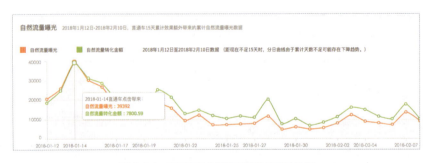

图 4-34 直通车对自然搜索流量有带动作用

商家不能仅仅依靠直通车就想把自然搜索带动起来。自然搜索流量的大小主要取决于产品、标题、主图、页面、客服等这些基本功做得好不好,同时也取决于引进来的顾客的成交能力的大小,以及成交后的回购、分享、评价、追评等。从本质来说,仍然需要对店铺、宝贝及页面进行优化,然后借助直通车推广来提升自然流量。

> **名师点拨**
>
> - 自然流量曝光和自然流量转化金额的含义。自然流量曝光是指在直通车的带动作用下，额外为店铺带来的自然流量曝光值（比如自然搜索的展现量、进店量、成交量等）。自然流量转化金额是根据店铺的额外的自然流量曝光值计算得到的自然流量转化金额。
> - 数据为什么有波动？自然流量曝光和自然流量转化金额，都与直通车带来的成交、收藏、加购、进店有关，累计的效果不同，则会带来不同的数据波动。
> - 如何能持续稳定地获得自然流量曝光？自然流量曝光可以被看作直通车为店铺推广带来的额外增益。持续稳定的投放及高效的产出有助于店铺获得持续稳定的曝光数据。

五、通过老顾客补单

首先要明确一点，老顾客补单不等于刷单。部分类目天生有重复购买的属性，如蜂蜜这种快消品，消费者吃完了还会再买。

影响自然搜索的重要指标包括点击率、成交转化率、成交金额、回购率、好评、回购频率等。由此可见，老顾客补单对推动自然搜索排名起着重要作用。如何刺激老顾客补单呢？我们可以有意识地刺激老顾客在指定的时间段进行购买。

如果某个阶段成交有所下滑，则可以通过策划活动及给老顾客发福利，让老顾客把成交金额弥补上来。店铺经营中销量有起伏是很正常的，但如果我们有意识地把老顾客销量安排在流量下滑时，使店铺经营平稳发展，便会有利于店铺的自然搜索排名。

比如，本来某个老顾客在 30 天之后才吃完一瓶蜂蜜，但笔者在第 20 天时给出优惠，用旺旺或短信的方式告诉他，今天老顾客买满 66 元就可以立减 5 元。虽然对经营本质的改变可能不大，但却通过人为的合法合规的手段可以避免自然搜索权重可能下滑的情况。

> **名师点拨**
>
> 在面对千人千面自然搜索时，更要重视店铺基本内功的修炼。我们必须清楚哪些因素影响店铺的自然搜索，如何优化这些因素，这样方可提高自然搜索流量。

4.9 剑式 9：超级推荐

超级推荐是在手机淘宝"猜你喜欢"等推荐场景中穿插原生形式信息的推广产品。超级推荐具有全场景覆盖、多创意沟通、数据技术驱动、多维度价值等优势，它的核心是用内容创造消费需求，用商品挖掘潜在人群。在展现形式上，超级推荐突破了手机淘宝原有的商品推荐的单一形式，增加了图文、短视频、直播、淘积木等多种创意形式。在内容化运作的大趋势下，极大地丰富了商家内容化运营的场景，并加深了与消费者的互动。

超级推荐具有以下几个方面的特征。

1. 站内外渠道高度覆盖消费者

超级推荐不仅覆盖了猜你喜欢、有好货、今日头条等优质的站内外渠道，还覆盖了具有海量用户流量的信息流媒体资源。

2. 推广投放形式丰富

超级推荐的投放形式很丰富,包括商品推广、图文/短视频推广、直播推广等,如图4-35所示。

图4-35 超级推荐的推广投放形式

3. 人群定向丰富且精准

超级推荐可以精准圈选定位人群,既可以基于智能定向,也可以基于达摩盘精选定向,还可以基于自然搜索某些关键词来定向,并且系统会给出定向的建议价格。实际操作中,最好以建议价格的一半左右来测试,以避免浪费。

4. 智能投放

投放系统智能化,使建立计划非常简单,两步即可完成投放。还可以设置自动溢价工具和创意。

5. 报表追踪清晰

超级推荐针对不同投放主体提供个性化报表,从成交转化到人群流转都有清晰的报表。

5

客服越好

销量越高

本章导言

在销售额的组成部分中,咨询客服产生的销售额大概占50%。因此,店铺客服的接待能力,会直接影响到询盘转化率,进而影响总的销量。同时我们认为,客服还是售后体验的连接点,间接地影响到回购率、客户评价等。

学习要点

- ➤ 客服的基本工作范围和千牛插件的设置要点
- ➤ 售前客服和售后客服的衔接
- ➤ 客服增加销售额的营销意识

5.1 做好售前服务,促使顾客购买

售前服务的目的主要是向买家介绍商品,解答买家的疑问,并巧妙地引导买家下单购买。售前服务主要应做好以下几方面的工作。

一、客观介绍商品

在介绍商品的时候,商品本身的优缺点都要介绍,要客观地向买家解释并做推荐。既不要隐藏缺点,也不要过分夸大优点,否则可能会导致买家因不满意而给出中差评,得不偿失。当然,一个优秀的客服要擅长把产品缺点转化为特点,从而让其成为产品的卖点。

二、打消买家的疑虑

网络购物最大的缺点是买家见不到商品实物,也见不到卖家本人,买家肯定会有较多的疑虑,如针对卖家信用的疑虑、针对商品质量的疑虑、针对付款的疑虑、针对快递的疑虑、针对售后服务的疑虑等。卖家应尽量在商品详情页中将这些问题讲解清楚,如图5-1所示,将关于快递费用的信息放在详情页里,让买家对邮费一目了然。

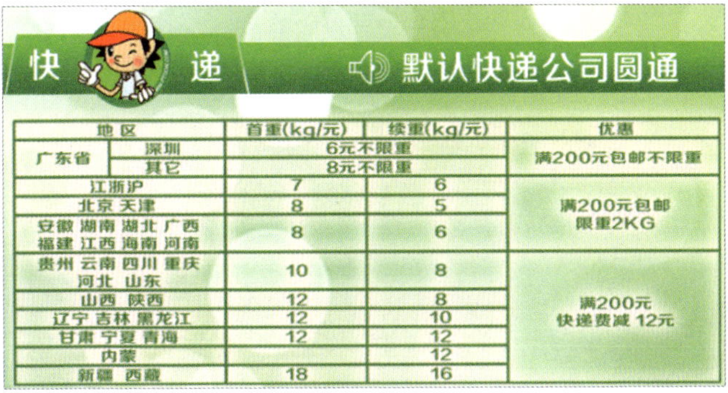

地区		首重(kg/元)	续重(kg/元)	优惠
广东省	深圳	6元不限重		满200元包邮不限重
	其它	8元不限重		
江浙沪		7	6	满200元包邮限重2KG
北京 天津		8	5	
安徽 湖南 湖北 广西 福建 江西 海南 河南		8	6	
贵州 云南 四川 重庆 河北 山东		10	8	满200元快递费减 12元
山西 陕西		12	8	
辽宁 吉林 黑龙江		12	10	
甘肃 宁夏 青海		12	12	
内蒙			12	
新疆 西藏		18	16	

图 5-1 将快递费用的信息放在详情页里

除了详情页面外，还要安排客服对买家的各种询问进行亲切友好地回答，这样不仅能打消买家的疑虑，还能提高买家对店铺的好感，增加买家购买的可能性。表 5-1 所示为售前客服常遇到的问题，并给出了相应的回答技巧，以帮助客服不断完善与顾客沟通的技巧。

表 5-1 售前客服常遇到问题与对应的回答技巧

序号	顾客疑问	客服回答技巧
1	质量问题	本商品吊牌、商标齐全，绝对正品
2	实物与图片存在差别	本商品都是实物拍摄，尺寸是平铺测量的，一般存在 2 厘米左右误差。商品图片由专业摄影师拍摄，由于灯光显示器不同，在颜色上可能略有偏差，商品以实物为准
3	尺寸问题	该款商品是标准尺寸，建议顾客对比详情页的尺码表。如果在拿不准的情况下，客服可根据顾客的身高和体重给出建议，并告知顾客店铺参加了 7 天无理由退货或运费险等活动，如有尺码问题可以退换货
4	包邮问题	如果参加了包邮活动，则可直接告诉顾客可以包邮。如果没参加包邮活动，则要告知顾客不包邮的理由，并要告诉顾客若想包邮或享受其他优惠，可以购买组合套装等

续表

序号	顾客疑问	客服回答技巧
5	指定快递问题	如果合作了多家快递公司，则顾客可指定快递。如果只有一家合作快递，可耐心讲解为什么只选择这一个快递（从时效和货物的完整性出发）
6	发货时间	每天某个时间点（如下午4点或下午5点）前购买都可当天发货，正常情况下3～5天可到货

5.2 用好千牛是售前客服的基本功

千牛卖家工作台由阿里巴巴集团官方出品，淘宝卖家、天猫商家均可使用。千牛分为电脑版和手机版两个版本，千牛主要包括卖家中心、消息中心、阿里旺旺、生意参谋、订单管理、商品管理等几大功能模块。千牛的核心是为卖家整合店铺管理工具、经营咨询信息、商业伙伴关系，以此提升卖家的经营效率，促进彼此间的合作共赢。客服必须熟练掌握千牛的使用方法与技巧，才能很好地与买家沟通，提高工作效率。另外，千牛提供了店铺运营数据大盘供卖家日常运营参考。

一、快捷回复和快捷话术

千牛软件的功能强大，使用也非常简单，这里主要介绍千牛软件的自动回复（包括快捷回复）和签名的常用设置。快捷回复是自动回复中一个非常重要的设置，快捷回复不仅起到与顾客交流的作用，而且大大地提高了客服的工作效率。快捷回复在客服的日常工作中被运用得非常频繁，特别是在大型活动中，因此每个客服人员都必须掌握其使用技巧。在设置快捷话术时，一定要统一话术的语气、语言表达、表情符号等。

1．设置快捷回复短语

设置快捷回复短语的具体操作方法如下。

第 1 步：登录千牛工作台，进入"接待中心"，打开聊天对话框。单击对话框中的"快捷短语"按钮 ，再单击右下方"新建"按钮，如图 5-2 所示。

图 5-2　打开"新增快捷短语"对话框的步骤

第 2 步：打开"新增快捷短语"对话框，设置快捷短语，设置完成后单击"保存"按钮即可，如图 5-3 所示。

图 5-3　设置快捷短语内容

如果没有在千牛工作台设置交易消息提醒,则会给卖家带来很多麻烦,使卖家不能及时处理交易订单。因此,卖家需要在千牛中设置交易消息提醒。除此之外,千牛还有其他的消息提醒类型,卖家可以酌情开启,避免消息过多而忽略了重要的交易信息。

2. 设置订单备注

通常,不同的客户会有一些不同的要求,如选择快递、选择发货时间、签收要求等,而客服需要交接班,有时还需要对一个事项不断跟进。这时客服就要使用订单备注来记录和处理这些相关内容。在使用订单备注时,应遵守以下几个原则。

(1)旗子颜色。订单备注有5个颜色(红、蓝、紫、黄、绿)的旗子。店铺内部可以约定每一个旗子的事项或含义,比如,红色是重要事项,蓝色是次重要事项、紫色是需要跟进的事情……所有客服在备注订单时都要按照这样的习惯去做。

(2)备注内容的追加。很多店铺的客服有白班和夜班之分,如果上白班的客服在下班时对某个订单进行了备注,在夜班客服上班时,这个顾客又有了新的需求,则要更新备注。在这样的情况下,夜班客服最好不要更改白班客服的备注,而是直接在备注下追加新内容。这样可以让整个事项有完整的进度,而不是呈现最新状态。如果这个订单出现售后问题,首先方便追责,其次可以非常清晰地了解这个顾客的状态,对顾客来说可以感受到客服用心的服务。

(3)备注的日期和落款。日期和落款与追加内容有关联,前面写备注内容,后面要有落款,落款里要备注真实姓名(或昵称)、日期。比如,甲客服在10月2日上午10:00留了第一个备注;乙客服在10月2日晚上8:00追加了第二个备注。当客服主管看整个事情时,既能从时间上快速弄清事情的发展，也能看到甲、乙客服的处理得是否恰当。针对客服处理不当的情况，要做好复盘，提高服务质量和处理问题的技巧。

二、使用千牛查看店铺的运营数据

客服和运营的工作相辅相成，特别在大促前后，客服可以根据流量情况快速得知活动效果。登录千牛后，在首页中可看到店铺的运营数据，包括访客数、支付金额、支付订单数、转化率等，如图5-4所示。

图5-4　千牛首页店铺的运营数据

5.3　售后服务是吸引回头客的关键

网店的售后服务与实体店相比，略有差异，主要区别在于网店客服与买家的交流是通过网络或电话进行的，因此沟通不如面对面交谈的效率高。网店的售后服务主要包括以下几方面内容。

一、交易后及时沟通

所谓交易后沟通，是指在买家付款之后进行的沟通，主要是通过旺旺、电话、站内信等方式进行沟通，也可以通过电子邮件、手机短信等方式进行沟通。主动进行售后沟通是提升买家购物体验，以及提升买家满意度和忠诚度的法宝。当买家因为不满意而主动找上门时，沟通就会变得很被动，沟通成功的概率也会大大降低，即使通过沟通解决了评价问题，买家的购物体验也很难变好。

二、发货后告知买家

虽然卖家发货后，淘宝平台会自动通知买家，但其实卖家还可以做得更好，即将发货日期、快递公司、快递单号、预估到达时间等告知买家，让买家体会到卖家的专业精神。

卖家的通知信息可以参考以下实例。

您好：

感谢您购买了本店的××商品，××型号，希望您能喜欢。有任何问题，可以和我联系。我的旺旺号是××××××，电话号码是××××××××××。

本商品已经在××××时间发货，运单号是××××，请注意查收。

谢谢您购买小店的商品，期待您的下次惠顾！

店家：××××　　　　日期：××××/××/××

现在千牛的插件变得越来越好用，越来越智能化，很多功能都可以通过选择"设置千牛"→"客户服务"→"自动化任务"选项来实现，如图5-5所示。当顾客付款成功后，系统会自动按照店铺设置好的模板将内容发送给买家。

另外，发送给买家的界面上还会提供修改订单信息和确认订单信息的按钮。

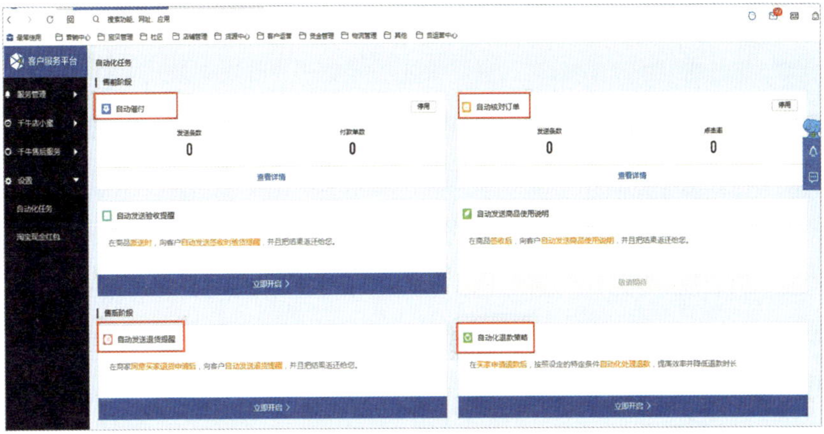

图 5-5　自动化任务页面

当然，自动化任务不仅仅是确认订单，还包括其他功能，常用设置如图 5-6 所示。

图 5-6　自动化任务的常用设置

三、随时跟踪物流信息

在预估了到货时间后,可以主动和买家进行沟通,体现卖家的责任心和专业度,若出现状况及时解释、处理,消除买家疑虑,避免买家给店铺中差评。买家付款后,卖家要尽快发货并通知买家,商品寄出后要随时跟踪包裹去向,如有意外,要尽快查明原因,并和买家解释说明。

这里我们要理解一下消费者的心理,消费者付款之后,经常会有一种期待心理,很想及时跟踪到包裹的进度,我们可以通过类似集客这样的第三方工具来实现。当我们点击"发货"后,集客会自动发送一条短信到顾客的手机上,短信模板的内容可以由卖家自定义。

四、买家签收主动回访

买家签收后,卖家客服要第一时间主动进行回访,主动收集买家意见。遇到客户不满意的情况要及时道歉、及时解释、及时处理,把危机化解在爆发前,进一步提升买家的购物体验,提升买家的满意度和忠诚度。

五、交易结束后进行客观评价

评价是买卖双方对于一笔交易最终的看法,也是潜在买家参考的一个重要因素。好的信用会让买家放心购买,差的评价往往让买家望而却步。交易结束后要及时做出评价,信用至关重要,不论是买家还是卖家,都很在意自己的信用度,会在完成交易后及时做出评价,让其他买家看到自己信用度的变化。

评价还有一个很重要的解释功能,如果买家对商品做出了错误的、不公正的评价,卖家可以在评价下面及时做出正确合理的解释,以防其他买家因为错误的评价而产生错误的理解。

六、处理退换货要认真快捷

商品寄出前最好要认真检查一遍，千万不要发出残次品，也不要发错货。如果因运输而导致商品损坏，或确实是商品本身存在问题，买家要求退换货时，卖家应痛快地答应买家的要求，说不定这个买家以后会成为店铺的忠实顾客。

七、妥善处理买家的投诉

有时即使卖家做得很好，也难免会出现疏漏，出现买家因不满意而导致的投诉事件，甚至出现交易纠纷。

一般来说，交易过程中以买家投诉卖家居多，而买家多是在双方协商未果的情况下才会向淘宝网投诉卖家。首先买家会发出投诉请求，并提供相应的证据，如商品图片、旺旺聊天记录等。而淘宝网客服在接到投诉后，一般会通过邮件方式联系卖家。

卖家在收到投诉通知后，需要根据实际情况进行处理。如果问题确实属于自己的退换货范围，那么应当积极退换货并联系买家撤诉，因为如果卖家强行不予退换，那么淘宝工作人员会根据情况处理，会强制退款或予以卖家不同程度的处分。这对于网店卖家来说，因为一次交易而换来一定的处分，是非常不值得的。

当然，如果确实属于买家责任，那么卖家可以向淘宝工作人员提供有力的证据，来证明自己不予退换货的原因，只要证据充分，淘宝工作人员便会正确处理。表5-2列举了一些售后客服常见的问题。

表 5-2　售后客服常见的问题

序号	顾客疑问	客服回答
1	质量问题	如果真存在质量问题、发错商品等问题，售后客服应及时承认错误并表明会承担相应责任。同时，应和顾客协商，希望顾客提供质量问题细节图，并且保证商品无洗涤痕迹，商标吊牌齐全
2	退换货期限	商品送达后 7 天之内，如果出现质量问题可退换货
3	退换货备注	要求买家写个小纸条说明退换货原因，以及商品款式、尺寸、颜色等，并写上淘宝 ID，纸条与商品一同寄回。备注不要发平邮和到付，收货地址：XX 省 XX 市 XX 区 XX 路 XX 花园 D2 栋 2 单元 XX 收，电话：028-8543XXX
4	退货退款	在收到买家退回的商品后，经库房检验符合商品退货服务规定的，对于退款方式无特别要求的，一般按付款原路径退回货款
5	退换货费用	（1）质量问题、发错商品等由于卖家原因而造成的损失，来回运费由卖家承担 （2）如无质量问题，往返运费由买家承担

5.4　不在其位也谋其政：协助售后

提高客服销售额的另外一大重点是协助售后。协助售后与提高客服销售额看似没有直接联系，但实际上它是整体成交转化率的重要组成部分，要足够重视。

一、永远不要跟买家对立

虽然在公司内部可能有售前客服和售后客服之分，但在买家看来，所有的客服都是店铺一方。把类似这样的概念引申一下，买家也会把卖家和快递视为店铺一方。一旦快递出现延迟、丢失、破损等情况，买家会认为是店家的问题。

卖家要主动承担责任，在解决问题时不要辩解快递是第三方之类的。即使快递是第三方，那也是卖家自己选择的。因此在出现快递问题、产品问题或其他看起来不太理智的问题时，不要跟买家对立，耐心解决问题才是关键。

遇到问题的时候，先想想自己有什么做得不好的地方，诚恳地向买家检讨自己的不足，不要先指责买家。比如，关于商品的某些细节，卖家明明已在详情页中说明，可是买家没有看到，导致收到货后，买家对商品不满意。这时卖家不要光指责买家不好好看商品说明，而是应该反省自身的问题。

当遇到不理解的买家的想法时，应该多站在对方的立场考虑，换位思考永远是一个合格的客服应该做到的。要知道，绝大多数买家并不是无理取闹，他们确实是遇到了某个问题才会找卖家沟通，要求解释的客服要在理解的基础上与买家沟通，才能获得良好的效果。

> **名师点拨**
>
> 不要跟买家对立，并不是说我们要低三下四地求买家购买。我们应树立基本的职业素养：买家付钱给我们代表一种信任，我们应对这部分买家负责，而不是跟买家对立。

二、安抚买家

在不与买家对立的前提下，客服还要了解情况并安抚买家，了解具体发生了哪些问题并追究其原因。如果真的是售卖方的问题，则应及时联系相关部门或相关人员处理问题。

在交流过程中要注意礼貌用语，好态度是非常好的沟通工具。当客服人员真诚地把买家的最佳利益放在心上时，买家自然会以积极的购买态度来决定来回应。良好的沟通能力是非常重要的，沟通过程中客服人员的回答是很关键的，应做到诚恳积极、主动及换位思考。

三、备注回填和任务转接

客服处理买家反馈的问题或买家的投诉时，有时候确实需要转接，这时要把自己处理的备注进行回填，并标注处理到何种程度了，然后把任务转交给另外的同事，同时告知买家自己是售前客服，这个问题转由专职售后客服处理。以下是几个常见的问题及一些解决方法。

- 质量或使用问题。有的产品可能会涉及组装问题，买家会对组装或使用产生疑问；有的产品可能质量方面出现了问题，买家会提出质疑。客服应具备关于产品的专业知识，此时应以专家口吻将产品的使用方法告知买家。

- 退款和维权。有的买家在收到货物后，可能有退换的打算，这种情况应该如何处理呢？是再争取一下还是直接通过退换申请？客服的用心在这时就能起到很大作用。假如笔者的店铺这个月共有 30 个退款顾客，客服也不问具体原因就直接同意了，那么这 30 个订单自然会无一例外退款。如果客服详细了解了退款原因，其中可能有因为误解而造成的退款，通过解释沟通便可以打消买家退款的申请，挽回几单。不要小看挽回的这几单，这在一定程度上反映了客服的用心。

> **名师点拨**
>
> 作为客服主管，最好不要用说教的口吻告诉客服应该如何做，而是要在流程制度上做约束。例如，遇到退款申请直接同意的，可扣减该客服的绩效评分或直接扣钱；遇到退款申请经过沟通，但沟通不到位的，应对该客服进行指导；遇到退款申请进行耐心解释沟通仍然无果的，应对该客服做一定的肯定，如嘉奖、表扬等。

- 物流查询、催快递、改地址等事宜。这些在前文中已经提过，在买家看来，店铺和快递是一家的，虽然顾客可以自己在订单详情或支付宝里查阅物流情况，但有些顾客还是会通过聊天工具找客服查询物流。针对这种情况，我们应如何做呢？除了人工查物流外，还有一些插件可以查物流，如千牛智能服务窗的订单查询，只要买家在该店铺有订单，点击这个按钮就会自动返回查询结果，如果买家在微信上与我们沟通，我们则可以直接查询单号，然后将结果反馈给买家。但是笔者所强调的不是卖家如何方便地查物流，而是强调我们卖家和快递是一家的，应该有这样的服务意识。

总体而言，售前协助售后这部分内容主要是不要对立、分类型处理及任务回填，让整个事件以完整的状态呈现。不要小看了这些细节工作，一个优秀的客服团队可能会让本来要给中差评的顾客给予好评，从而利于后面的顾客下单。对原本只想给默认好评的顾客也是如此，通过客服良好的沟通最后可能写了一大段的感谢文字并晒图，其效果是不难想象的。

5.5 六招应对顾客讲价

凡做过客服的人基本都遇到过讲价的顾客。应对讲价主要体现在C店（即个人店铺、集市店铺），因为天猫店、京东店是不允许修改价格的。

应对讲价涉及一个思维：不要把索要优惠的顾客都看成不好的顾客，或者因为之前的经历就把所有讲价的顾客认定贪图便宜的低质顾客。其实，如果一个顾客对你的商品挑三拣四，还索要优惠、折扣，说明这个顾客是真正想买你的产品，如果多说一句话就可能省下几元或十几元，他又为何不讲价呢？这是完全可以理解的。

一、宁送不减

如果店铺规定不讲价，那么如何既表露出不卑不亢的态度，又让顾客高高兴兴地购买呢？这需要客服不断历练才能形成这种能力。如果店铺规划了赠品，则可以用赠品来代替减价。例如，顾客要求减10元，客服可以说："我的权限只能赠送您一个价值10元或15元的赠品。"这样既能保住顾客的面子，又能保证商品利润。

> **名师点拨**
>
> 宁送不减：如果减10元钱，那么这10元钱是真金白银的利润；但如果赠送价值15元的商品，而这个商品的成本可能只有六七元，甚至更低，这样就可保证商品的利润。所以卖家应注意遵循宁送不减的原则。

二、比较法

顾客常以"××地方的商品比你家便宜"为由讲价,此时客服可以顺势用比较的方法拒绝讲价,具体做法如下。

- 与低等产品比质量。先赞美顾客眼光好,挑选了好质量的产品,再推荐价格略低的相似产品给顾客。通过对比,让顾客看到不同档次产品的质量差距、价格差距或使用功能差距,使之接受产品价格。
- 提醒顾客可能存在假货。当顾客想以低价购买高品质产品时,客服可以用提醒的方法拒绝讲价。可以说:"网络产品质量参差不齐,在比价格的同时还要注意假货,不要因贪小便宜而吃大亏。"
- 同类高价产品对比。特别是零售大品牌产品的卖家,由于很多产品在实体店、网店或其他渠道都有售卖。客服可以将自家商品的定价与最高报价相比,表明自家商品是正品,且已打了折扣。

对比的作用在于用某些劣势去反衬优势,客服要学会用对比的方法向顾客说明店铺的定价是合理的。

三、平均法

平均法是指将产品价格分摊到每月、每周、每天,这种方法尤其对耐用产品、高档产品的销售有效。特别是高档品牌的化妆品、保健品、护肤品等,非常适用平均法。

例如,某品牌鞋子的售价为 900 多元,客服在应对顾客讲价时可以说:"通常,名牌鞋子在舒适度、耐磨度方面都胜于普通鞋子。您设想一下,假如这双鞋子您能穿 2 年,也就是 24 个月——730 天,平均下来一天才一元多,实在

是很划算的。"

这种化整为零的方法能使价格看起来趋于低廉,让顾客更容易接受。如果店铺出售的是耐用消费品,那么客服更需要掌握这种将价格平均到每一天的方法。

> **名师点拨**
>
> 一般来说,喜欢品牌的顾客比较看重生活品质。针对这类顾客,客服可以通过赞美顾客品位高或有眼光,让其不得不为面子而掏腰包。

四、得失法

购买产品是一种投资,顾客不应单纯以价格来进行购买决策。除了价格、品质、服务、产品附加值等也是决定购买决策的要点。得失法的实质是告诉顾客产品的价格虽高,但附加功能很值。

特别是在网店营销中,很多时候客服答应降价反而易让顾客产生其他方面的想法,如产品成本低、质量不佳等。因此,客服在应对讲价时,最好是通过产品的附加功能来打消顾客的讲价行为。

例如,有顾客对店铺里的一款售价为 599 元的微波炉讲价,客服可以这样说:"我们出售的是 ×× 品牌的正品,质量完全可以放心。其次,我们的这款产品参加了'7 天无理由退换货',如果收到货您不喜欢,可以退换。另外,为保证用户的使用,这款产品我们包修两年,两年内有任何使用问题可以直接联系我们。"

有了强大的售后服务,相信顾客也会欣然接受产品的价格。

五、亮底价

亮底价是直接地拒绝顾客讲价的技巧，表明现有价格已是最低价，再降价就会亏损。这样，一方面给了顾客台阶下；另一方面也证明了自己的产品价值。

客服在表明最低价格后，应再强调产品功能所带来的价值，以打动意向顾客。如果顾客依旧没有做出购买决定，客服还可以将产品的独特性表达出来，让顾客购买产品。

六、假做请示

不管客服有没有优惠权限，为了让顾客感受到我们对他的重视，或是为了给顾客一个台阶下，让成交更顺畅，都可以采用"假做请示"这招。在顾客要求减价时，不要直接顶回去，也不要随意地说可以优惠。最好的办法就是假做请示，让顾客觉得备受重视。

除此之外，客服应不断熟悉专业的产品知识，把自己打造为一个专家；同时，还要以较低的姿态热心地、真诚地服务好每一位顾客。

5.6 增加关联销售，有效提高客单价

很多新顾客第一次购买我们的商品实际上是一种尝试性的购买，他不知道这个商品是不是和他看到的、预想的一样。通过后台数据可以分析到新顾客的客单价通常在 100 元左右，而老顾客的客单价在 200 元左右。客服可以通过与新顾客的交流来增加关联销售，从而提高客单价。也就是说，顾客在通过与客服交流后对本店商品产生信任，可以多买一倍价格的东西。

客服应当如何增加关联销售呢？除了解释到位，打消顾客心中的疑虑外，还可以从以下几点出发。

一、包邮或优惠

为了让商品更具吸引力，很多卖家会设置相应的规则。在规则中主要突出的亮点包括让利、方便、包邮，如设置满减、满送等规则。为了让更多消费者加入，设置的规则不宜太难。

通常，卖家可在"卖家中心"设置包邮。卖家进入淘宝网"卖家中心"：https://sell.taobao.com，选择"物流管理"下的"物流工具"选项。切换到"运费模板设置"选项卡，单击"新增运费模板"按钮，如图 5-7 所示。然后填写模板名称，在是否"包邮"一栏选择"卖家承担运费"。把新增的运费模板运用到店铺需要包邮的商品中即可。

图 5-7　新增运费模板

并非所有的优惠信息都适合写在页面中，一般情况下有些商品购买单瓶不能包邮，但是页面明显的地方也不宜标注出两瓶或三瓶包邮。客服在与顾客交流中可以说今天有活动，满两瓶可以包邮，或满两瓶可减钱。用这种包邮或优惠的方式让顾客的购买量从一瓶提升到两瓶。

二、搭配捆绑销售的商品

我们可以将店铺中几种宝贝组合成套餐来进行捆绑销售（见图5-8），这样可以让买家一次性购买更多的商品。从而提升店铺的销售业绩，增加商品的曝光力度，节约人力成本。

但也可以不搭配套餐，而是做关联商品的介绍，由客服直接向顾客推荐相关联的商品。以销

图 5-8　优惠套餐包

售蜂蜜的店铺为例，向想购买蜂王浆的顾客推荐蜂蜜。因为蜂王浆口感比较特殊，客服可以在与顾客交流时推荐相关联的蜂蜜商品，告诉顾客将蜂王浆与蜂蜜搭配着吃，不仅可以改善蜂王浆的口感，还能提高两种食物的营养成分，食用效果更佳。

其他类目可以触类旁通，例如，服装店铺在售卖衣服的同时，客服可以帮助顾客搭配相应的下装或鞋子。这样做不仅可以让顾客感受到店铺服务的周到和温暖，而且可以让顾客感受到客服的专业和热情，同时，还可以增加店铺的销量。

三、推荐单价高的商品

有些商品有档次之分，如分标准版、高级版和尊贵版。如果顾客已经决定购买这个品牌的商品，我们希望他能购买高级版或尊贵版的商品，那么此时通过客服便可以将更高级版的商品推荐给顾客，可以让顾客获得更多的满足感，同时也可以提高客单价。当然，任何推荐都要有合适的理由做支撑。例如，高级版更适合当前顾客的年龄和气质，高级版优惠力度更大等。

四、推荐新品体验

体验新品也是一个比较好的提高客单价的方式。如果顾客买了店铺中的一个产品，客服便可以通过旺旺或短信告诉他们，近期店铺有一款新品上架，根据顾客的购买记录来看，这款新品很适合顾客。同时，再给予一定的优惠来促进新品成交。

增加关联销售提高客单价，最主要的是要有足够的理由让顾客成交。最好是站在顾客角度给出优惠理由促进多买，而不只是单纯为了提升客单价。

> **名师点拨**
>
> 店铺销售的金额越多，即使利润率基本不变，利润也会相对提高。卖家可以通过上述方式提高客单价，提升店铺整体利润。

5.7 客服应掌握的相关知识

一个好的客服不仅需要全面熟悉本店的商品，还应该掌握与网购相关的各方面的知识，这样才能解答好顾客的疑问。

一、商品专业知识

商品专业知识是客服应该掌握的基本的知识，如果一个客服不知道自己店铺商品的特点，无法解答顾客的疑问，那么就会错失一个顾客。

关于商品的专业知识不仅包括商品知识，还包括商品相关的一些知识。商品知识主要包括商品的品类、材质、规格、尺寸、价格分布、用途、使用方法、注意事项，以及售后服务等。商品相关知识主要是与商品相关联的一些常识性或专业性的知识。比如，销售蜂蜜的客服要熟悉以下几点：蜂蜜有几大类，各类蜂蜜的区别，如何辨别蜂蜜的真假，不同人群适合什么样的蜂蜜，等等。又如，销售衣服的客服应该掌握一些与衣服相关的知识，包括衣服的搭配知识、审美知识、流行款式等。

二、网站交易规则

网站的交易规则也是客服必须重点掌握的技能，不然既无法自行操作交易，也无法指导淘宝新买家。

- 淘宝交易规则。客服应该让自己站在买家的角度来了解交易规则，以便更好地把握自己的交易尺度。有的买家可能是第一次在淘宝交易，不知道该如何操作，这时客服除了要指导买家查看淘宝的交易规则外，细节上还需要指导买家如何操作。此外，客服人员还要学会查看交易详情，了解如何付款、如何修改价格、如何关闭交易、如何申请退款等。
- 支付宝的交易流程和规则。了解支付宝交易原则和时间规则，可以指导顾客通过支付宝完成交易、查看支付宝交易的状况、更改现在的交易状况等。

三、付款知识

现在网上交易一般是通过支付宝和银行付款的方式来完成。银行付款一般建议通过银行转账,可以网上银行付款、柜台汇款,同城可以通过 ATM 机完成汇款。

客服应该建议顾客尽量采用支付宝来完成交易,如果顾客因为各种原因拒绝使用支付宝交易,客服则需要判断顾客确实是不方便还是有其他的顾虑。如果顾客有其他的顾虑,客服则应该尽可能地打消顾客的顾虑,促成顾客使用支付宝完成交易。

四、物流知识

一个好的客服应该对商品的物流状况了如指掌,这样才能回答买家关于运费、速度等问题,还能自行处理如查询、索赔等状况。常用的一些物流知识如下。

- 了解不同物流方式的价格。包括如何计价、还价余地等。
- 了解不同物流方式的速度。空运是几天到达,陆运是几天到达,偏远的农村哪些快递公司可以到达,以及国际物流时间。
- 了解不同物流方式的联系方式。客服应在手边准备着各个物流公司的电话,同时要了解如何查询各个物流公司的网点情况。
- 了解不同物流方式应如何办理和查询。
- 了解不同物流方式的包裹撤回、地址更改、状态查询、保价、问题件退回、代收货款、索赔的处理等。

五、电脑知识与网络知识

客服还需要掌握一定的电脑知识与网络知识。一个仅仅只会用电脑的客服，还说不上完全称职。这是因为很多买家不仅对网购不熟悉，而且对电脑与网络也不熟悉（也包括对网购熟悉但不熟悉电脑网络的买家），他们在购买、付款时如果遇到了电脑与网络的问题，还需要客服远程指导他们操作。

客服并不需要掌握很高深的电脑与网络知识，但对于常见的浏览器、插件、阿里旺旺、支付宝等相关的问题要熟悉。除此之外，还要熟练掌握一种输入法，会使用 Word 和 Excel 办公软件，会收发电子邮件，会使用搜索引擎，熟悉 Windows 操作系统。如果商品中包含大量英文单词（如海外代购的商品），还要求客服有一定的英语基础。

5.8 客服与买家沟通时的注意事项

沟通与交流属于社交行为，离不开人们的生活和工作。客户服务是一种技巧性较强的工作，作为网店的客服人员，更是需要掌握并不断完善与客户沟通的技巧。

一、表达不同意见时尊重对方立场

在不理解买家的想法时，不妨多问问买家是怎么想的，然后让自己站在买家的角度去体会对方的心境。

如果不同意买家的意见，也不要生硬地表示否定，而要巧妙地以"您说得很有道理，不过有时候也会有这样的情况出现……"，或者以"确实有您说的这种情况,只是非常罕见,一般来说……"这样的表述来进行否定,这样才不会让买家反感。

当一个人提出看法时,不仅仅是表达看法本身,还是他自我人格的一种外在表现。如果看法遭到否定,则意味着他的自我人格遭到了损害,这种损害会造成交流的不畅。因此,客服不要生硬地否定买家的看法,一定要尊重他们的看法,否则买家会因为觉得得不到尊重而心情不舒服,产生不好的情绪。

二、认真倾听,再做判断和推荐

有时买家常常会用一个没头没尾的问题来开头,如"我送朋友哪个好""这个好不好",不要着急回复他的问题,而是先了解买家的意图,掌握买家的基本情况,才能知道买家需要什么样的东西。

其实,这种顾客一般已经在网店里研究了半天,进入了某种状态后才会以这样的问题开头。这时客服首先可以耐心地请他们说出原因,然后帮他们一一解答,最后给出自己的推荐意见以供他们参考。

三、经常向买家表示感谢

当买家及时地完成付款,或者很痛快地达成交易时,客服人员应该衷心地向买家表示感谢,感谢他们为客服节约了时间,感谢他们给了店铺一个愉快的交易。

感谢不要太少,但也不要太滥,太滥容易让人觉得这样的感谢流于形式。感谢时最好说明感谢的原因,效果要比单纯地说"谢谢"好得多,因为这样可以让买家明白感谢的具体原因。比如,"谢谢您这么爽快就付款了"或"多谢,您真是通情达理"。

四、坚持自己的原则

销售过程中经常会遇到讨价还价的买家,这时客服应当坚持自己的原则。如果商家在定制价格时已经决定不再议价,就应该向议价的买家明确表示这个原则。如果随便妥协,不仅有损商家利益,还会给买家留下"下次还可以讲价"的印象。

5.9 详情页描述到位,减少客服工作

在商品的详情页里,商品描述才是真正展示和详细介绍商品的地方,顾客主要也是通过商品描述来了解和认识商品的。如果将商品各方面信息(如商品性能、尺寸、颜色、规格、型号、包装、快递等)都描述到位,则可以大大减少客服的工作。在进行商品描述时要注意以下几个方面。

(1)要向供货商索要详细的商品信息。商品图片不能反映的信息包括材料、产地、售后服务、生产厂家、商品的性能等。相较同类产品有优势和特色的信息一定要详细地描述出来,这本身也是产品的卖点。

(2)商品的基本属性,如品牌、包装、规格、型号、重量、尺寸、产地等,这些都要描述出来,这样会让买家觉得店主在用心经营,在为买家着想,卖家可以从情感上抓住买家的心。商品描述应以攻心为主,要让买家看完商品描述后对商品描述中的图片和文字产生共鸣,激起买家的购买欲望。图5-9所示为手提包商品的基本描述。

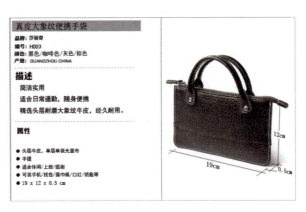

图 5-9　手提包的基本描述

（3）为了更加直观，商品应该使用"文字＋图像＋表格"的形式来描述，这样买家可以更加直观地了解商品信息，增加购买的可能性，如图 5-10 所示。同时，将商品尺寸与身高、体重对照表展示出来，便于顾客自主选择尺码，可免去部分咨询客服的过程，减少客服的工作量。

图 5-10　使用"文字＋图像＋表格"的形式描述商品

（4）在商品描述中可以添加相关推荐商品，比如，本店热销商品、特价商品等。如果买家对当前浏览的商品不满意，那么在看到推荐的其他商品之后，也许会产生购买其他商品的欲望。即使已经决定购买当前浏览的商品，在浏览其他推荐商品的同时，也会产生再购买推荐商品的意愿。让买家有更多的机会接触店铺的更多商品，可以提高商品的宣传力度。如图5-11所示，下半部分为商品详情介绍，而上半部分为其他相关推荐商品。之所以把推荐商品放在商品详情上面，主要是因为这样可以让访客在浏览商品详情介绍的同时能看到推荐的商品，便于客服后期的关联推荐。

图5-11 商品详情介绍和相关推荐商品

（5）在商品描述中添加售后服务以规避纠纷。在商品描述里添加售后服务和退换货的一些注意事项，可以消除买家的顾虑，也可以在以后发生纠纷时有理有据，如图5-12所示。

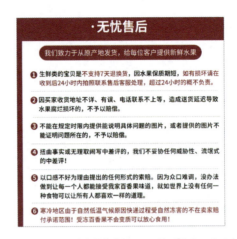

图 5-12 在商品描述里添加售后服务和退换货的一些注意事项

5.10 客服与顾客电话沟通的技巧

虽然网店客服与顾客的交流大多是通过旺旺或短信完成的，但偶尔还是需要通过电话联系顾客的。客服接听或拨打电话也需要掌握一定的技巧，在解决顾客疑问的同时要树立店铺的形象。一般而言，电话沟通流程如图 5-13 所示。

图 5-13 电话沟通流程

一、事先策划通话内容

如果卖家有事需要主动联系顾客，那么通话前就应策划好通话内容，用简洁的语言结束通话。策划通话内容主要体现在心理准备、明确目的和内容准备三方面。

- 心理准备：打电话之前，客服应该认识到这则通话可能是促成交易或解决纠纷的关键点，应该以认真负责的态度拨打电话。
- 明确目的：在拨通电话之前，客服要明确通话的目的，是向顾客推荐新品还是解除误会。针对不同的目的组织不同的语言。
- 内容准备：首先要明确对方的身份，以及通话的目的，再准备好通话过程中要问的问题。尽量在最短的时间内，用最简洁的语言把它表达清楚。

二、拨打电话时的注意事项

客服在接打电话时需要注意姿态和语气。

拨打电话过程中，注意端正姿态，绝不允许躺卧，以及抽烟、喝水或吃东西等小动作。坐姿端正、身体笔直，发出的声音才会更具活力。

人在微笑时说话的声音更具亲和力，故在通话中要尽量保持微笑。

使用礼貌用语。给顾客拨打电话时，客服所代表的是整个店铺的形象，为给顾客留下好印象，通话过程中可多使用"您""谢谢""麻烦""打扰了"等礼貌用语。

许多客服在进行电话沟通时，拿起电话就会紧张，出现语速过快、吐字不清等情况，这些都会影响和顾客的交流。所以在通话时，要把自己的语气放平缓，让对方听清楚客服想表达什么。最好是讲标准的普通话，语言要尽量简洁，说到产品时要加重语气,以便引起顾客的注意。

> **名师点拨**
>
> 为避免打错电话,电话接通后一定要先核实对方身份,核对后再继续沟通。同时,为了让对方知道我们打电话的目的,在核实对方身份后一定要自报家门。礼貌询问对方是否方便之后再开始交谈。

三、通话中要注意什么

在策划通话内容时,已经将重要的内容进行了规划。接下来需强调的就是通话时间和做好记录等细节问题了,详细内容如下。

黄金时间 3 分钟。在策划通话内容时,我们心里已经做了演练,在通话过程中应按照之前的策划,尽量在 3 分钟内完成通话。一般而言,3 分钟可以说 1000 个字左右,完全可以交流完一般的事情。如果啰啰唆唆地和顾客交流了 5～10 分钟,那么大多数是因为客服没有抓住要领,或没有突出重点。

杜绝使用简略语或专业术语。虽然我们希望在顾客面前树立"专家"的身份,在通话过程中应该做到言简意赅,但过于精简或过于专业容易导致顾客听不懂。建议在熟悉产品知识的前提下,用通俗易懂的语言与顾客交流。

备好纸笔,做好记录。俗话说"好记性不如烂笔头",在拨打电话或接听电话过程中,不能对自己的记忆力过于依赖,重要的事情应马上用笔记录下来,以防忘记,也方便后期查询和处理。

双方确认信息,防止听错。电话沟通不像文字沟通,电话沟通容易出现同音不同意、谐音等情况,因此容易造成误解。为了防止听错电话内容,客服要养成复述问题的习惯。尤其是遇到时间、日期、电话号码等重要数字内容时要注意复述，并及时向顾客进行确认。

四、礼貌结束通话

在通话结束前，应表达谢意。一般而言，通话结束时可能存在 3 种不同的情况：达到通话目的，顾客未明确态度，没有达到通话目的。但无论是哪一种情况，客服都应该使用礼貌的结束语来结束通话。

同时，要注意在顾客挂断电话后才能挂电话。先让顾客挂电话，以表示尊重。如果客服先挂电话，易让顾客认为客服不想听他们说话，想快点挂断。如果对方迟迟未挂电话，客服可以提示一下。

> **名师点拨**
>
> 接通电话时，尽量不要在第一声响后便接，否则容易断线。接电话的最佳时间是在铃声响起的第二声或第三声。

5.11 大促活动期间的客服工作

对周年庆、"6·18""双 11""双 12"等这样的大促活动，每个商家都充满期待，希望有一个好的销售业绩。但由于大促活动期间的工作量很大，很容易出现各种失误，比如，订单数量、发货时间、客户收货信息等出现差错而导致客户投诉。因此，客服在大促活动期间的前期准备、店铺预热期、活动进行中、活动后期 4 个主要阶段的工作尤为重要。

一、大促活动期间，客服工作更重要

客服在网店中是一个重要角色，这点在大促活动中尤为明显。在大促活动期间，很多人会问客服优惠政策、物流情况等问题。那么，活动前客服应该怎么做呢？

1. 活动前的培训

大促活动前的培训包括以下几个方面的内容。

- 全面熟悉活动的培训，包括了解活动形式、主题、促销内容、活动细则及流程。这也是体现团队合作能力的时候，以上内容需要运营人员和客服团队共同商讨。

- 商品培训，主要是在活动前对热门商品的属性进行培训。可将常见的顾客问题制作成详细文档，了解商品属性及竞争对手的情况。这样在与客户交流时才能体现出自家商品的优势。

- 规则培训。规则是活动的重点，为防止忙中说错话，在活动前就应进行规则培训。例如，了解发票问题、付款问题、优惠问题及退换货问题等。

- 心态培训。大促期间是一年之中最忙的阶段，对客服来说充满挑战。对于一些小卖家，会在"双11"前新增外包客服，这时，心态培训就更必不可少了，可通过精神鼓励来增强客服的信心。

2. 用客服资料做推广

对于售前方面的预热，方式多种多样。其实，客服可在话术、个性签名、自动回复等方面做预热提示。例如，可将个性签名设定为："双11"全场包邮，两件减50。自动回复设置为："亲，记得领取优惠券哦。"

3. 突发事件的解决方案

如果遇到旺旺登录不上的情况，可用留言区做好自助购物的引导。无论经营规模是大是小，都要重视客服。特别是"双11"活动期间，做好服务可以带来更多效益。

二、适时联系顾客，促成二次成交

有的卖家在大促后，会抓住机会获得二次成交；也有卖家因后续工作没做好，导致差评增多。"双11"等大促活动对卖家来说是机会，更是考验。因此，卖家应该采取工具配合人工的方式，将可能出现的状况告知消费者。提前安抚，减少不必要的退款和退换货的情况，提升满意度，为二次营销做铺垫。

通常情况下，短信的覆盖面更广。卖家可采取短信的方式将以下几种情况主动告知消费者。

- 超卖提醒。例如："亲，真抱歉。您选中的×××太热门，在付款时已售罄，只能劳您退货。为表歉意，特送您100元优惠券。本店的同款商品×××也在热销，快来看看吧。"

- 延迟致歉。致歉针对的是由于人力不足而导致货物未及时发出的情况。例如："亲，库房工作人员已经在连续加班中，麻烦您再等等，我们尽快发货。为表歉意，请在收到商品后联系我们，将送您100元优惠券。"

- 爆仓安抚。例如："亲，快递又爆仓了，您的商品也是受害者。老板得知这个消息后泪奔了，请您耐心等等。为表歉意，请您收到商品后联系我们，我们将免费赠送您一件礼物。"

- 签收提醒。例如："历尽爆仓堵塞，您的宝贝终于成功抵达。感谢您对本店的大力支持。再告诉您个小秘密，及时确认收货并参与分享，可享受店铺的

返现大礼,快来参与吧。"

要想实现二次成交,还需要卖家挖掘重点顾客。什么样的顾客才能成为优质顾客呢?可以用客单价来定义。例如,根据"双 11"当天的销售数据来看,客单价超过 100 元的顾客,就可以被定义为优质顾客了。

选定优质顾客后,卖家还要通过生意参谋或生 e 经来分析这类顾客的信息。从其年龄、爱好、购物特点等出发,以短信的方式促进成交。例如:"亲,这个冬季格外干燥,您的肌肤感受到干渴了吗?我们家免费向会员开放保湿护理课,快来联系客服了解详情吧。"

三、解决大促活动后的售后问题

随着"双 11"促销活动的结束,各个岗位开始复盘,卖家也要注意总结活动中出现的问题,便于轻松应对下次活动。实际上促销活动中的售后问题,对卖家而言是烫手山芋,很容易出问题。

大促活动后的问题主要集中在售后方面,且易集中在物流方面。由于"双 11"的货物多,物流压力大,加上客户时常催促,一旦处理不好,则会引来差评。那么,如何才能解决这类问题呢?

1. 提前做好提示工作

与其等顾客先来催货,不如提前说明问题。"双 11"活动后,可在首页、千牛签名、自动回复中说明物流情况。例如:"各位小主,'双 11'的货已经全部发出,但由于物流压力较大,到货可能有延迟,还请见谅。"一方面,把招呼打在前面,态度诚恳;另一方面,可减少顾客咨询物流问题,减少客服的工作压力。

2. 在推广内容中加上售后问题

无论是微淘、微信还是微博，在"双 11"活动后的推广中，都可加入售后问题。例如，发布新品的同时，浅谈某款热卖商品，顺便提及该款商品由于销售火爆，物流可能有所延缓。这样既可以给买家留下好印象，也可以引起未购买该商品的"粉丝"的注意，甚至可以因为心理共鸣而增加购买量。

3. 有礼相送

"双 11"属于大促，发货量自然非常大。卖家可在货物中赠送小礼物，既可以安抚顾客，又可以起到一定的宣传作用。例如，可以在赠送的挂历上贴上印有微淘的二维码。

4. 当备货不足时遇上催货

遇到断货，自己不能确定补货时间，买家催货的情况时怎么办？首先，要尽可能快地联系补货，如果能确定补货时间，就实话实说，必要时选择电话安抚；如果工厂都不能确定时间，那么卖家千万不能虚假发货，要尽可能地选择返现、优惠券等手段来安抚买家。

5. 遇到快递信息停滞的情况应该怎么办

"双 11"期间，可能会因为快递爆仓而导致物流信息长时间不能更新，进而导致买家催货。解决这个问题的办法如下：发现异常件时主动联系买家，澄清已发货，尽量把问题推给物流。针对物流，要多询问，给物流增加压力，争取快速配送。只要出现快递信息停滞的情况，都要实时关注异常件，通过旺旺、短信、电话的方式联系买家，赠送相应的礼物。

5.12 紧跟物流，提升客户好评度

很多卖家都遇到过客户投诉物流的情况，客服在工作中更容易遇到物流问题。从卖家的角度来看，物流是相对独立的。但从买家的角度来看，卖家和物流是一家的。因此，为了提升买家好评度，减少因物流而导致的问题，卖家应在物流方面多下功夫。

一、如何选择快递公司？

常见的快递方式有邮政、快递和托运，它们各有特色。淘宝卖家该如何选择适合自己的送货方式呢？一般需要考虑以下几方面的问题。

- 包裹大小。对于普通卖家而言，包裹一般都不会太大，也不会太重。因此快递是较好的选择，价格适中，速度较快。对于大型货物，如钢琴、摩托车等，则要考虑物流，运费较便宜。对于较重但体积不是很大的包裹，则应考虑汽车托运或铁路托运。

- 送达时限。对于某些对送达时间有严格要求的货物，如海鲜等，则应使用顺丰等快递的"当天件"服务，能在 24 小时内到达，但收费相对略贵。

- 送达地区。快递并非覆盖全国，有些偏远地区快递到不了。卖家在检查收货目的地时，如果看到不熟悉的地名或者经济不发达的地区，则有必要事先查询快递是否到达该地。如果不到，则应选择 EMS 或平邮。

开网店少不了要与快递公司打交道，市场上主要的快递公司有顺丰快递、宅急送、圆通快递、申通快递、中通快递等。其中，顺丰快递是龙头企业，服务好，质量上乘，速度快，送达区域广，不过收费也较高。顺丰的跨省价格一

般在二十元左右，而其余的快递一般在十元到二十元。顺丰的服务也是有口皆碑的，比如，顺丰推出的当日达、次日达等服务，其他快递很难做到，当然，顺丰这些服务的价格也比较高。

对于其他的几家快递，总体来说区别不大，在价格、速度、服务和配送区域方面没有本质的区别。不过，即使是同一家快递，在不同地区的表现也是不一样的，这与具体的业务人员的素质有关。因此可能存在甲地的 A 公司好、B 公司差，而乙地 B 公司好、A 公司差的情况。

选择好的快递公司才能保证店铺日常的经营活动更顺畅，如果只因费用低而选择一些不负责的小公司，那么卖家的商品在运输途中出问题的可能性会很大，最终可能造成买家满意度严重下降。因此，选择一两家好的快递公司非常重要。

在选择快递公司时，有如下几点技巧。

- 看评价。选择快递公司的时候，首先可以在网上先看看网友的评价，对选择有基本的帮助。网上有各种各样针对快递服务的调查，如阿里巴巴物流论坛就提供了一个关于国内快递公司评价的版块，用户可以在这里查看用户对各地快递的反映情况。

- 看规模。在查看快递公司信誉的时候，大家应该至少选择两家快递公司进行比较，看其全国网点的覆盖率，因为这直接影响到店铺的送货范围。如果是同城派送，则建议找本地的快递公司，优点就是同城速度快，而且价格相对便宜。

- 看特点。依照快递公司的特点来选择快递，例如，申通快递在江浙沪地区的效率很好，DHL 则有"限时特派"这样的紧急快递业务，中国邮政则具有最大的地域配送优势。

二、怎样节省物流费用？

如何最大限度地节省快递费用，相信是每一位淘宝卖家都在考虑的问题。网店利润的增长和物流费用的降低是息息相关的。卖家可以从以下几个方面来开源节流。

1. 联系多家快递公司

不同快递公司的资费标准各不相同，一般来说，收费越高的快递公司，货物运输速度也越快。很多卖家在选择快递公司时，往往习惯选择一家快递公司，这样不但无法了解其他快递公司的价格，而且选择的仅这一家快递公司会因为没有竞争，在运费上不会让步太多。

选择多家快递公司还有一个好处，就是在发货时可以同时联系多家快递公司的业务员上门取件，故意让快递业务员知道存在竞争。其实，快递业务员之间产生价格竞争，最终受益的是发货人。

> **名师点拨**
>
> 电子面单指的是使用不干胶热敏纸按照物流公司的规定打印收派件信息的面单，也称为热敏纸快递标签、经济型面单、二维码面单等、传统纸质面单存在价格高、信息录入效率低、信息安全隐患等劣势，因此电子面单问世后得到广大卖家的喜爱。如果单量较大，卖家可向快递公司申请电子面单。电子面单具有效率高、成本低、消费者隐私信息安全等特点。

2. 不要贪图便宜

有些小的快递公司确实便宜，笔者甚至听说过到达江浙沪地区只收 6 元。但这样的公司肯定是联盟性质的小公司，寄送慢、包裹丢失情况时有发生，有时还查询不到快递信息。因此，还是在各大快递公司中选择价格方面有优势的大型公司较为稳妥。

> **名师点拨**
>
> "E邮宝"也是节省物流费用不错的选择。"E邮宝"是中国速递服务公司与支付宝联合推出的国内经济型速递业务，采用全程陆运模式，价格较普通EMS有大幅度下降，但其享有的中转环节和服务与EMS几乎完全相同，而且一些空运方面的禁运品也可被"E邮宝"所接受。可以说，"E邮宝"性价比很高。

3. 与快递公司签订优惠合同

与快递公司签订优惠合同，能够省下不少邮费。快递公司对于大客户的折扣还是比较低的，当有淘宝卖家要求签订优惠合同时，快递公司一般都会答应。

快递公司的优惠合同一般是月结协议，也就是一个月结算一次，量大从优。优惠合同既可以同快递公司正式签订，也可以和负责自己片区的快递员协商。快递员主要靠接快递业务赚钱（送快递一般是1元一件，是快递员工资的小头，而接一单快递一般有3~8元收入）。因此对于发货量大的客户，快递员是相当渴求的，卖家不必担心快递员不遵守协议。

三、与快递公司讲价的实战参考

目前，几乎所有快递公司都可以灵活讲价，不过要成功降低快递费用，还需要了解与快递公司讲价的一些技巧。下面介绍常用的一些讲价方法，卖家可根据实际情况选择适合自己的。

- 直接找快递业务员讲价，而不要找快递公司客服或前台人员讲价。

- 在讲价过程中适当夸大自己的发货量,如果发货量较大,那么业务员为了稳定业务,一般会在价格上做一定的让步。
- 用其他快递公司的价格做对比。在讲价时可以和业务员谈及其他快递公司的价格要低很多,即使是虚构,也要表现出很真实的样子,一般还是可以讲下一定价格的。
- 掌握讲价幅度,如同日常购物砍价,假如 15 元的快递费用,想讲到 12 元,那么要和业务员先砍到 10 元,这样即使对方不同意,但最终可能会以 12 元的折中价成交。

跟快递业务员砍价时,要表现得有经验一点,要让业务员以为自己会经常寄东西。利用软磨硬泡,再加上一点前景预测(如自己的生意以后会更好等),业务员自然要考虑报个低价了,以便长期接下这个业务。

四、办理快递退赔

快递公司在发货过程中,有可能会遇到丢失或损坏货物的情况,虽然这种情况不多见,但如果遇到,卖家就应该联系快递公司协商赔偿或解决方案,同时也应当给买家一个合理的解决方式,如立即重发或者退款等,不能因为快递的原因而延误买家的交易。

快递退赔一般有以下两种情况。

1. 运输过程中货物损坏

通常来说,如果快递公司在运输过程中损坏商品,那么买家无论如何也不可以签收的,因为一旦签收,就意味着快递公司已经完成本次运输,不再负担任何责任。所以对于易碎类商品,卖家在销售前有必要告知买家要先验货,如损坏,则拒绝签收,这样就可以与快递公司协商赔偿问题。

根据情况的不同，与快递协商赔偿是件非常费时费力的事情，如果发货方没有对商品进行保价，那么最终争取到的赔付金额也不会太多。对于没有保价的商品，通常情况下，是根据运费的倍数来赔偿的，而这个赔偿金额可能远远低于商品价值。由于快递公司丢失或损坏货物的概率非常低，因此大多数卖家在发货时都没必要对商品保价，而一旦出现货物损坏的情况，也只能尽力与快递公司周旋，争取到尽可能多的赔付金额。

对于有些商品在运输过程中的损坏，快递公司和物流公司是不予赔偿的，如玻璃制品等。因此发送这类商品，卖家就需要进行加固包装，在最大程度上防止运输过程中出现商品损坏。而对于一些价值较高的贵重易碎物品，通常建议对商品进行保价。

2. 运输过程中货物丢失

运输过程中丢失货物的情况也比较少见，一旦丢失货物，买家就无法收到货物了。这时卖家一方面需要与快递公司协商解决，另一方面需要为买家补货或以其他方式处理。

关于丢失货物的赔偿，也根据是否保价而定。如果没有保价，那么快递公司的赔偿方法通常有两种：一种是按照运费的一定倍数来赔偿，另一种是根据商品酌情赔偿。但是最终不论采取哪种赔偿方式，可能都不足以抵付商品的价值，而且快递公司的赔付流程相当烦琐，会耽搁卖家更多的精力。一般来说，如果商品价值不是太高，不值得花费太多精力在赔付上，那么只要快递公司能给一个合理的赔付金就可以考虑接受；如果商品价值较高，而且快递公司赔付太低，就可以考虑通过法律等手段来解决。

总之，为了避免商品在运输过程中出现不可预料的问题，卖家在选择快递公司时应该选择规模较大、口碑较好的，不能为了低价而选择小快递公司，否则一旦出现损坏或丢失等情况，就会得不偿失了。

6

延长顾客

终身
价值

本章导言

顾客的终身价值应该成为每一个商家所追求的重要指标，通俗来说，顾客的终身价值就是一个顾客跟商家保持购买关系的时长乘以每次购买的金额。在流量成本越来越贵的今天，每得到一个顾客，都需要付出几十元甚至几百元的获客成本，首次成交带来的利润往往不足以实现盈亏平衡，因而延长顾客的终身价值便显得更加重要。

学习要点

- 售后体验及评价中的营销技巧
- 包裹营销促进回购
- 中小卖家的客户关系管理（CRM）的建议
   会员体系和老顾客福利的意义
-

6.1 售后评价的处理

在流量成本非常高的今天，如果只是为了把顾客引入并成交一次，那么这个成本是非常高昂的。有时候花钱引进的成交所带来的利润可能还不够支付广告费，其实这是处于亏本的状态。

我们可以用营销方式来提高流量的精准度，尽量不让垃圾流量进店，让店铺整体自然流量、销量和利润更健康。

当然，我们都希望引进的顾客能成为我们的忠实消费者，能够实现多次购买，所以要延长顾客的终身价值。那么，如何才能延长顾客的终身价值呢？下面我们先从正确处理售后评价讲起。

一、没有中差评并非好事

作为商家，不管是卖产品还是卖服务，最怕的不应该是顾客的抱怨。当顾客和我们说产品缺点或客服态度等问题时，其实是在帮助我们提高用户体验。而真正可怕的应该是顾客不反馈。这方面笔者有过切身体验，曾经在一段时间里，笔者店铺的中差评未见增长，但明显感觉到损失了很大一部分老顾客，然而从中差评中却看不到任何迹象，有很多顾客习惯性、默认地选择了好评。这让笔者非常困惑，很显然不是中差评的内容影响了销量，而是一种"看不见"的被放弃。由于笔者店铺是销售天然蜂蜜产品的，属于重复消费品，其中很大比例的销售额是由老顾客支撑起来的，每天的广告投入没有减少，新顾客也在不断地增加，问题在于之前很多新顾客会买第二次，而现在很多新顾客只买一次。

后来经过分析发现，出现上述情况是因为有部分顾客购买商品时对商品的期望值偏高，在收到实物后心理落差较大，因为不喜欢客服打电话让写好评，或者改中差评等，所以便让系统默认好评。等笔者发现商品销量下滑时已经晚了，并且很难挽回。由此可见，不要因为有了中差评就害怕，要及时解决处理问题，但没有中差评也并不代表态势发展良好。

二、正确处理中差评

很多卖家没有意识到，在处理中差评的过程中，回复和解释其实是营销的一次机会。笔者在讲客服转化率时一直强调要把客服打造成"专家"。其实我们在分析中差评时，会发现很多中差评是由于误解造成的，完全没有必要担心这样的中差评，反而应该借机解释和宣传。给消费者一个合理的解释，便可赢得他们的信赖。

有时候，优秀的产品并不一定是产品本身有多优秀，而可能是包装，或者可能是购物的体验。如果我们能站在专家的角度去解释顾客提出的问题，或许就能让顾客获得良好的购物体验。

但是，如果很多中差评都在反馈同一个问题，那么卖家应该引起重视，看是产品还是经营出现了问题。出现中差评时，我们在安抚顾客的同时还应检查自己的问题并加以改正，而不是一出现中差评就死缠烂打要顾客修改为好评。后者不仅不利于店铺的长远发展，还会对店铺的成交转化产生很大的负面影响。

三、正确看待好评

除了中差评，我们还要认真浏览好评。一般情况下，建议客服每天逐个浏览评价。因为好评不一定都发自顾客内心，有些是系统默认的，有些是被迫的。

- 第一类：发自内心的好评。这部分好评确实是因为产品与顾客预想的差不多，顾客自愿给出好评。
- 第二类：系统默认好评。这部分顾客对产品没有特别的情感，认为当前交易属于一般的购物，且顾客没有评价的习惯。
- 第三类：怕骚扰而被迫给的好评。有一部分顾客认为产品不好，但是一是因为客服的服务态度很不错，二是害怕客服打电话骚扰，所以不得不给好评。

由此可见，第二类和第三类评价的内容可能对产品转化不利，因此这类好评最好当作中差评来处理。从专家的角度合理地回应评价，不只是把合理的解释传递给做出评价的顾客，更多的是把它传递给潜在顾客，让潜在顾客在查看评价时看到卖家的用心或产品的价值。

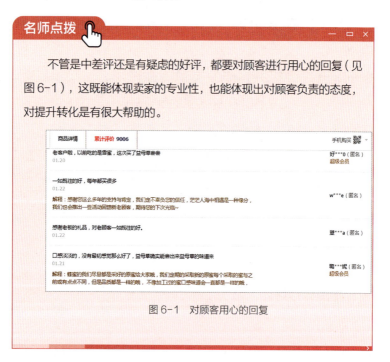

图 6-1　对顾客用心的回复

四、定期回访

定期回访是客服用心工作的一种表现，而不是一种形式。定期回访应该是客服日常工作的一部分，而不应该在老板或主管的督促下才去回访顾客说一些固定的话语。回访顾客的方式应该根据类目的不同而有所差异。虽然回访带有营销目的，但应该让顾客感到被关心。

另外，回访顾客是主动的、发自内心的，而不是被动的、机械的。更不是因为其他卖家都在回访顾客，自己便也跟着做回访。而应该是有计划、有安排的，定期的或不定期的，并且要站在顾客的角度去回访。回访的实质是关怀，而不是打扰。

6.2 小包装大讲究，做好包裹营销

买家下单后，卖家包装好宝贝，然后通过物流发送出去，最后宝贝无恙地到达买家手里。包装说起来很简单，做起来却是大有学问，怎样包装性价比高，包裹里应该放些什么，怎样通过包裹高效地聚集"粉丝"或直接引发回购，让顾客愿意推广你的产品，这些都是卖家应该了解的。

一、怎样包装性价比高？

当买家拿到商品时，最先看到的是包装，要给买家留下一个非常好的印象，减少他们挑毛病的机会，就要做好商品包装。美观大方、细致入微的包装不仅能保证商品安全到达，还能够赢得买家的信任。不过，包装本身也是需要花钱购买的，卖家要在包装的精美度与价格之间找到平衡点，也就是找到性价

比高的包装方法。比如，在包装内放入一张手写的小卡片可以增加买家好感，但花费并不多。下面针对各类商品，介绍一些比较好的包装方法。

1. 礼品、饰品类

礼品、饰品类商品一定要用包装盒、包装袋或纸箱来包装。卖家可以去当地的包装盒、包装袋批发市场看看，也可以在网上批发。使用纸箱包装时一定要放填充物，这样才能把礼品固定在纸箱里。还可以附上一些写有祝福语的小卡片，有时还可以写一些关于此饰品的说明。除此之外，还可以利用小小的饰品让包装显得更有故事和内涵，如图6-2所示。

2. 衣服、床上用品等纺织类

衣服、床上用品等纺织类商品可以用布袋或无纺布包装。淘宝上有专门卖布袋的店，大小不一，价格也不一，如果卖家家里有废弃的布料，也可以自己制作布袋。在包装的时候，一定要在布袋里再包一层塑料袋，因为布袋容易进水和损坏，容易弄脏了商品。除了布袋和无纺布袋，还可以使用快递专用加厚塑料袋（见图6-3），同样可以在网上购买，且价格不高，普通大小的一个的售价为0.3～0.7元，特点是防水、韧度高，用来邮寄纺织品确实是个不错的选择，经济实惠，方便安全。

图6-2 礼品、饰品类商品的包装

图6-3 快递专用加厚塑料袋

3. 电子产品类

电子产品是价值较高的产品，如果汁机、吸尘器等，因此包装很讲究。在货物比较轻的情况下可以用纸箱，但纸箱的质量一定要好。包装时一定要用充气泡袋将货物包裹结实，再在外面多套几层纸箱或包装盒，多放填充物，并且要请买家收到商品后，当面检查并确定货品完好后再签收，因为电子产品的价格一般较高，如果出现差错是比较麻烦的。图6-4所示为电子类产品使用的纸箱包装。

4. 易碎品

易碎品的包装一直是个难点。易碎品包括瓷器、玻璃制品、CD、茶具、字画、工艺笔等。易碎品外包装应具有一定的抗压强度和抗戳穿强度，以保护易碎品在正常的运输条件下完好。对于这类产品，包装时要多用些报纸、塑料泡沫、泡绵、泡沫网、气泡膜，这些东西重量轻，而且可以起到缓冲作用。另外，一般易碎、怕压的东西四周都应用泡沫类填充物充分地填充，如果有易碎物品标签就贴上，箱子四周写上"易碎物品，勿压、勿摔"，提醒运输人员在装卸货过程中轻拿轻放。图6-5所示为易碎物品标签。

图6-4　电子类产品采用的纸箱包装

图6-5　易碎物品标签

5. 书刊类

书刊类商品的包装步骤如下。

（1）用塑料袋套好，以免弄脏，同时塑料袋能起到防潮的作用。

（2）用较厚的铜版纸（如楼盘广告纸）做第二层包装，以避免书籍在运输过程中损坏。

（3）如果外层用牛皮纸包装，则要用胶带进行捆扎，如图6-6所示。

（4）如果用印刷品方式邮寄，则用胶带封好边与角后，要在包装上留出贴邮票、盖章的空间；若选择包裹邮寄方式，则要用胶带全部封好，不留一丝缝隙。

6. 数码产品

数码类产品相对来讲比较"娇贵"，这类产品需要多层"严密保护"。包装时一定要用气泡膜包裹结实，再在外面多套几层纸箱或包装盒，多放填充物，如图6-7所示。同电子类产品一样，买家收到商品后，一定要当面检查，确定完好后再签收。

图6-6　用胶带进行捆扎的牛皮纸包装

图6-7　包裹数码产品的气泡膜

7. 食品

易碎食品、罐装食物宜用纸盒或纸箱包装。在邮寄食品之前一定要确认买家的具体位置、联系方式，了解送达所需的时间，这是因为食品有保质期，还与温度和包装等因素有关，为防止食品因运送时间过长而变质，发送食品最好选择速度较快的快递公司。

> **名师点拨**
>
> 发送生鲜食品，如生鱼片、鲜牡蛎等，应该用塑料泡沫箱子运送，使用冰袋垫底，中间放上被塑料袋包裹的食品，上面再压上冰袋。快递一般使用"次日达"的航空快递，一般来说，买家收到快递时，冰还没有化完。不过，"次日达"快递的运费相对要高一些。

8. 香水等液体类

香水、化妆品大部分是霜状、乳状、水质，多为玻璃瓶包装，因为玻璃的稳定性比塑料好，化妆品不易变质。但这类货物一直是查得比较严的，因此，除了要包装结实，确保不易破碎外，防止渗漏也是很重要的。最好先找一些棉花来把瓶口处包严，用胶带扎紧，用气泡膜将瓶子的全身包起来，防止渗漏。最后再包一层塑料袋，即使漏出来也有塑料袋做最后的保护，不会污染到别人的包裹。

9. 钢琴、陶瓷、工艺品

钢琴、陶瓷、工艺品等偏重或贵重的物品要采用木箱包装。如果是寄往国外，还要注意熏蒸。比如，美国、加拿大、澳大利亚、新西兰等国家和地区对未经过加工的原木包装有严格的规定，必须在出口国进行熏蒸，并出示承认的熏蒸证，进口国方可接受货物进口。否则，进口国会对货物罚款或将货物退回出口国。这是为了预防从国外带入本国没有的动植物病菌，从而造成严重的生态灾难。

二、除了产品,包裹内还应该有什么?

包裹里除了产品,其实还可以放很多东西以促进营销,正如阿芙精油店铺总结出的"四有"包裹:惊喜礼品、包裹信、优惠券及诱饵礼品。具体在包裹里放什么以达到营销目的,还应结合产品的类目。

1. 惊喜礼品

众所周知,赠品可以促进顾客成交,在促销活动中,可以规划限时限量的赠品。为了增加赠品的神秘感,可以对赠品的具体信息先保密,等顾客拆包裹时就会有惊喜。

关于惊喜礼品有以下两个建议。

- 不用次品。库存积压且成本不高的产品可作为惊喜礼品送给顾客。但是如果用残次品作为礼物,就会伤害顾客情感,不如不送。
- 赠品具有实用性。赠品首先要实用,如果赠品对顾客没有一点用处,那么他们收到赠品后会直接将其扔进垃圾桶。比如,可以选择一些精美的钥匙扣、指甲刀、鼠标垫等生活中常用的必备品。
- 与主产品相关。例如,买蜂蜜赠送试吃小样、勺子、杯子都是可以的。但是卖蜂蜜的肯定不能赠送小镜子这种没有关联的产品,否则顾客收到赠品时可能也会感觉莫名其妙。由此可见,赠品最好能帮助顾客更好更方便地使用产品,让顾客得到更多的帮助。

2. 包裹信

在商品包装完好的前提下,如果在包裹里放一封信件或在快递单上写上备注语,就会显得卖家很有人情味。特别是一些讲品牌情怀的产品,在包裹里加封信件会使品牌的传播效果更佳。图 6-8 所示为一家销售天然蜂蜜店铺的包裹信。用"您""我"拉近卖家与顾客的距离，同时深情并茂地给顾客讲述了天然蜂蜜的特点，以及与加工后的浓稠蜂蜜的区别，字里行间透出帮助顾客寻找真正天然蜂蜜的真情。

有部分卖家没有重视，或者说不够重视，他们在写作包裹信时直接从某处摘抄一些话语，没有结合产品而写，这样是没有效果的。对顾客而言，包裹信能起到加强顾客对店铺印象的作用。因此，建议尽可能地写包裹信，而且不要

图 6-8 销售鼻炎药水的店铺的包裹信

单纯地摘抄语句来拼凑。最好从产品角度阐述与同行的差异，以突出卖点。

3. 优惠券

在包裹里放一张或几张不同额度的优惠券（或代金券），这是利用人性对损失的厌恶来设定的。人性天生厌恶损失，如果不使用免费得来的优惠券，就意味着是一种损失。而使用优惠券必须满足一定的条件，比如，满 50 元用 10 元的优惠券。对于商家来说，优惠券使用得当的话，可以起到引导回购和提升客单价的作用。

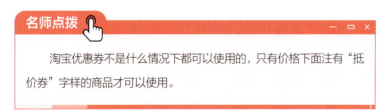

4. 诱饵礼品

什么叫诱饵呢？诱饵可以理解为鱼饵，为让顾客体验新产品或其他商品，再加以优惠做营销。例如，店铺上新了一款蜂蜜，暂时还没有人购买，商家可以在其他包裹里赠送新品的试吃小样，并给出承诺：在 30 天内购买这款新品可以得到 8.8 折优惠。

设计诱饵礼品时要注意以下两点。

- 不要设计得过于复杂。能用一两句话说清楚的尽量不要说复杂了，直接用几句话把具体事宜阐述清楚即可。
- 与店内优惠一致。在设计时要考虑全面，礼品要与详情页描述的赠品保持一致，不要让顾客产生误解。

> **名师点拨**
>
> 如果有条件，根据后端营销的概念，卖家可以不断给诱饵，让顾客有回购的理由。诱饵礼品的设计原则是简单、便捷且与店内活动保持一致。

6.3 客户关系管理

一、认识 CRM

CRM 是客户关系管理（Customer Relationship Management）的

简称,指的是在顾客成交后如何维系老顾客,让他们多次购买我们的产品。CRM 的最终目的是吸引新客户、留住老客户,以及将已有客户转为忠实客户。

虽然现在的网购环境越来越好,信用体系也足够完善,但还是有部分顾客在付款后会有各种担心,例如,担心卖家不发货、数量不对、尺码不对等问题。

卖家应该理解顾客的这种心理,打消顾客的疑虑。顾客除了有担心受骗或担心实物与描述不符的心理外,更主要的是期待。顾客在查看详情页或与客服交流的过程中,已经对产品有了期待,例如,顾客期待某款蜂蜜有减肥效果,期待某款蜂蜜口感极佳等。为了迎合这种期待心理,卖家可以在产品到达时发送提示短信,提高好感度。

这里推荐一款工具——集客 CRM,界面如图 6-9 所示。这个工具不仅具有 CRM 的很多功能,而且价格便宜。

图 6-9 集客 CRM 主界面

集客 CRM 可以实现用户分组的动态更新。例如,如果卖家计划在 2020

年 12 月参加促销活动，则需要活动前 6 个月内的数据，这个数据在集客里就可以获取。

为什么需要活动前 6 个月内的数据呢？通常我们把近 6 个月内未消费过的顾客称为"休眠顾客"，休眠顾客除了在"双 11""6·18"这样的大促活动期间会被唤醒外，更多时间处于"沉睡"状态。而对于日常活动，从活动当天向前推 6 个月（180 天）内有消费的顾客响应度更高，所以，这种动态分组比较有用。除此之外，集客 CRM 的分组还可以按照产品、客单价、会员级别等维度划分，便于顾客管理。

二、RFM 模型分析工具

对于新店来说，数据收集需要一个漫长的过程，每天从几单到十几单需要很长的时间。经营一段时间，当店铺积累了一定数量的顾客后，卖家便应该对顾客进行分析与管理。对顾客管理的核心是客户分类，通过客户分类可以区分无价值客户和高价值客户，以实现网店利润的最大化。在客户关系管理（CRM）分析模式中，RFM 模型分析工具是运用得最多的。

RFM 模型是通过分析一个客户近期的购买行为、购买的总体频率、消费了多少金额 3 项指标来描述该客户的价值情况。

最近一次消费（Recency——R）：客户最近一次交易的时间与当前时间的间隔。R 值越大，表示客户交易发生的日期越久，反之则表示交易发生的日期越近。最近一次消费主要是从购买时间的角度出发，看消费者是最近的一个月、一个季度还是一年之内购买的。

消费频率（Frequency——F）：客户在某一段时间内交易的次数。F 值越大，表示客户交易越频繁，反之则表示客户交易不够活跃。消费频率主要看数据中购买一次的顾客、购买两次的顾客及购买三次的顾客的占比分别是多少。

消费金额（Monetary——M）：客户在某一段时间内交易的金额。M值越大，表示客户价值越高，反之则表示客户价值越低。消费金额主要看商品成交的价格形成的价格带，比如，成交额在60～80元的多，还是在80～100元的多。

由此可见，我们要重视顾客购买频次，如果购买一次的顾客占了绝大多数，就要想办法让他们进行二次购买，甚至第三次购买。维护好老顾客的稳定性，能够提升整个网店的销售额。

6.4 针对中小卖家客户关系管理的建议

一般地，对于年销售额在3000万元以下的网店卖家，我们将其定义为中小卖家。针对中小卖家的客户关系管理（CRM）有4点建议，如图6-10所示。

图6-10 针对中小卖家客户关系管理（CRM）的建议

一、不做精细化的 CRM

做精细化的 CRM，不仅每年至少需要花费 2 万~4 万元的 CRM 软件费用，还要配备 CRM 相应岗位的人才，有时还需要开发接口，这些都需要支出一些费用。因此，对于中小卖家，出于节约开支的考虑，建议不要做精细化的 CRM。

另外，从 CRM 的多维度数据分析来看，中小卖家的产出也不一定很大。特别是像快消品等，要提高顾客的重购率，并让顾客成为店铺的忠诚客户，这对于年销售额少于 3000 万元的中小卖家来说，使用一个月只需花费几十元的集客软件即可实现，完全没必要花几万元去定制大型的 CRM 软件。中小卖家应该把更多的精力和资金放在产品、页面设计、价格体系及整个战略规划方面。

二、策划月度活动以提高销售额

策划月度活动的目的是挖掘潜在顾客，吸引并留住更多顾客，通过活动来激活老顾客，提高网店的知名度和销售额。

淘宝店月度活动的工作内容如下。

（1）在网店首页导航处加入留言板，并改变留字板的颜色，突出显示，以吸引浏览者的注意力。

（2）在店招位置处插入活动的预告图片，并在图片上介绍活动标题和活动的内容。

（3）选择合适的活动形式，个别商品实行特价促销，以提高店铺的流量。活动的形式很重要，可以选择直接打折、赠品、满折、满送等形式。

> **名师点拨**
>
> 搞活动时要注意活动的优惠力度,并且活动价格对老顾客的伤害不能很大,因为月度活动对老顾客有很大的影响。有的老顾客甚至会发现日常购买的 100 元的商品,打折时仅卖 60 元,老顾客会觉得吃亏,认为该商品本身只值 60 元。久而久之,商品价格会被整体拉低。因此,在活动前一定要先对老顾客进行分析,包括活动后的复盘。

(4)提前准备活动用的一些小礼品,以供顾客选用。比如,情侣钥匙扣、美妆盒等。

(5)活动期间客服要及时回复顾客提出的问题。吸引人的促销价格加上优质的客服服务,才可能让消费者收藏店铺或商品并产生购买行为,从而让顾客记住当前店铺。

三、养成跟老顾客沟通的习惯

要养成跟老顾客沟通的习惯,这个习惯包括 3 点:路径、形式和反馈。

与老顾客沟通的方式有很多,比如,我们每周五晚上 8:00 在微信群里策划一个抢购或秒杀活动。这种活动的目的既不是卖货,也不是将品牌势能转化为动能,而是养成跟顾客沟通的习惯。顾客知道每周的这个时间点有活动,自然会在这个时间点来微信群看看有没有自己需要的。

当然,沟通不一定要在微信群里完成,还可以选择微信朋友圈、QQ 群、公众号、微博等。我们需要思考的是,每周能为老顾客贡献哪些价值。用这样的方式,让老顾客形成在固定时间、固定地点与卖家见面的习惯,当我们真正需要老顾客时,就可以做到一呼百应了。

四、认清顾客流失是常态

对一个店铺来说,虽然老顾客很重要,但老顾客的占比并不需要太高。其实,当老顾客占比很高时,我们的推广产出反而会比较低。因为老顾客占比过高意味着我们引入新顾客的能力有所下滑,这同样是一个需要重视的问题。

做营销推广时,新顾客才是重心。比如,进店 100 个人,有 80 个人进行了购买,而进行二次购买的人会减少到 50 人,进行三次、四次购买的人会不断减少。由此可见,老顾客流失是常态,不要过度关注流失的顾客去了哪些店铺、买了哪些产品。我们要做的是守住自己的定位,不断吸引新顾客,分析老顾客流失的原因,采取措施,尽量留住老顾客,减少老顾客的流失。

6.5 客户关系管理自动化营销的设置

客户关系管理(CRM)最大的一个特点就是,它可以进行自动化营销,这也是很多卖家使用这个工具的原因之一。通常,卖家会使用客户关系管理工具(这里我们以集客 CRM 工具为例进行讲解)来进行自动化营销,包括短信营销、邮件营销、优惠券发送、支付宝红包发送、促销活动、会员升级关怀、生日关怀,以及宝贝个性关怀等。下面我们简要介绍一下线上短信营销、会员升级关怀、生日关怀、宝贝个性关怀,以及提示加入社群等内容的设置。

1. 短信营销

集客 CRM 将购买一次的顾客转化为购买二次的顾客有着重要意义。我们可以用这个功能来发送短信、邮件、优惠券等，以达到自动化营销的目的。进入集客 CRM，选择"精准营销"→"短信营销"→"在线营销"选项，页面主要内容如图 6-11 所示。

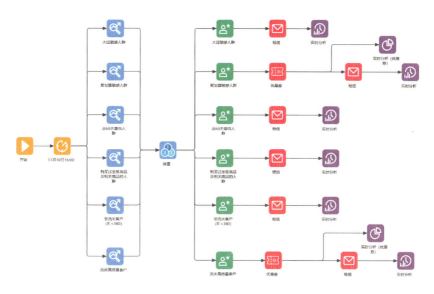

图 6-11 "在线营销"内容

我们只需要在集客 CRM 中设置相应的时间和内容即可，当到达设置的时间时，系统会自动将设置的内容发送给顾客。例如，设置时间为 30 天，设置内容为"我们认识已经整 30 天了，为感谢您对我们的支持，您在一周内购买某款产品可享受 8.8 折优惠"。顾客在签收货物后的第 30 天就会收到系统发送的短信。

2. 会员升级关怀

进入集客 CRM，选择"精准营销"→"自动化营销"→"会员升级关怀"选项，在对应窗口中，可以查询已发送的短信记录，如图 6-12 所示。顾客回复了短信并且再次购买了，系统都会有统计。

图 6-12 "会员升级关怀"页面

3. 生日关怀

同样，进入集客 CRM，选择"精准营销"→"自动化营销"→"生日关怀"选项，可以在页面中设置生日关怀，如图 6-13 所示。商家可以在顾客生日当天给其发送一条祝福的短信,以表达对顾客的祝福,并且向顾客说明在生日当天购买本店商品有什么样的优惠。由此可见,我们需要收集顾客的生日数据。

图 6-13 "生日关怀"页面

4. 宝贝个性关怀

集客的宝贝关怀涉及订单的整个流程,包含下单、催付、付款到发货、签收通知。例如,笔者店铺的蜂蜜商品,可以在顾客签收时提醒顾客冷藏商品。如果是蜂王浆商品,则提醒顾客冷藏或冷冻商品。针对不同的类目设置不同的提示,实现个性化服务。

5. 提示加入社群

要做社群营销,就需要让已成交的顾客加入卖家的社群,或者关注卖家的公众号,以方便我们进行营销活动与管理。我们除了可以在包裹里放置提示纸条，还可以通过集客 CRM 的自动短信来实现。设置集客系统，在顾客付款后，系统会自动发送提示短信："加 ×× 微信，可以享受 ×× 福利。"

我们通过这种方式可以加到 35% ~ 40% 的顾客，如果今天成交了 200 单，那么会有 70 ~ 80 人加到我们的微信群组里，日积月累下来，数量就会增多。

6.6 会员定期优惠和惊喜体系

虽然老顾客、会员和"粉丝"在忠诚度方面有差异，但本节暂时把三者之间画等号，统称为会员。想让会员不断地给我们带来价值，就需要我们不断地给会员输出价值。因此，我们要定期给会员优惠和惊喜，激发他们积极参与的热情。

一、惊喜和互动

我们给会员带去的价值主要体现在惊喜和互动上，特别是快消品行业，非常适合用这两点来维护会员关系。

1. 惊喜

对于快消品行业，经常为会员制造小惊喜是非常必要的。例如，定期送优惠券、送产品，让顾客感觉到会员的价值。

2. 互动

通过微信、QQ、短信、公众号、小游戏等工具与顾客互动，加大顾客黏性，提高顾客的忠诚度。

二、会员基本体系设置

我们要区分会员等级，让不同的会员享受不同的福利和惊喜，并且给出成长路径。例如，我们要明确规定，顾客买满多少金额、充值多少金额可以升到哪个级别，然后可以享受怎样的服务。区分会员等级是会员体系里很重要的一个环节，目的是让顾客不断地升级。随着会员等级的不断提升，他们为店铺贡献的价值也会不断增多。

淘宝网官方的客户关系管理，现在叫聚星台（客户运营中心）。聚星台里有很多营销的功能，其中最基本也最重要的就是会员基本体系的设置。通常设置 3～4 个级别，如普通会员、高级会员、VIP 会员、至尊 VIP 会员。设置消费满多少金额可成为对应的会员级别，享受对应的价格优惠。

除了官方的会员体系，我们还可以建立自己的优惠体系。对于通过自动营销工具加入的人群，我们可以在每周五下午在公众号中向他们推送一些福利，比如，给留言点赞数量排名前 5 位的顾客每人赠送一张会员卡，使用这张会员卡在 1 个月内购物可享受 8.8 折。"粉丝"们为了得到会员卡，就会留言点赞，必会将推文内容进行分享以获得更多的点赞数。这样既可以加大与老"粉丝"的互动，又可以吸引一些新"粉丝"的关注。

三、围绕顾客帮助其实现梦想

无论店铺销售的是快消品还是耐用品，我们都要从顾客的心理预期出发，一切围绕帮助他们实现梦想。就拿打印机来说，顾客真正需要的是打印功能，而不是打印机本身。顾客购买打印机是希望这个产品给他带来好的打印体验。围绕打印这一需求，我们可以考虑送打印纸、耗材、维护或其他资源。一切围

绕顾客打印的这个需求点，为顾客提供便利。即使顾客不会购买，也不代表他不会介绍亲戚朋友来购买，这就变相延长了顾客的终身价值。

无论在什么时候，我们都要输出价值，而不是直接输出利益。只有我们为顾客考虑了，顾客才可能为我们考虑。

四、用心关怀和沟通远胜过赠品

毋庸置疑，我们需要策划活动，但不要天天想着搞活动。活动只是手段，绝对不要做成目的。当然，用心关怀和沟通并不是指导卖家天天发"鸡汤"。

例如，有人购买了办公设备，那么我们应该思考这类办公人群更需要的是什么东西。我们应该围绕着顾客办公的便捷、自动、高效这些方面来进行关怀和沟通，赠送顾客一些实用的PPT模板、办公软件使用技巧、办公设备的使用方法及维修方法和技巧，远比赠送他们其他商品更有用。

6.7 搭乘微信船，做营销推广

在包裹营销及售后维护中，需要通过微信、微博等工具来积累顾客，为日后所用。除了已有的老"粉丝"、老顾客，我们还需要通过其他方式获得新关注。微信就是一个既可以获得新"粉丝"，又可维护老"粉丝"的工具。

一、利用"附近的人"获取新客户

使用微信"发现"里的"附近的人"功能插件，卖家可以查找自己所在地理位置附近的其他微信用户。系统除了显示附近用户的姓名等基本信息外，还会显示用户签名档的内容。选择任意一个账号即可查看该用户的详细信息，并可与对方打招呼，如图 6-14 所示。

图 6-14　利用"附近的人"查看附近人的信息

当然，对方不一定会回复信息或添加好友。因此，微信账号名与头像要精心设置，这样能够给人好感，从而提高通过率。

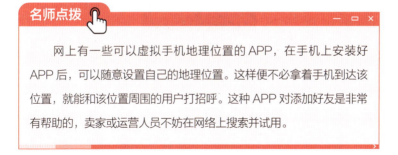

名师点拨

　　网上有一些可以虚拟手机地理位置的 APP，在手机上安装好 APP 后，可以随意设置自己的地理位置。这样便不必拿着手机到达该位置，就能和该位置周围的用户打招呼。这种 APP 对添加好友是非常有帮助的，卖家或运营人员不妨在网络上搜索并试用。

二、巧用漂流瓶,随机发展客户

漂流瓶最初出现在腾讯 QQ 邮箱里,后被移植到了微信上。漂流瓶会将用户的信息随机地发送到另一个用户的手机上,内容包括文字、语音或视频等。由于两个用户互不相识,因此反而能敞开心扉畅快聊天,不必担心泄露隐私。

由于这种方式具有非常好的私密性,因此被大家用来倾诉心事和认识朋友,许多用户都喜欢这种和陌生人简单互动的方式。微信漂流瓶除了可以让普通个人用户尽情地娱乐之外,也是一个营销的好工具。如图 6-15 所示,经营护肤类产品的卖家,可在漂流瓶中回复瓶友的消息,获得新的人脉。

图 6-15　巧用漂流瓶随机发展客户

三、买家使用"摇一摇"摇到店铺

微信"摇一摇"具有拓展人际关系的作用。在微信里打开此功能后轻轻地摇动手机,微信会搜索同一时间正在使用该功能的用户,这样摇动手机的两个用户就可能联系上,如图 6-16 所示。

图 6-16 微信"摇一摇"功能

这种和陌生人打招呼的方式,除了可以让个人用户广交朋友,还可以为卖家带来很好的曝光度。卖家通过"摇一摇"功能,能结识五湖四海的微信好友,便于开展宣传促销活动。

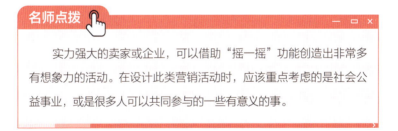

名师点拨

实力强大的卖家或企业,可以借助"摇一摇"功能创造出非常多有想象力的活动。在设计此类营销活动时,应该重点考虑的是社会公益事业,或是很多人可以共同参与的一些有意义的事。

四、巧用二维码推广促销

微信有二维码扫描功能,通过二维码也可以实现推广营销。用户使用微信扫描二维码后,可立即查看卖家的推广活动等信息,这可刺激用户进行购买。

很多店铺会在发货单中留下二维码,并且标注:加微信好友返红包。这算是卖家主动邀请加微信好友的一种方式，但效果不是特别好。用心的卖家可以放弃机打发货单，采用手写＋复印的方式，用200字左右的文章来讲讲开店故事和店铺风格，让买家被这种情怀所打动，引起买家共鸣，买家自然会选择添加微信好友。

五、在朋友圈推广自己的店铺与商品

在微信各功能的服务模块中，朋友圈高居第一位，大部分的用户会使用朋友圈来查看朋友动态或进行分享。也就是说，朋友圈已经成为大家接收信息和分享情感的重要通道，同时也成为卖家展示商品、吸引顾客的重要途径。只要商品够好，活动力度够大，大家都愿意分享，那么这个口碑营销的扩散速度就会非常明显。由此可见，微信朋友圈对卖家而言，是个巨大的赚钱宝库。

我们会将每天的所见所闻所感，通过微信朋友圈分享给其他朋友，以期得到朋友们的评论和点赞。在朋友圈中只靠人情是不长久的，必须要依靠优质内容来吸引好友们的关注。表6-1所示为打造微信朋友圈优质内容的小技巧。

表6-1　打造微信朋友圈优质内容的小技巧

技巧	详解
发布各种形式的内容	建议卖家或运营人员在发布朋友圈时，尽量选取两种形式结合的方式。例如，"文字＋视频"的形式或"文字＋图片"的形式
找到吸引"粉丝"的内容	最好不要频繁地在朋友圈发布商品信息，因为好友们会厌倦。可将热门事件、生活琐事和趣闻段子等内容发布到朋友圈，并在这些内容中插入商品信息
发送可以互动的朋友圈内容	互动可以增进卖家与好友之间的感情。卖家可以在朋友圈与"粉丝"互动，例如，玩智力游戏、猜谜游戏，抽取幸运儿，向好友索要建议等

六、利用微信群维护网店老客户

几乎每个玩微信的人都有微信群，或自己创建，或加入别人创建的微信群。前文在介绍二维码推广时，提到了添加微信好友，对卖家而言，不仅可用二维码添加好友，还能通过二维码吸引"粉丝"进入相关的群组。如果做得好，这将是维护新老客户关系的一种捷径。

微信群有了群成员之后，如果管理不当也会出现"死"群的现象，即没有互动甚至退群。几乎每个微信群都会经历如图6-17 所示的几个阶段。

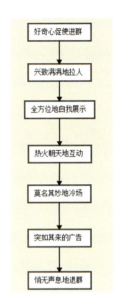

图6-17 微信群经历的几个阶段

通过图6-17 的总结，各个卖家可以判断出自己的群组处于哪个阶段，以便采取相应的措施，避免出现过多群成员退群的情况。

微信群质量的高低取决于群的活跃度的高低，而群的活跃度高取决于不断更新的各种话题。群里有话题，大家才会争先恐后地发言。

即使是在满群的情况下，也不可能全部群员同时在线交流，重要的是，某一些话题能够带动某一些人产生共鸣。最好是每天固定发布一个话题，预留时间互动，让群员慢慢形成一种习惯。话题可由群主或管理员在微博或新闻中获取。群主或管理员对群成员提出的各种问题应做到有问必答。

除此之外，微信群还需要积极的成员来进行互动。在拥有几百个人的群里，只靠群主一人引出话题并管理会显得单薄。因此，基本上每个微信群里都会有一小部分积极成员，他们乐于助人，乐于发问，乐于学习。群主要擦亮眼睛，抓住这些积极成员，让他们帮助群主管理群组。积极成员的存在会让群友不再孤独。

除此之外，群主还要让群成员感觉有利可图。并非所有的人都志同道合，再热门的话题，也有不愿意互动的人。维持群活跃的技巧之一，是让成员有利可图。这个"利"不一定是大额红包。偶尔发几个小红包、几份小礼物，或是分享一些专业知识，群成员认为这个群是有真材实料的，自然会长期关注。

群主应设置硬标准，例如，禁止私加好友或禁止打广告等。有的微商代理一进群，做的第一件事就是加群里的成员为好友，不免会让群成员反感；偶尔一两条广告可以，连续发多条广告在群里会让人心里产生反感，其他群成员自然会选择退群。因此，卖家应在群中设置硬标准，一旦违反群规定应马上"踢"出去，还群里一个干净的空间。

七、用公众号留住忠实"粉丝"

微信公众号是腾讯公司在微信的基础上增加的功能模块，通过这一平台，个人和企业都可以打造一个微信的公众号，公众号中可以群发文字、图片、语音、视频、图文消息5个类别的内容，是淘宝卖家营销的有力工具。卖家不仅能通过公众号发送有意思的文章吸引"粉丝"，也能发送软文推广自己的店铺、商品或活动。

自2017年小程序上线以来，微信公众平台包括订阅号、服务号、企业微信和小程序等几大模块。卖家可根据自身需求，注册相应的公众号。公众号申请成功后，应立即进行各种设置，如设置头像、名称、隐私、图片水印等。其中最重要的是设置头像与名称，因为头像是一个视觉标签，方便用户快速识别；微信名称则可以方便其他用户进行搜索及关注。

公众号的灵魂就是软文，软文写得好，富有感染力，能够获得更多"粉丝"，更利于后续的宣传工作。软文，简单来说就是以文字形式为主的软广告，即使适当插入图片与视频等多媒体元素，也属于软文的范畴。相较电视、电台、路边广告牌中的硬广告，软广告则显得比较隐蔽和婉转。

软广告并不像硬广告一样把商品的特点、优点、成绩等直接罗列出来，而是通过一个看似不相关的报道或故事，将要推广的产品或品牌悄悄地带出来，让受众不知不觉间看到。因此，卖家要注意在公众号的内容上下功夫，例如，用引人入胜的标题吸引点击率，用轻松、活泼的网络语言表达观点，用一定的排版技巧提升"粉丝"对文章的好感度等。

6.8 中小卖家更适合个人号

通过微信引导"粉丝"的途径总体来说分为两类：个人号和公众号。一般来说，如果卖家的媒体管控团队的能力不是特别强，那么建议将"粉丝"引入个人号中。对于中小卖家，相比媒体而言，更适合用个人号来影响顾客。图6-17所示为个人号的六大优点。

图6-18 个人号的六大优点

一、发红包更方便

红包在微信中是一个有趣的功能,任何人都可以通过微信发送红包给他人,一个红包的上限为 200 元,下限为 1 分钱。通过发红包,我们可以快速吸引"粉丝"关注自己的微信号,花费也不高。

在现实生活中,大家看到路边有 1 元钱,不一定有人会将其捡起。但是在微信好友间或在群里,出于对红包金额的好奇或其他原因,大多数人都很乐意点击。即使红包金额是几毛钱或几分钱,大家也会很开心。

由此可见,发红包可以提高好友的参与度,是我们与顾客沟通的有效手段。红包既有集中人气的作用,也能提高"粉丝"对我们的好感度。我们可以利用红包打广告,在红包内容中加入品牌关键词,深化品牌在"粉丝"群里的形象。做好这些细节工作,可以起到加深品牌印象的作用。

公众号虽然也可以发红包,但用户要得到红包,需要经历几个页面的跳转。但是用个人号发红包直接在对话框中即可完成,要比公众号方便得多,可以极大提高"粉丝"参与的积极性。

二、个人身份强过机器身份

个人号是个人身份,而公众号是机器身份。站在顾客的角度,他们知道公众号没办法及时回复消息,因此并不愿意和公众号聊天。当然,公众号有自定义菜单等,可能会方便顾客下单、查询物流等,但从沟通需求和互动需求来说,个人身份要强过机器身份。

个人号既可以用来建群,批量服务"粉丝",时常在群里发言,还能增强"粉丝"存在感。如果顾客有使用问题,则可以直接通过个人号反馈。微信个人号既方便了顾客,也利于在长期交流中抓住更多顾客的性格特点。

三、用户画像可以手动完成

对于用户画像的完成,需要客服有一定的聊天能力。一般情况下由售前客服、售后客服兼任社群客服,因为客服对产品和顾客的了解是较为全面的。

例如,甲客服所在的公司主要售卖护肤品,很多顾客在下单前会将皮肤现状(雀斑)和想达到的效果(淡斑)告知客服。在交流的过程中,甲客服可以为不同的顾客打上不同标签(在通讯录里备注),如淡斑、美白、遮瑕……如果某天公司新上了一款淡斑的产品,需要做宣传,那么运营部可根据客服打的标签快速找到需要淡斑的这部分顾客,然后发送新品优惠信息给这部分顾客。

这个为了方便后期营销的用户画像,可以通过客服不断与顾客沟通后手动完成,而这是公众号很难完成的。

四、直接对话响应率更高

个人号有一个比较突出的优点,就是能够与顾客直接对话。通过个人账号可以直接给顾客发文字、语音、短视频。而且,每个人都可以有个性化的对话场景,互动响应率更高。

另外,有些商家可能会同时做公众号和个人号,这时一定要注意公众号中的订阅号和服务号在消息方面的区别。

> **提示**
>
> 服务号和订阅号在消息方面的区别如下。
>
> 服务号信息不会被折叠,可以像通讯录好友一样,直接给"粉丝"发消息,不过一个月内只能发 4 次消息。

> 大多数订阅号能够一天发一条消息，但随着开通订阅号的数量逐渐增多，订阅号的打开率在逐渐下降。

五、互动率高

使用个人号中的群发助手，一次性可给 200 个好友发送消息。笔者曾以群发语音的方式向众多好友发送过活动消息，收到了很多人的回复。当时推广的是一款黄菠萝蜜，大概用了 4 天时间就达到了 7 万元左右的销售额，这样的销量对新品上市是非常有利的。但是，个人号发送消息回复率高，是建立在人群基数大的基础上的。

名师点拨

一说到群发，很多人的第一反应是群发文字或图片。实际上，如果发送语气真诚的语音，会让人感觉很亲切，回复率也会提高。

六、个人号的运营无需太多媒体能力

运营过程中，个人号可以随意一些，可以在朋友圈分享美食、出游、好货等偏生活的内容；能时刻与好友互动、交流，会让顾客感觉账号很真实。

公众号更需要媒体的能力，因为它代表的是专业性极强的权威机构，必须得像专业媒体一样，不断地产生优质内容。如果中小卖家不具备较强的媒体能力、内容能力，就不要指望公众号能做好营销。对于中小卖家，更容易实现的是把好友引入个人号中，用心去关怀和沟通，以获得顾客的信任。

6.9 新浪微博——现在就可以做起来

微博是一种"迷你"型日志,一条微博不超过 140 个字。这种短小、精悍的内容发布平台受到了全世界网民的追捧。微博的种类繁多,有新浪微博、网易微博、腾讯微博等,其中,新浪微博是较为火热的。卖家想要通过微博来为自己的促销活动做推广,新浪微博便是首选。卖家可以在微博中获取更多"粉丝",加大互动,将他们转化为买家。在其他微博平台上的推广方式也是相似的,卖家可以举一反三。

一、为什么选择新浪微博?

为什么说新浪微博是比较值得做的?首先,阿里巴巴持有新浪微博相当大的股份,在很多方面新浪微博与淘宝结合得很好,包括可以在新浪微博直接放置淘宝链接等。除此之外,新浪微博还有其他优点。

1. 微博可以买"粉丝"

微博中存在买"粉丝"的情况,即花钱可以让"粉丝"数量得到增长。但买"粉丝"也存在以下两个主要问题。

- 如何减少"僵尸粉"?买"粉丝"过程中必定会买到"僵尸粉",这样的"粉丝"没有实际意义。因此,在买"粉丝"时要设置好引导和筛选机制,减少"僵尸粉"。
- 用"僵尸粉"引"真爱粉"。买"粉丝"的目的是吸引真正的"粉丝",在买"粉丝"后,需要做好微博内容,以增长真实有效的"粉丝"数量。

2. 可以直接推广商品

微博有橱窗,可以直接推广淘宝的产品,如图 6-19 所示。橱窗可以利用微博的支付功能,卖家可以直接在微博卖货。

图 6-19 微博的橱窗

当然,微博橱窗卖货的效果可能不是很好,但对提高产品的曝光量还是非常有帮助的。而且,微博里可以直接放置网店(淘宝、天猫、京东)链接,如果微博更新的内容有曝光量,再加上优惠券、赠品等,对网店推广将会有积极作用。

3. 可以指定大 V 推广产品

微博中有很多行业大 V,其"粉丝"数量多且真实,而大 V 本人也具有一呼百应的能力。在做微博推广时,可以考虑花钱找大 V 合作,既能提高商品销量,也能吸引一些和商品相关的"粉丝"关注。

4. 中心化流量

微博与微信相比，优点是其环境是半封闭的，本身又具备娱乐机制，同时支持在百度或其他搜索引擎中搜索。微博具有一定的中心化流量，并且有大数据智能算法，能把相近的"粉丝"、相近的媒体、相近的产品和内容结合起来，可以让"粉丝"有效地匹配到更高效的资源。

二、通过优质微博内容吸引关注

一个微博账号，从没有任何关注者到关注者成千上万，是靠什么实现的呢？如果不是靠本身名气带来"粉丝"（如名人），那么一定是用优质的微博内容吸引并留住了访客，使其成为自己的"粉丝"。那么，卖家应该如何写好微博的内容来吸粉呢？

1. 紧跟时事热点

微博的内容应尽量包含当下热门话题的关键词，这样非常利于提高微博搜索时产品的曝光度。当然，最好是既能结合热点，又能融入自己的商品进行营销。这样既能引起用户的兴趣，又能趁机推广商品，这比单纯发布热点内容更有价值。

2. 用好"标签"

标签是一些简单的词语，用来标注一条微博的特点或总结一条微博的内容。比如，某账号发表了一条关于穿搭的微博，则可以在微博中带上"穿搭"的标签；或发表了一条关于美妆的微博，则可以带上"美妆"的标签。其他人在搜索"穿搭"标签或"美妆"标签时，带有相应标签的微博会被集中起来呈现给用户。新浪微博规定，凡是夹在两个"#"中间的内容均会被识别为标签，如图6-20所示。

发表了带标签的微博后，即可在自己的微博首页看到标签会呈现出不一样的颜色，并且可以被点击。如图6-21所示，当点击"开学季"标签时，就会跳转到相关的话题页面，该页面显示的全部是带有"开学季"标签的话题。

图6-20 在新浪微博中使用标签

这样一来，原本不太可能看到卖家微博的用户因为在其他微博中点击了"开学季"标签，然后跳转页面就有可能看到卖家的微博，这样就扩大了卖家微博的接触面，卖家微博账户受到关注的可能性也增大了。

图6-21 点击"开学季"标签后跳转到相应的话题页面

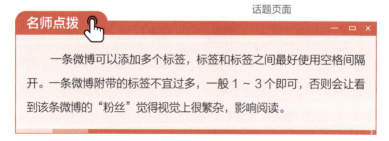

名师点拨

一条微博可以添加多个标签，标签和标签之间最好使用空格间隔开。一条微博附带的标签不宜过多，一般1~3个即可，否则会让看到该条微博的"粉丝"觉得视觉上很繁杂，影响阅读。

3. 抓住"价值"做文章

任何微博内容都要有价值，如果读者认为某个微博账号发送的大部分内容都很有价值，那么他们自然而然会成为该微博账号的"粉丝"。

卖家在考虑价值因素时，不要只想到活动信息能为读者带来价值。价值的含义是广泛的，不仅仅包括知识、经验的传授，还包括能够带给人轻松、愉悦、惊奇、愤怒等体验。总之，一切能满足人类需求的内容都是有价值的。而且，卖家在发布活动信息的时候要更多地从"粉丝"关注的点入手，不要考虑自己能为"粉丝"带来什么价值，要考虑"粉丝"需要什么价值。

4. 多样化的微博内容引人注目

微博的展现形式可以是文字、"图片 + 文字"和视频等多样化的。因此卖家在发布内容时需要考虑多样化的内容元素。

- 再好的文字阅读时间长了也会索然无味，统一风格的图片看久了也会出现视觉疲劳，视频内容的风格也应该是多种多样的。
- 图片的形式可以是静态图片、GIF 图片或是多张图片的拼图。
- 文字内容的好坏决定了是否有人愿意阅读微博内容。因此，卖家可在闲暇时间对文字功底较好的微博内容做一下研究，学习一些有用的经验。

卖家在发布微博内容时，可以考虑图文形式和视频形式来回切换，尽量将不同的内容展现给"粉丝"，让"粉丝"对该微博账号保持新鲜感。

三、主动发现"粉丝"

除了通过发布优质的微博内容，与"粉丝"进行互动外，卖家还可以主动出击，去发现并关注"粉丝"。俗话说"礼尚往来"，"粉丝"看到卖家主动关注了自己，便有可能反过来关注卖家账号。

卖家在主动发现"粉丝"时，需要重点掌握以下两个要点。

- 卖家应尽量在与经营商品有关联的行业寻找"粉丝"。比如，一个以经营服装为主的卖家，找"粉丝"应该先从"穿搭"这个标签着手，这样对方反过来关注卖家的可能性也大一些。

- 应主动关注当下的热门人物，也就是关注当前的一些名人，能有更多借势传播的机会，传播效率也会显著提高。

> **名师点拨**
>
> 新浪微博在关注人数上有上限规定（最多为2000），在主动加"粉丝"的过程中应当有所节制，不要在短时间之内达到关注人数的上限。增加"粉丝"数量是一个漫长的过程，需要循序渐进，应当做到：每天都关注，每次少关注，这样远比短时间集中关注的效果要好。

四、利用转发和评论进行互动

卖家主动关注对方的微博，对方不一定会关注卖家。此时，卖家可以通过转发评论的方式引起对方的注意，最终让对方也成为卖家的"粉丝"。

转发他人的微博，可以大大提高自己在对方心目中的好感度；而认真评论他人的微博，同样可以增加互动，吸引更多人来关注正在推广活动的微博。

- 转发行业相关的热门微博。卖家每天要做的一件事就是有节奏地更新微博内容，但是每天的微博内容不可能都由自己逐条编写，有时可以从其他微博账号中转发一些过来，这样可以增加与对方互动的机会，并能增加卖家微博账号的曝光度。

- 评论的同时别忘了点赞。给自己的评论点赞，其实是一种评论的技巧，可以提升评论的排名。抓住眼下热门的微博事件进行评论（评论的内容不一定非要加入商品信息），只要言语犀利一点就可能被大家关注。评论完了再为自己点一下赞，提升名次，让更多人看到，这是成为热门微博中热门评论的一种有效方式。

6.10 微店最好作为备用

淘宝独占电商鳌头十余年之后，随着智能手机的发展，运行于手机上的小型网店"微店"悄然出现，并遍地开花，迅速发展起来。微店利用手机的社交特性，建立起一种与淘宝平台截然不同的"社交商圈"，即利用人际关系来售卖商品。

自从微信问世以后，很多敏锐的人发现，微信把社交关系映射成了一种网状结构，网状结构上的每个点都可以成为一个"商店"。于是产生了各种各样的"微店"，包括微信本身也有"微信小店"，一时间各种微店纷纷崛起。其中，比较著名的有口袋时尚科技有限公司的微店，其图标是一个"店"字；以及微店网的微店，图标是"微店"二字，乍一看与口袋时尚科技有限公司的微店图标很相似。

当然，微店不只包括腾讯投资的那个微店，也包括有赞、微盟，只要是依赖于微信公众号来开店的统称为微店。为什么说微店最好作为备用呢？因为微店本身其实没有流量，它不像淘宝、天猫、京东有原生流量入口。如果没有宣传，那么微店基本没流量，这是微店封闭的特点造成的。

除了微店程序的开发者，试用者也在幻想以人传人的裂变模式去分销。通过一级、二级分销，代理商交了保证金、囤了货，就不得不发展下线，因此会被迫分享。

微店有以下几个优点。

- 优点一：微店的好处在于它便于分享，如图 6-22 所示，点击页面右上角的三个点的按钮，即可出现多种分享方式，如发送给朋友、分享到朋友圈等。这里以选择"发送给朋友"为例，好友在微信里面收到分享的内容便可以直接打开，如图 6-23 所示。

图 6-22　选择分享方式　　　　图 6-23　微信中收到的分享内容

- 优点二：微店可以与微信支付相结合，微信支付绑定了快捷银行卡或信用卡，支付非常便利。

- 优点三：微店有一个天然的优势，即可以结合社群。微店内容可以转换为链接或带二维码的图片，便于分享者传播分享。

- 优点四：微店包含各种插件，如游戏插件、抽优惠券插件。卖家可以在微店中放置这些插件，便于互动和传播，以吸引更多流量。

> **名师点拨**
>
> 虽然微店具有一定的优势，但中小卖家还是要将朋友圈的流量反哺到阿里平台或京东平台。因为这些平台有优势，本身就有巨大的自然流量。要获得更多自然流量，就要提高销售额。例如，一个中小卖家如果能将微信上的流量用淘口令等方式引导到淘宝、天猫去成交，就能提高平台商品的销售额，获得更多流量。

微店什么时候用？如果微信好友的支付宝没有钱，但微信有钱，此时就可以使用微店。或微信好友嫌麻烦不想复制淘口令，也可以使用微店。因此笔者建议微店仅作为备用。下面介绍几种常见的微店。

一、口袋时尚的微店

微店 APP 是目前热门的手机开店平台，由北京口袋时尚科技有限公司开发，支持店主自己上架货物，同时也支持分销模式。

微店的电脑版主页非常简洁，访问之后扫描二维码即可下载微店 APP。微店不仅功能丰富，并且开店手续简单，使用手机号码即可开通。服务完全免费，所有交易不收取任何手续费。在回款方面，微店每天会自动将前一天的货款全部提现至用户的银行卡（一般 1 ~ 2 个工作日到账），同时支持信用卡、储蓄卡、支付宝等多种付款方式，且无须开通网银，十分便捷。同时，微店的用户（包括卖家与买家）也是同类平台中比较多的。

口袋时尚科技有限公司的微店 APP 目前支持苹果手机的 iOS 系统、安卓（Android）手机的安卓系统，覆盖了市面上大部分手机。此外，它对手机硬件配置要求较低，大多数智能手机均可安装使用。

二、有微赞商城（原"口袋通"）

有赞微商城即原来的"口袋通"，由杭州起码科技有限公司开发。有赞微商城为用户提供了整套的店铺系统，面向的对象主要有认证企业与个人，还提出让公司员工各自开设微店，是公司销售商品的一种创新模式，如图6-24所示。

图6-24　有赞微商域商家版

- 对于认证企业，有赞提供了有赞商家版（包括PC版与APP版）供企业使用。商家版APP可以管理货品、开设活动、联系客户等，其功能与口袋时尚的微店APP差不多。虽然主要面向有三证一照资质（组织机构代码证、税务登记证、法人代表身份证、工商营业执照）的企业，但也不限制个人用户注册使用，凡是不想走分销模式而是希望自组货源的个人用户都可以使用。

- 对于喜欢分销模式的个人用户，有赞提供了微小店APP。微小店走的是分销模式，店主可以直接"搬运"有赞商城中供应商提供的商品到自己的微店中进行售卖，然后赚取分销利润，这和微店几乎是一样的。微店店主虽然省去了进货发货的麻烦，但也无法控制商品质量与价格。同时，微小店APP支持公司全员开店，通过简单的指令即可让一个公司的所有员工分别开设微店，为公司分销商品。

- 对于纯粹的买家，有赞提供了有赞买家版 APP，买家可以方便地浏览有赞微商城中的货品。对于商家来说，可以使用有赞买家版来查看和测试自己的店铺。

三、中兴微品会

中兴微品会由中兴通讯股份有限公司子公司深圳微品致远信息科技有限公司注册并运营，图 6-25 所示为中兴微品会的界面。

图 6-25　中兴微品会的界面

中兴微品会主要是让微店店主分销中兴的产品及其他合作商家的产品。通过中兴微品会出售商品，由中兴通讯或合作商家负责发货、售后等，每卖出一件中兴的产品，都可以获得 5% ~ 10% 的佣金，其他合作商家的商品，佣金各有区别。

中兴微品会平台的优点如下。

（1）商品质量与售后较有保证。

（2）平台中的商家较多，销售氛围浓厚，可借鉴的经验较多。

中兴微品会平台的缺点如下。

(1)货源不够丰富,商品形式较为单一。

(2)结算期较长,一个月才结算一次。

因此,中兴微品会适合对电子产品比较了解,以及不想被进货、验货、售后问题占用大量时间的卖家。卖家只要代理了中兴的产品,便只需要专注于销售即可。

6.11 售后体验的转介绍机制

不管是快消品还是耐用品,转介绍都有发力点,这是提高顾客终身价值的重要手段。图6-26所示为转介绍时应注意的几个要点。

图6-26 转介绍时应注意的几个要点

一、构思宾主两相宜的做法

构思宾主两相宜的做法如下。

第一步:卖家在发展老顾客的过程中,用发短信的方式提示加老板(运营)微信可领取红包,在顾客加了好友之后,卖家一定要守约发红包。

第二步:对方拆开红包后有了好感度,卖家应该乘胜追击,将设计好的话术推送过去。例如:"亲,如果认可我们的产品,可以分享到朋友圈让更多亲朋好友知道,凭朋友圈截图购买该款产品的好友可享受8.8折优惠。"

这样做之后,一般10个人中会有2~5个人愿意分享。而且这些分享的人的朋友圈可能有成百上千人,因此又可以影响很大一部分人。需要注意的是,卖家一定要事先规划好宾主两相宜的分享方法,重点思考以下问题。

- 为什么要让对方分享?
- 对方分享了有什么好处?
- 分享的受众人群有哪些?

这些问题都要提先规划好,不要用命令的口吻让人分享。而且,做营销要关注大概率事件,不要指望 10 个人中就有 10 个人会分享,这样的概率很低。同样,10 个人中没有人分享的可能性也不大。最有可能的情况是 2～3 个人响应分享请求。只要有人分享了,营销目的就达到了。

二、用心观察对方的微信朋友圈

前文中提到用短信或包裹营销的方式,尽量将顾客加到卖家的个人微信号上,因为这样卖家才有机会进一步做营销。朋友圈内容的表现形式有视频、文字、图片,很多用户会使用朋友圈来查看朋友动态或进行分享。卖家不仅可以在朋友圈做销售,还可以利用朋友圈找到精准客户。

卖家要查看某人的朋友圈内容,通过内容、评论和点赞的互动,评价该顾客的特质是否适合卖家的产品。首先通过观察找到精准客户,再对"症"下药,这样才能获得好的推广效果。

三、微营销与客服的沟通机制

微营销与淘宝和天猫售前、售后客服的沟通机制主要体现在工作交接中。客服主管应该建立文档,详细记录微营销中承诺给客户的赠品或优惠。再将文档备份,发给其他部门(如财务部、库房部等),从而保证将承诺落到实处。

既然卖家想用微营销做好售后体验的转介绍机制,那就要把服务做好。不

要只注重规划,否则一旦落到实处就容易漏洞百出。顾客并不全是看中卖家的红包或其他福利,当他热情地分享了卖家的信息却不能得到福利,他可能会认为卖家不够重视他,这样就会出现负面作用。

四、转介绍素材的准备

无论采取哪种方式做转介绍,都要做好准备,包括规划、图文、链接等资料。在准备资料时,要注意保持营销思维。即使卖家向 1000 个人发了消息,也是有一部分人绝对会响应,有一部分人绝对不响应,还有一部分人处在响应和不响应之间,而这部分人就是卖家转化的重点。

如果规划好图文,方便复制、下载、转发,就会有更多的人分享。但如果把图文规划得很烦琐,那么分享的人会减少。在准备资料方面,有以下建议。

- 文字:不要超过 6 行。因为微信朋友圈的文字超过 6 行就会被折叠为 1 行,反而影响传播效果。

- 图片:不要超过 2 张。需要被分享的图片不要像平时更新朋友圈那样越多越好,要考虑到对方传播、下载的问题。因为目前朋友圈的图文转发需要一张张地下载,而不是一键转发,因此要考虑响应者的"工作量"。

卖家需要精打细算考量转介绍图文链接的载体。前期需要一定的主观规划,后期则需要根据反馈的数据(包括微信客服与顾客沟通得到的反馈)进行优化。

五、转介绍的流程预演

准备好精练的图文内容后,应该由运营或客服做预演。提出原有流程不足之处,使整个流程足够高效。这个流程可以说是转介绍机制中重要的一环,但在实际的执行过程中可能会出现各种问题,有的是软件问题,有的是流程设计问题,还有的是二维码失效问题,这些在策划时都需要考虑到。

六、转介绍效果数据

转介绍不是把石子投到水中,不用管有没有溅起水花。如图 6-27 所示,转介绍是为了微营销,微营销是为了延长顾客终身价

图 6-27　转介绍的目的

值,而延长顾客的终身价值是为了提高自然搜索排名,提高整体销量和利润。

这些都是环环相扣的,只有做好了第一步,接下来的工作才能顺利进行。所以在转介绍环节,一定要做效果数据分析,以及按周或按月做复盘。到周会或月会时要有数据呈现,要统计上一周期用了哪些赠品、哪些优惠措施,实行了怎样的转发流程,有多少人响应等,并使用如图 6-28 所示的表格将数据呈现出来。

周次	覆盖人数	参与人数	活动主题	促销力度及方式	介绍人额外赠品	主动销量	转介绍销量	备注
				2017年5月蜜爱蜂蜜老顾客福利活动统计				
1	19000(朋友圈)	219	蜂蜜老顾客半价冰酒活动	冰价原价购买1送1	无	26538	6850	转介绍只有一个链接供分享,无券无额外赠品,主要也是考虑发货方的能力问题
2	23000(朋友圈)	170	野菊花蜂蜜换包装清仓活动	略	略	略	略	
3	33000(朋友圈)	略	略	略	略	略	略	
4	29000(朋友圈)	略	略	略	略	略	略	

备注1:朋友圈有可能有单包删除,没有扣除;备注2:微信群内发消息没有单独统计

图 6-28 老顾客活动的相关数据表格

通过表格可以看到转介绍机制整体是否流畅，然后改进构思、素材、流程等细节内容。

6.12 创建社群要谨慎

网络社群营销主要是通过链接和沟通等方式实现用户价值。对于中小卖家来说，创建社群要谨慎。

由于电商的开放性，营销渠道的多样性，社群肯定是卖家的一种追求，是一种很好的营销途径。之所以说创建社群要谨慎，或者说要尽量轻量级地去做，是因为中小卖家的精力有限，财力有限。

一、微信群很难活跃够三个月

相信很多卖家都建过群，除了个别目的非常明确的群，一般的群在一两个月后就会销声匿迹，演变为广告群或垃圾群。因此，卖家在建群之前要做规划，要考虑如何让群保持长期的活跃度。

二、社群的运营更需要定力和不断贡献价值

说到不断贡献价值，很多人可能会理解为不断推出福利、折扣或其他的优惠活动。如果这样的话，那么整个营销层面就降低了。前文已经提到，顾客购买产品要的是一种结果，也可以说，顾客购买产品是想实现一种理想的状态（如工作状态或生活状态）。卖家想让顾客贡献更多的价值，就要让顾客长时

间地团结在卖家身边，只有这样才能让社群不断为卖家贡献价值。

那么社群运营的定力是什么呢？假如一个卖家的微信里聚集了几千个顾客，不管他们有没有加入特定的群组里，只要卖家在朋友圈里发一条消息，就能影响到很多的顾客。整个过程中就传播了品牌的理念和价值，我们把它解释为定力。定力实际上与品牌或店铺定位一脉相承，当社群运营做起来后，一定要思考长期为群内成员贡献哪些价值，以及哪些事情需要不断开拓、创新。

三、锁销和群主能力

顾客中有的是老"粉丝"，老"粉丝"基本每个月都要在店里买一些商品。有时卖家会通过活动的形式，让老"粉丝"把一年的商品一次性购买了，具体的优惠和配送形式需要自己构思，这就是锁销形式，锁销是社群的重要变现形式。

锁销的成功与否，与群主能力的高低和品牌影响力的大小相关，卖家需要思考如何用阶梯形式实现锁销。

四、避免做成单纯的福利型社群

笔者见过生鲜水果类目的福利群，建立三天就解散了，然后又重新建群。水果本身是高频低价的商品，有的群主把规则设置为，扫描二维码进群的人可享受苹果福利特价。当然，苹果数量有限，100箱苹果卖完就解散该群。由此可见，部分类目通过构建福利型社群来处理库存商品还是可行的。

如果仅构建纯福利型的社群，就会对品牌、形象造成负面的影响。如果卖家在产品质量、服务方面有值得放大的特点，那么社群便能凝聚更多的顾客。

7

网店工作
规划
与实施

本章导言

对于工作目标和计划，从理论上讲，有很多学派，但对于实操要求更高的电商企业来说，目标和计划一定要追求可行性。我们不能制定不可执行的目标，更不可能严控每日每时的流量和转化，本章从实战角度来指导卖家更好地制订工作计划。

学习要点

- 店铺不同阶段设定目标的方法
- 制订可行的工作计划
- 工作内容分配和复盘
- 一些常用的提高效率的工具

7.1 工作目标的科学设定

在产品供应链完整的前提下,如何让一个新注册的淘宝店或天猫店做起来?通过日常分解目标,可以让店铺经营变得更简单。

- 科学设定目标。
- 注意分区块做计划。
- 注意分时间。
- 让目标模糊化。

一、科学设定目标

制定的目标一定要服从店铺总体战略,或者说要服从于整体市场战略。当然,不会有绝对的正确或错误,比如,把下个月的目标销售额定到 100 万元或是 150 万元都可以。只是更建议店铺根据以往经验和能整合到的资源,以及能投入的人力、物力和财力,以便更科学、更准确地制定销量目标。

目标不是拍脑门,也不是喊口号,更不是套理论,而是老板意志的体现,不要认为开几次会,就可以制定出完美的、合理的目标。在电商运营中,经验和对预期目标的"知足"更为重要。而这个目标的制定还要考虑到员工的利益,才能激发团队的战斗力。

二、分区块设定目标

具体制定目标时，要注意分区块，目标不是单纯拿销量或利润来衡量的，更多的是把整个战略目标划分成具体的销量、利润、流量、转化率。再细分下去，转化率下面还有停留时间、浏览深度、关联销售比例、动销率等。对零售中关键的细节点了解得越多，制定目标时就会相对越科学。比如，了解浏览时间、停留时长、浏览深度提高到什么程度，销量会如何增长，或者了解销量增长到什么程度，超过了盈亏平衡线之后，利润会如何提升。

根据战略导向的不同，制定的目标也有所不同。一般来讲，公司前期发展阶段的目标的重点可能在市场占有率上，以让更多人使用产品，这时利润目标就会放到其次。对于新开的网店，暂时不用考虑转化率目标，只考虑尽可能多地获取流量即可。有时有流量进来虽然不一定会产生购买，但是会带来正向的作用。

> **名师点拨**
>
> 目标不是鼓动员工、忽悠团队喊出"销售额从 50 万元增长到 100 万元"这样的口号，而是要把握实际情况，通过前景展望，统筹出一个相对科学的目标。

三、分时间设定目标

对于不同店铺、不同类目，在不同阶段制定目标的方式和侧重点是不一样的。除了分区块、分门别类地设定目标外，还有一个关键点就是分时间设定目标。起步期的店铺与稳定期、爆发期的店铺相比，其目标显然不一样。刚刚注册店铺时，由于预想不到日后可能发生的情况，因此可能会比较关注店铺能否顺利注册下来，以及注册成功后是否需要制定考核目标等问题。店铺进入稳定期后，目标可能会转向大量获取流量。如果销售的类目是快消品，那么目标可能是搭建社群来维护老顾客。

由此可见，目标要分阶段实现，理想的情况是，合适的时间做合适的事情，一步一个阶梯，最终达到我们的目标。

四、让目标模糊化

目标模糊化即不让目标定量化，而应该让目标定性化。基于战略性考虑，网店营销的目标不能仅仅考虑到每天获取多少流量，让转化率保持在多少百分比这一些具体数据上。例如，把流量由 1000 提升到 1500，转化率由 2.2% 提升到 2.7%，然后计算出目标销量，这绝对不靠谱，也是不正确的。销量从市场中来，市场中有很多不可控的因素，并且市场变化很大，机械地、公式化地制定精确目标是不可行的。

正确的做法应该是将其目标模糊化，即不要精算流量或转化率一定要达到什么样的数字。因为没有靠精确数字取胜的卖家，相反，只有拥有定性化目标的卖家，遵循因果经营法则，把产品完善到一定程度，把顾客维系到一定程度，才能取得不错的成绩。

在短时间内拉来 1500 人的流量或将转化率提升到 2.7% 是没有问题的，卖家可以用赠品、折扣等方式吸引流量，提升转化率。但是这样做，引来的流量或销量更多的是为了迎合卖家给出的赠品、折扣活动，一旦没有了这些活动，顾客还会买账吗？一般情况下，顾客是会流失的。因此，绝对精确的目标，可能会对店铺整体战略造成负面影响。

综上所述,运营执行总监、主管要求团队执行的目标,更多的应是模糊的目标。因此,不要老板一拍脑门,或团队喊喊口号、振臂一呼就制定了目标。制定目标一定要尽可能的科学,最好是让有经验的人指导。

7.2 工作计划的正确分解

制订了一定的工作计划后,要将计划落实下去。在落实之前,卖家要对工作计划进行分解,例如,熟悉工作计划的内容,分阶段统筹安排,计划工作的执行效果,管理人员的气度和责任,以及及时复盘和调整等。

一、计划工作内容

在工作计划的正确分解里,首先强调一点:计划的不是销量,而是工作内容。

常见的电商团队包括客服团队、货品团队、运营团队、美工团队和物流团队。当各部门人聚集后,便应安排下一周或下一个月具体要做哪些事,而不是要求他们产生多少流量、提高多少转化率、维护多少老顾客。

不能把计划、销量、利润安排给某一个部门去实现。能计划的应该是工作内容,即具体哪些部门应做好哪些事情。其本质是定性分析,用定量来考核工作内容,并不是直接把销量目标分解到计划里。

例如,"双11"作为电商人的盛宴,忙是必定的。如何忙得有条理,忙得有价值,这就需要把公司各个岗位的职能和工作安排妥当,才能有条不紊地工作。

1. 客服团队

客服部门是"双11"期间比较忙碌的一个部门，主要的准备工作如下。

- 修改客服回复模式。活动会带来流量，使接待量达到平时的几倍甚至几十倍。客服在准备工作中应将自动回复设置为可引导购物的语句，避免一一回复买家疑问而导致自己工作忙碌。

- 催付工作。活动当天可能有拍下未付款的订单，客服要负责做好催付工作。例如，主动给买家发送消息核对订单地址和信息，当收到回复后，再隐晦地发送催付款的话语。

- 应对诈骗等。活动中避免不了会出现一些职业诈骗人员，例如，套取客服信息、纠缠发票的问题。活动前客服应参加培训，避免忙中出错。

- 成立客服小组。如果店铺客服平时的在线时间为12个小时或12~18个小时，在"双11"活动期间，一定要成立客服小组，选出组长，做好排班工作，并保证活动前后（11月10日~11月13日）客服24小时在线。

2. 发货团队

"双11"活动之前，大部分卖家可能都会频繁地上新款，也很容易遇到缺货、超卖、发不出货等问题。所以，货品部要配合运营部门协调货品的库存。货品部门的货品就是储备的重要粮草，是行军打仗的重要保障。货品部的主要工作如下。

- 梳理商品种类、库存。按照新款、爆款、清仓货等类别将商品分类整理，便于物流部第一时间确定货物位置，为打包发货做准备。

- 新款、爆款销售跟踪。根据数据或销售情况做好补货准备。

- 随时更新库存情况。设立专属自己的安全库存指标；跟踪库存商品销售数据及预售情况，及时追单。

3．运营团队

运营部的工作关系着整个活动的流程及活动效果。

- 报名。报名是活动的入场券,运营部应观察每年的活动细则,做好报名工作。
- 选款。经数据分析和市场分析,得出活动主推类目、爆款商品等。比如,制定活动方案,追踪活动前后的运营数据等。
- 预热。在准备期做一些维护老客户、制定会员营销方案等工作。比如,设置优惠券派发入口、编辑文案说明等。
- 优化商品信息。优化商品关键词、主图、详情页等内容,增加实时搜索量。

4．美工团队

美工部主要负责视觉工作。

- 制作钻展、直通车、店铺海报素材图等。
- 负责无线端的装修工作。"双11"活动的流量很大一部分来自无线端,因此无线端的装修、上新、主图制作等工作尤为重要。
- 优化详情页。制作、优化详情页等工作也很重要,特别是主推款,要想实现大卖,详情页的内容很关键。

5．物流团队

"双11"活动时物流爆仓的情况屡见不鲜,好不容易借助大促活动实现了大卖,如果因为物流慢而导致差评或退货,便会得不偿失。因此,物流部门应在"双11"活动之前与货品部协作,清点现有库存,做好货品布局。物流团队的具体工作内容如下。

- 预计发货量，分配好人员，优化人员布局，提高工作效率。
- 与运营部做好交涉，提前打包爆款货物。
- 提前备好纸箱、打包带、发货单等物料。
- 制定物流应急方案，实时关注发货进度。
- 及时盘点出入库商品，货物摆放要科学、合理。
- 做好兼职人员的培训工作，降低发错货的概率。

二、分阶段统筹安排

首先，目标要分阶段，每个阶段的目标各不相同。在初期阶段，首先要考虑流量，而不是利润。设置计划目标时，接下来一周、一个月的工作重点也要着手落实。例如，在处理流量方面，应积极联系达人或计划钻展、直通车等活动。值得注意的是，在制定目标时不是一味地追求提升流量数字，盲目追求流量数字反而会降低流量质量。

其次，要统筹安排，统筹安排对新店或有大调整的店铺而言很重要。通常在上架新品时，一方面，需要优化手机端、PC 端的描述，调整关联销售及售后承诺、品牌故事等；另一方面，为弥补描述的不足，还需要花钱做引流。在引流时，为避免浪费，运营部门应有计划、有目标地测试和投入。同时，在单品有了一定销量后，还可能涉及"刷单"。这里提到的刷单和恶性刷单有着明显的区别，此"刷单"的目的主要是找到真实的顾客，通过促销活动，将商品以特价卖给顾客，让顾客对商品提供真实的反馈信息。

最后，在统筹安排工作时需要考虑工作的轻重缓急，要科学合理地落实。比如，笔者是从刷单、流量和成交转化率这 3 个方面来安排工作的，而实际工作中面临的环节可能更多，如与员工协调，与财务的推广预算协调等。将目标工作科学有序地安排到位，是提高工作效率的关键所在。

三、工作内容的执行

工作计划出来后，重在工作计划的落实与执行，而不是仅仅停留在计划的文字层面上，最终是要让工作计划落地。工作内容落实必须做到定量、定时和定人，即通常所说的"限量、限时和限人"，这样才可以保障计划的执行。

下面针对寻找达人这一工作内容介绍执行过程。

（1）多渠道多路径寻找达人，联系 30 ~ 50 位适合店铺产品推广的达人。为什么要选择 30 ~ 50 个呢？因为这个数量能满足店铺对人才初选的一个保障，当然，初选数量越大，越能选出适合店铺需要的人才，但需要花太长时间和太多精力，而 30 ~ 50 这一数量已足够卖家从中选择令人满意的人才了。

（2）从 30 ~ 50 位达人中选择有合作意向的 3 ~ 5 位达人。

（3）与 3 ~ 5 达人进行中深度沟通，比如，从价格、合作形式、佣金比例等方面进行沟通，从而生产 1 ~ 2 位合适人选并进行合作。

> **名师点拨**
>
> 在落实工作计划的过程中，不能单纯要求工作人员必须联系满 50 位达人，否则就要接受一定的处罚。如此一来，工作人员为了完成目标就会盲目地联系达人，而不管达人是否与店铺要推广的产品类目相关，也不管后期的合作是否谈得下来，最终会导致整个计划无法完整地执行。

四、管理人员的气度和责任

"善战者,求之于势,不责于人,故能择人优势。"(出自《孙子兵法》)意思是,打仗的时候善于作战的人总是注意利用有利于自己必胜的态势,从不责备部属。因此,他们能很好地量才用人,利用和创造必胜的态势。同理,在实际管理工作中,管理者要有一定的能力,并且能知人善用,这一能力主要体现在气度和责任两方面。

1. 要有气度

作为一个管理者,必须具有气度这一基本素质。若是整天叫苦,说自己身边没有人才,那么最大的可能是他骄傲自大、刚愎自用,也就是说,他并不尊重人才,没有拿下属当老师的那种胸怀和气度。而有气度的管理者是开明的,善于集思广益,善于虚心听取下属意见,也能尊重下属意见,没有高高至上的姿态。

领导者的气度是推动团队持续前行的关键动力,若管理者刚愎自用,因循守旧,那么,团队的创新就无从谈起,团队战斗力自然不会很强。

2. 要善于承担责任

管理人员应勇于承担失败的责任,这样才能调动团队的积极性,让团队不遗余力地发挥潜力。例如,在周会或月会总结中,不能一味地责怪流量部门引来的流量不够精准;或责怪运营部门设计的页面转化率不高,导致销量不行等。一旦把责任推出去,团队之间会相互责怪,公司团队之间的凝聚力就会不足。

试想,如果主管和总监的策略或方向有误,那么执行人员再努力都不会有正确的结果,此时主管和总监应该把责任揽到自己身上。管理者只有具备"求之于势，不责于人"的管理作风，方能带领团队不断前行。

管理人员是项目的规划者和监管者，是项目的主要负责人。而团队是项目的具体执行者，做好管理人员分配的各项工作就是胜任，而销量和利润的责任应由管理人员来承担。

五、及时复盘和调整

工作计划并非一成不变，因为店铺处于不断变化中，由最初的成长规划期到平稳期再到爆发期，不同阶段之间有不同的衔接性。在规划初创店铺时，相应的目标会定得比较低，在落实工作计划时，由于员工能力或其他资源不到位，计划的落实情况会略差一些。

另外，如果发现员工完成计划的效率够高，而工作的饱满度出现问题，则要适当调整计划。例如，加大工作量或提高工作质量要求，不要让员工觉得计划定下来就是一成不变的。

7.3 常用的办公管理工具简介

网店营销工作其实是一个细致的管理工作，高效地使用现代办公工具可以让工作事半功倍，这里为大家推荐几款常用的管理工具。

一、今目标

今目标，顾名思义为"今天的工作目标"，是为企业和组织打造的一款目标管理软件，如图 7-1 所示。它不仅为企业和组织创造了一个专属的网络办公环境，而且提供了一种可视化的管理方式，同时也是辅助每一个职业人自我管理与成长的有效工具。

图 7-1　今目标下载页面

使用今目标不仅可以制订计划和任务，同时可以对任务和计划做点评。与微信一样，今目标有 PC 端和手机端之分，用户在即时通信功能里可以分组管理客户和团队，便于各部门之间交流问题、反馈客户意见，以及共享和传送资料等。

二、有道云笔记

有道云笔记（原"有道笔记"）是网易旗下的有道推出的个人与团队的线上资料库，支持多种附件格式，拥有 2G 初始免费存储空间，能够实时增量式同步，并采用"三备份存储"技术，同时上线的还有网页剪报功能。有道云笔记的界面如图 7-2 所示。

图 7-2 有道云笔记界面

有道云笔记解决了个人资料和信息跨平台、跨地点管理的问题。有道云笔记支持 PC、Android、iPhone、iPad、Mac、WP 和 Web 等平台。

有道云笔记采用了增量式同步技术,即每次只同步修改的内容,而不是同步整个笔记。"三备份存储"技术将用户的数据在三台服务器上进行备份存储,这样即使有 1~2 台机器发生故障,也能有效保障用户数据的安全性和稳定性。该技术还便于未来扩大系统存储规模和提高数据处理能力。

使用有道云笔记不仅可以把自己要做的事情像做笔记一样——记录下来,还可以协作办公。团队之间不仅可以实现资料的传送与共享,还可以共同编辑文档,非常方便。

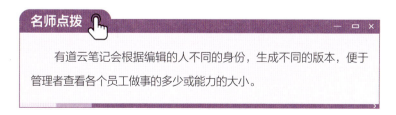

名师点拨

有道云笔记会根据编辑的人不同的身份,生成不同的版本,便于管理者查看各个员工做事的多少或能力的大小。

三、钉钉

钉钉（DingTalk）是阿里巴巴集团专为中国企业打造的免费沟通和协同的多端平台，包括 PC 版、Web 版和手机版，支持手机和电脑间文件互传。图 7-3 所示为钉钉的注册界面。

图 7-3　钉钉的注册界面

钉钉最大的一个特点在于插件很丰富，有些插件是收费的，如专门管理客户的插件；有些插件是免费的，如管理打卡签到的插件。

> **名师点拨**
>
> 办公智能软件有很多，各有优势，卖家可以根据自己的喜好或习惯来选择使用。有道云笔记方便记录使用者要做的事，涉及制订计划、下达任务及点评同事计划等功能。

四、使用表格制订工作计划

除了以上介绍的工具，使用表格来制订计划也是个不错的选择，并且是大家常用且较实用的方法。表 7-1 所示为一个卖咖啡壶的店铺的计划表格，表格名称为

"5月份第2周工作计划",主要工作内容是寻找精准的流量,钻展图测试和活动。

表7-1 表格式工作计划

店铺名称	内容		工作路径
专卖店和京东店	时间	5月15日—21日	——
	活动口号	(1)约"惠"女神,只差一杯咖啡 (2)520让它温暖你 (3)纪念情人节,约上你的爱人一起 (4)情人节专属优惠套系——1314的承诺 (5)将爱含在嘴里 (6)520,暖在心里的感觉	
	页面	颜色以暖色调为主(如紫色、红色、粉色)	海报要大,要突出活动氛围,底图为玫瑰,背景颜色以粉色、紫色等温馨的颜色为主
		详情关联	突出赠品,截止日期,数量(赠品采用"价值点+价值"的形式)
		活动赠品	永不凋谢的香皂玫瑰花+咖啡粉+杯垫
		收藏、加购	(1)收藏商品并加购给红包 (2)收藏店铺立减3元
专卖店	流量	直通车	(1)点击单价相较以前要有所下降,争取降到平均1.55,点击率提高 (2)综合一个月的数据看,每天成交的高峰有3个,分别为22:00~22:59(40人)、21:00~21:59(39人)、14:00~14:59(30人) (3)根据时间调整宝贝上下架时间 (4)人群细分: ● 天猫T3达人占30.82%,转换率2.04% ● 天猫T2达人占26.42%,转换率1.19% ● 天猫T4达人占19.81%,转化率3.17% (5)消费层级:175~445元 (6)访客年龄:31~35岁

续表

店铺名称	内容		工作路径
专卖店	流量	钻展	（1）价格上调，看产出比（现在平常点击单价为 0.89 元） （2）测试更多的文案、图片
京东店		精准通	测试品牌聚效 APP 首焦推广，快车降低 PPC，优化点击率与投产比（上周投产比降低，但是整体销售有所提高）
专卖店和京东店	客户	针对加购、收藏店铺的客户	发放商品优惠券，老顾客的成交占 20%，转换率在 3.64
		分享关于咖啡的简单食谱	（1）咖啡奶茶 （2）咖啡雪糕（聊天中还是挺感兴趣的）
		微店或朋友圈分享咖啡	新手不知道什么咖啡好喝，在客户咨询过程中引导下单
		对买家提出的问题及时解决	（1）做工瑕疵（滤网的接口处） （2）有漏粉 （现在的咖啡器具没有任何一款可以完全阻隔咖啡粉，和现在市面上的磨豆机有很大的关系，我们曾经试过 8000 多元的专业磨豆机，磨出的粉也是有细粉，因为磨豆机用的是粉碎的方式，粉碎的过程中会有细粉产生）
		微淘	微淘内容精准化，增加爱阅读的内容
	其他	唯品会入驻	邮件有没有回复
		微店装修	装修模板、微店购买、刷单、刷评论

因为这个店铺在 5 月份时已经是一个成型的店铺，不存在前期规划，故 5 月第 2 周的工作计划是寻找精准流量，测试钻展图和活动。先把主要的工作内容罗列出来，然后罗列店铺活动时的工作内容，如页面、流量，并且要细分到直通车、钻展和京东快车的具体规划。

这个品牌有京东店和天猫专卖店，是 SOWDEN 在中国的总代理，5 月份应外方的要求有一个活动要策划。因此，5月第2周的计划就是围绕这个活动来展开的。一个好的活动需要考虑到成交主张、流量来源、客户（发货和售后体验）、客服4个环节，根据不同企业的实际情况，可能还需要沟通库房、产品线、赠品等，然后具体到本计划表中，从活动的口号到页面的装修，到流量的获取，再到通知老客户等，均分别做了安排。这样一来，工作计划就非常清楚了，也便于统筹安排。

名师点拨

这个表格很简单，但可以很清晰地表达工作计划安排的内容。这个表格有工作目标和工作路径，但没有相关负责人，这是因为当时团队还很小，几乎所有事情都是运营一人在负责。因此这类计划只适合10人以下的小团队，如果团队太大，这个表格就要相应地调整，但总体的思路是不变的。

8

店铺

诊断与优化

本章导言

问诊一个店铺需要从多个维度去透视，因为经营本来就是一个综合性活动，本章内容从店铺的基础到流量，从页面的装修到客服，从多个方位多角度来诊断分析，并提出相应的优化建议。

学习要点

- 店铺基础服务的诊断
- 店铺流量获取能力的诊断
- 店铺页面营销能力的诊断
- 售前转化力及售后维护措施的诊断

8.1 DSR 评分诊断

对于 DSR（Detail Seller Rating，店铺评分系统），它是指买家在本次交易完成后给宝贝的"描述相符""服务态度""物流服务"三项指标进行评分，如图 8-1 所示。DSR 评分其实是动态评分，店铺评分是以滚动方式展现的，且只展现最近 6 个月（180 天）内的评分情况。

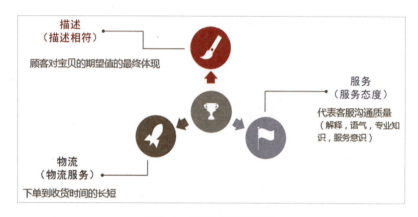

图 8-1　店铺评分的三项指标

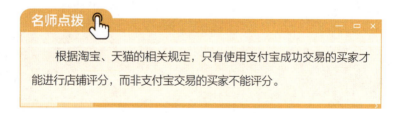

> **名师点拨**
>
> 根据淘宝、天猫的相关规定，只有使用支付宝成功交易的买家才能进行店铺评分，而非支付宝交易的买家不能评分。

一、DSR 介绍

店铺中成功交易的每一款商品都有好、中、差 3 种不同的评论，这就是通常所说的商品评价。DSR 评分有"描述相符""服务态度""物流服务"3 个方面数值，但计算是分开的，计算公式为：总分数 ÷ 总人数。DSR 评分的最高分是 5 分，最低分数是 1 分。通常来讲，得分在 4.8 分以上属于好评等级，得分为 4.6 ~ 4.7 分属于中评等级，而低于 4.5 分的属于差评等级。

淘宝 DSR 评分一直是需要卖家重视的要点。顾客在买东西的时候，首先关注的其实也是 DSR。作为一个稍有经验的消费者，都会仔细看店铺的评分（DSR）是比行业平均水平高还是持平，抑或是明显低于行业平均水平。如果看到三项评分都不高的店铺，一般来说，消费者的购买意愿会大大降低，甚至直接离开店铺。

DSR 的第一项是宝贝描述，代表了顾客对宝贝的期望值与实际收到的产品是不是相符合。卖家在承诺商品质量时可能会有一定的夸大，这在一定程度上可能会让顾客收到宝贝后失望，从而导致顾客会对"描述相符"这一项打一个低的分值。第二项是卖家服务，这个主要跟售前客服有关，包括沟通时客服的专业能力、对产品知识的掌握程度、服务的语气，以及主动服务的意识，这些都会影响到最终顾客关于服务质量的一个打分。最后一项是物流服务，主要指的是下单到收货的时长，一般情况下两三天到达是正常的，过低的物流速度评分会影响顾客下单，顾客会觉得等的时间太长，完全有理由选择发货更快的卖家。

对于新开店的人，此处有必要对 DSR 一些相关知识进行普及，卖家和买家都可以在前台看到描述、服务和物流的评分如图 8-2 所示，这个店铺的"描述"是 4.9 分，"服务"是 4.8 分，"物流"也是 4.8 分。物流是一个持平的状态，证明发货速度相对还是可以的，服务和描述比行业分别高 31.47% 和 16.73%，综合来看，这是一个评分不错的店铺。

图 8-2　店铺描述相符、服务态度和物流服务的评分

二、DSR 优化

卖家可以从后台看到自己店铺描述相符、服务态度和物流服务的具体指标构成，如图 8-3 所示。

图 8-3　在卖家后台查看描述相符、服务态度和物流服务的指标

当这三项指标中的任意一项低于 4.7 分时，都需要触发优化条件（见图 8-4）。虽然说特殊的类目需要特殊处理，但不管如何，只要店铺的 DSR 在行业中平均水平是偏低的，就需要进行优化。

图 8-4　触发 DSR 优化条件

1．描述相符优化

宝贝描述相符的优化措施如下。

（1）产品质量：要监控质检，不过分夸大产品的质量。

（2）产品尺码：提供标准尺码和模特身高信息，引导买家自行选择。

（3）卖点描述：不要过度承诺，不要宣传与实际产品不相符的内容或卖点。

（4）实物与图片：尽量使用实物拍摄，选择分辨率较高的图片。

2．服务质量优化

卖家服务质量的优化措施如下。

（1）旺旺响应时间：即时回复客户信息，活动时设置自动回复。

（2）礼貌用语：旺旺交流或电话交流要注意说话态度和说话语言，多使用礼貌用语。

（3）专业知识：加强对宝贝本身的了解，熟悉淘宝的各项规则，增加引导术语。

（4）售后问题：站在客户的角度快速提供优质的售后服务，如果有恶意差评,则保留证据以便举证。

3. 发货速度优化

卖家发货速度的优化措施如下。

（1）发货时间：一旦产生订单，就准确填写订单及物流信息，即时发货并通知买家。

（2）发货速度：非定制类、预售类产品，要尽量做到 24 小时内发货出库。

（3）合作快递：合作的快递要能让 95% 的订单于 3 天内到达。

（4）及时沟通：超过 3 天未签收的货物要及时联系快递，同时联系客户做好解释安抚。

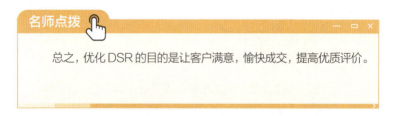

名师点拨

总之，优化 DSR 的目的是让客户满意，愉快成交，提高优质评价。

三、提升 DSR 评分的方法

愉快的成交、优质的评价是卖家提升 DSR 评分的途径。为了提高 DSR 的评分，还可以采取以下几种方法。

1. 好评返现

返现的方法有五星好评返现金（见图 8-5）、求图求真相返现金、晒图有奖，还有感谢信等。虽然这些方法不可能百分之百地

图 8-5　五星好评返现金

引导顾客都给宝贝打 5 分,但只要卖家做了,对提升 DSR 评分肯定会有很大的帮助。

2. 减少漏评

DSR 评分的计算方法是不同分值乘以相应的人数得到的分数求和后除以总人数。例如,有 98 个人给了 5 分,有 2 个人给了 4 分,那么 DSR 的分值为(98×5+2×4)÷100=4.98。但是有一种情况比较例外,就是漏评。漏评就是顾客没有给好评,也没有给差评,而是等待默认好评,也就是说这个人被忽略了,这样就可能会造成一个 5 分的流失。这个时候卖家可以用一些自动的软件去提醒买家,比如千牛的评价菜单,如图 8-6 所示。卖家可以用礼品或其他的方式去刺激、激励买家做出评价,尽可能多拉回一个 5 分。

图 8-6　千牛的评价菜单

3. 赠品的搭送

送赠品可以提升顾客的购物体验,给顾客惊喜以获取他的认可,让顾客不好意思拒绝评分。具体做法是在赠品中搭送一些提示顾客给好评的小卡片或直接将提示写在发货单上,如图 8-7 所示为赠品中搭送的提示顾客好评的小卡片，在卡片中向顾客提示了好评可以返现。

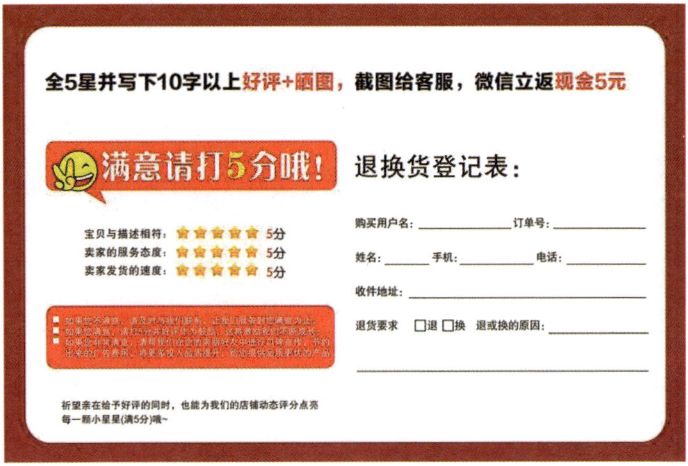

图 8-7　赠品中搭送提示顾客好评的小卡片

8.2 店铺基础服务与近 30 天服务状况诊断

一、店铺基础服务诊断

店铺基础服务包括全网通用服务和其他服务。基础消保（消费者权益保障的简称）和 7 天无理由退货属于全网通用服务（见图 8-8），也就是说，所有店铺都必须开通全网通用服务。其他服务包括放心淘服务（见图 8-9）、坏单包赔等。

图 8-8　全网通用服务

放心淘服务包括无忧退货、坏单包赔、退货承诺，还有破损补寄、破损包退、过敏包退等。类目不同，店铺提供的服务内容也不尽相同，比如，护肤品、化妆品类目一般会提供"过敏包退"服务。"坏单包赔"服务是指买家购买带有"坏单包赔"标识的商品后，如果卖家所售商品发生破损、变质等，卖家将快速响应买家退款或退货需求，退款金额由保险公司赔付给卖家。

图 8-9　放心淘服务

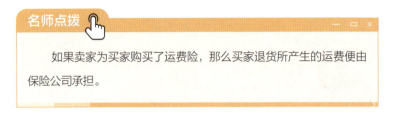

名师点拨

如果卖家为买家购买了运费险,那么买家退货所产生的运费便由保险公司承担。

对于买家来说,如果他认为自己购买的商品可能产生退货或换货的情况,而当前卖家刚好赠送了运费险,那么买家可能会优先选择当前卖家的商品。图8-10所示为搜索红枣时,选中了"赠送退货运费险"复选框所显示的结果,可以看到会筛选出"赠送退货运费险"的店铺,而没有"赠送退货运费险"的店铺就被过滤掉了。

图8-10 选中"赠送退货运费险"复选框后所显示的结果

如果继续选中"7+天内退货"复选框(见图8-11),那么没有7天内退货服务的店铺就会被过滤掉。

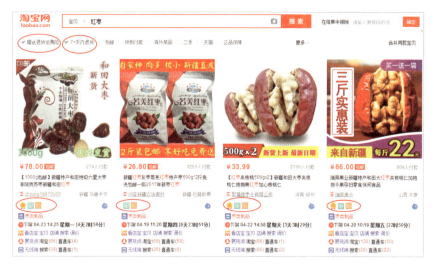

图 8-11 同时选中"赠送退货运费险"和"7+ 天内退货" 复选框

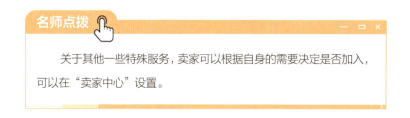

关于其他一些特殊服务,卖家可以根据自身的需要决定是否加入,可以在"卖家中心"设置。

二、近 30 天服务诊断

关于"近 30 天服务",天猫店与淘宝店有所不同,淘宝店只有售后率、解纷率和处罚次数 3 项,而天猫店有 4 项,分别为退款时长、退款率、纠纷退款率、纠纷退款笔数。图 8-12 所示为某天猫店"维权总览(近 30 天)"服务的内容。

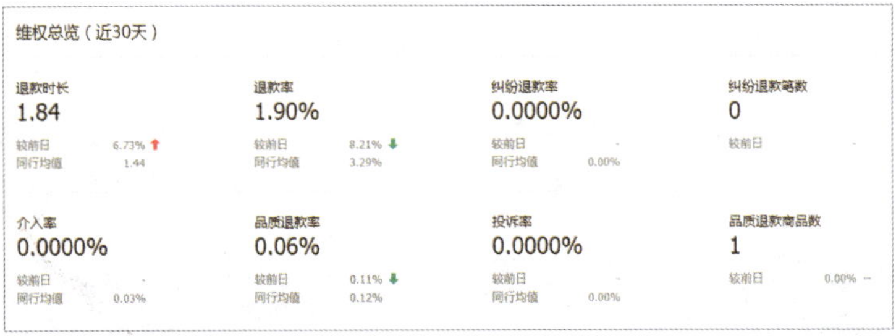

图 8-12 某天猫店"维权总览(近 30 天)"服务的内容

下面介绍与近 30 天服务相关的一些知识。

1. 退款时长

退款时长是指给卖家或买家处理退款的时长,如果在规定时间内不申请或不处理,就有可能导致退款申请被关闭或是默认同意退款了。退款时长是从开始申请到退款成功或退款关闭这段时间。由图 8-12 可知,该店的退款时长平均是 1.84 天,表示近 30 天平均 1.84 天完成退款一次。

本小节介绍的所有服务都是计算的近 30 天的数据。

2. 退款率

退款率 = 近 30 天成功退款笔数 ÷ 近 30 天支付宝交易笔数 ×100%。虽说退款率对店铺的售后权重没有直接影响,但对店铺的信誉和店铺的长远发展有着不良的影响。如果店铺的退款率很高,那么店铺的排名就会靠后,店铺的权重就会下降。由图 8-12 可知,该店铺的退款率是 1.9%,同行的均值是 3.29%,与同行业相比,很明显这个店铺退款率是比较低的,这是一个比较好的现象。

> **名师点拨**
>
> 淘宝明确规定，正常退款形成的退款率不做权重参数，只做经营参数，不影响店铺售后权重，不会降低店铺整体权重。

3. 纠纷退款

纠纷退款指的是顾客申请退款，而卖家认为买家退款理由不正当，或者说不应该产生退款这种问题，于是产生了纠纷。

判定纠纷退款的依据有：客服处理状态为"客服处理完成"；退款状态为"退款成功"。

纠纷退款率为 30 天内纠纷退款笔数占店铺总成交笔数的比例。

纠纷退款会造成店铺权重小幅度下降，店铺最好不要出现退款纠纷。因为就算最终淘宝或天猫判定卖家占理，但这个纠纷毕竟已经造成了，会给店铺带来负面影响。

4. 介入率

介入率是指退货或退款次数占店铺总交易数的比例。处理退款或退货过程中，若双方协商意见不能达成一致，或问题未得到解决，那么在规定时间期满后，任意一方可以在退款详情页面点击"要求客服介入处理"，进行第三方仲裁处理。淘宝介入率如果很高会对店铺的排名产生影响，因此要尽量减少淘宝客服介入处理的次数。

> **名师点拨**
>
> 如果被判定为卖家的责任，则会直接影响纠纷退款率；如果判定为是买家的责任，则买家很有可能在一怒之下给差评，影响店铺评分。因此要尽量减少淘宝客服介入处理的机会。

5. 品质退款率

品质退款率是指商品由于质量原因而导致买家申请退款的笔数占店铺总订单数的比例。品质退款率是以"发起退款申请"为计算品质退款的依据的,而不是以"退款成功"来计算的。也就是说,只要买家发起了品质退款申请,就已经计算入品质退款了,即使买家后面又修改了退款原因,那也没有用了。

> **名师点拨**
>
> 如果卖家一定要选择品质退款率服务,那么建议选择七天无理由退换,这个是必选服务。如果顾客是因为品质问题退款,那么建议双方协商一下,尽量不要让顾客选择因品质产生的退款。

6. 投诉率

投诉率是指店铺在近 30 天内发起且成立的投诉总笔数占交易总数的比例。如果投诉成立,则被投诉的店铺将按照相关规定进行扣分、降权、下架,甚至删除宝贝等处罚;如果投诉不成立,则对投诉店铺没有任何影响。

天猫店常见的投诉、违规主要集中在以下几个方面。

- 发票问题。
- 包邮问题。
- 货到付款问题。
- 信用卡问题。
- 泄露他人信息。
- 付款方式问题。
- 关闭交易问题。

一旦出现上述任意一项违规并被确认，那么店铺将会受到相应的扣分处罚。

> **名师点拨**
>
> 所谓"和气生财"，因此销售中尽量不要产生纠纷，也不要让小二介入，更不要引起投诉之类的事情。要在友好平和的方式下沟通，并把问题解决。

三、退款纠纷优化措施

为了提升店铺的整体权重，尽量减少不必要的纠纷和负面影响，卖家可以从下面几个方面对店铺的基础服务和近 30 天服务出现的各种问题进行优化处理。

1. 大事化小，小事化了

商家做生意，讲究和气生财，遇到纠纷时，通常的做法是大事化小，小事化了。

2. 证据充分时可以要求淘宝介入

如果卖家有充分证据证明买家是过错方，而卖家没有过错，那么卖家可以申请淘宝介入。特别是对于一些恶意的买家，卖家不要一味地将就。

3. 没有充分证据时选择让利协商解决

如果卖家没有充分证据证明商品没有问题，则可以选择发红包、赠品或者其他的让利方式来协商解决。

> **名师点拨**
>
> 如果出现了买家退款或退货的情况，那么卖家应当主动、积极配合来查找原因，并友好协商解决问题。如果是卖家的错，那么卖家要勇于承担责任，主动提供服务，以求得买家的谅解，给买家一个好的印象。如果是买家的错，那么卖家也要语气委婉，以缓和双方的关系，争取得到对方的好评。

8.3 产品规划的诊断

本节将介绍产品端的诊断。当接手一个新店铺时，首先要了解本店铺主营类目是什么；其次要了解本店铺产品的动销率，即目前产品卖得怎么样，有哪些产品在卖，有哪些产品是滞销的；还有就是产品的分类与布局；最后要了解产品的合理定价，即价格是怎样的，在哪个区间，是否合理，如图8-13所示。

图8-13 产品规划的内容

一、主营类目占比

淘宝店铺的主营类目占比是按照成交宝贝类目进行计算的，系统会自动统计店铺近 30 天内主营商品的销售额占店铺总销售额的比例。店铺的主营占比是由淘宝自动识别和计算，并根据店铺成交量的变化而变化的，卖家是无法自行设置和修改的。卖家可以在店铺后台的卖家中心查看主营占比的相关信息，如图 8-14 所示。

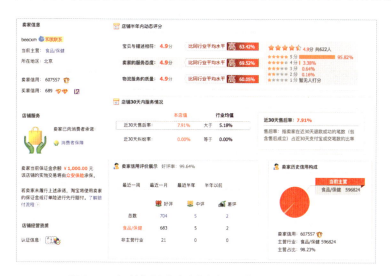

图 8-14　在店铺后台的卖家中心查看主营占比的相关信息

占比大的类目将决定店铺在这个类目的权重，假如店铺的主营类目是衣服，那么一方面店铺内的饰品将在淘宝自然搜索结果中很难排名靠前，且会降低非主营类目的商品权重，另一方面也会降低主营占比。因此，建议一个店铺最好只销售一个主营类目的产品。

主营占比越高，店铺宝贝排名会越好。一个店铺的主营占比在 80% 以上为健康店铺，如果低于 80% 则需要提升主营占比。提升主营类目占比有以下几种方法。

1. 搭配销售法

搭配销售法就是用搭配套餐的方法推荐另一款跟主营类目相关的产品,达到提升该类目成交的目的,当然,需要给顾客一定折扣。

2. 减少非主营类目商品

要提高主营占比,最直接最简单的方法就是减少非主营的宝贝。当一个店铺经营的类目比较多时,应该减少一些不好卖的非主营产品,以提高主营类目占比。

如果店铺中的非主营类目的产品销售得还不错,卖家舍不得减少,这时可以考虑新开一个店专门主营这类产品,但是不建议一个店里卖的东西太多太杂,这样既会给顾客一种不专业的印象,又降低了店铺的搜索权重。

> **名师点拨**
>
> 如果开新店,一般情况下,新开店铺的当前主营占比会显示为空,但不用着急,过一段时间后,淘宝系统会根据销售量的变化而自行更新数据。如果不开新店,只更换主营类目,那么虽然没有新店的流量扶持,但会有一定的店铺权重积累和信誉优势。这时卖家就要做产品关键词的点击和转化、商品数量、成交金额和成交数量等数据,让淘宝识别到本店铺的主营类目。

二、动销率

动销率通常用来体现商品的库存积压情况,一般以月为单位。动销率等于产生交易的商品数占总商品数的比例。如果店铺上架了很多的宝贝,但是大部分的宝贝都没有卖出过,那么淘宝会认为当前店铺占用了货架位置而没有将商品销售出去，这在一定程度上会降低店铺的权重。因此动销率应该保持较高的数值，一般要在 60% 以上。

（一）动销率大于 100%

1. 说明情况

当动销率大于 100% 时，表明在某个时段内该分类销售的品种数高于现有库存的品种数，从而说明该分类出现了品种数的流失现象。

2. 产生原因

造成动销率大于 100% 的原因通常有以下几种。

（1）在一定时期内商品脱销，出现缺货现象。

（2）由于某种原因，店铺停进停销此商品。

（3）虚拟库存。

3. 解决办法

（1）定期与不定期检查和监督商品的进、销、存情况，加强对商品缺货的管控。

（2）经营管理中要重视数据分析，切忌经验主义，注重细节营销，详细分析不同商品的适销地域、季节、价格、陈列位置等。

（二）动销率小于 100%

1. 说明情况

当动销率小于 100% 时，表明该类商品存在滞销的情况，或者在某个时段内存在一定比例的滞销。

2. 产生原因

造成动销率小于 100% 的原因通常有以下几种。

（1）商品的品种结构与类型不合理，品种过多，且同质同类品种过多。

（2）商品的陈列布局、促销等策略不合理。

（3）虚拟库存过多。

3．解决办法

（1）删除滞销品，加大推广力度。

（2）加强市场调查与分析，根据消费者的需求购进商品的品种和数量，做到品种对路、数量恰当。

（3）调整滞销品的陈列位置与布局，根据市场需要不断调整滞销品的营销策略，加大滞销品的促销力度。

提高滞销品的销量的常用方法有：搭配销售，免费赠送，打折或者买就送。买就送是建议顾客拍下，卖家再通过其他的方式给顾客返现。注意，一定是拍下并付款后再通过别的方式返现，而不是直接送。

（4）及时调整虚拟库存，增加适销库存。

> **名师点拨**
>
> 动销率等于 100% 不一定是正常，动销率小于 100% 也不一定都是滞销商品的原因，需具体问题具体分析，找到解决问题的途径。

三、产品分类命名和布局诊断

1．产品分类命名

产品分类命名的目的主要有以下两点。

（1）可以更清晰地将店铺产品展示给顾客。以销售蜂蜜的店铺为例，将店铺产品合理分类，如按人群分类，可分为老人的、女生的、男生的、儿童的，以方便不同的人群找到自己需要的宝贝。

（2）可从产品分类名称上体现产品的功能和特点，提高点击率。以销售蜂蜜的店铺为例，常见的是按照蜂蜜蜜源种类来分，可分为槐花蜜、枣花蜜、荆条蜜、椴树蜜等。但这种分类太普通，也没有吸引力。如果卖家在分类命名时考虑能体现出蜂蜜的特殊功效，那么分类效果就不同了，可大大提高点击率。比如，槐花蜜有清凉、降火、降三高的作用，可以命名为清凉槐花蜜；枣花蜜有补血益气的作用，可以命名为益气枣花蜜。通过这样的命名，会使营销效果大不一样，同时产品也有了价值感，并且适合消费者的需求，会明显提升点击率。

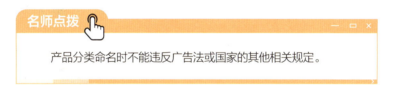

产品分类命名时不能违反广告法或国家的其他相关规定。

2．产品分类布局

产品的分类布局主要从以下两个方面优化。

（1）优化左侧的导航，主要是指 PC 端左侧的导航。通过分类布局可以让产品分类多次曝光给顾客，提高产品的点击率。比如，既可以在页面上方设置产品的分类，也可以在页面下方设置一个产品的分类，如果卖家愿意还可以加第三个、第四个产品分类，其目的也是提高曝光率，方便顾客浏览。

（2）优化首页，包括手机端和 PC 端。当店铺的分类比较多时，需要在店铺首页以列表的形式展示出产品，这在左侧栏展示不够清楚时是一种很好的补充方式。

四、产品定价诊断

产品的定价是产品价格的外在表现,卖家应该根据产品的综合价值合理定价。产品定价涉及对市场的判断,对顾客特征、消费者的接受能力的判断,同时也涉及对竞争对手产品价格的综合判断。

例如,搜索蜂蜜(见图 8-15),可以在搜索页面中看到一个价格下拉列表,通过选择不同价格区域可以查看蜂蜜销售价格的分布:40% 左右的人喜欢 26 ~ 53 元的蜂蜜,36% 的人喜欢 52 ~ 127 元的价位。由此可见,大多数人还是喜欢便宜点的蜂蜜,但也慢慢接受某些高价格的蜂蜜了。

图 8-15　搜索蜂蜜的页面

店铺产品可以采用阶梯式的定价,分为高、中、低 3 种价格。低价款作为店铺的引流款,而高价款作为形象款,中价款作为利润款。这种配套价格可以让浏览店铺的顾客买到符合自己心理价位的商品。

引流款用低价促销来引流，可以让店铺获得更多的流量；利润款则是消费比例较大的人群的选择，定价时要有一定的毛利空间，以便提供商品的后期服务；形象款则是高品质、高定价、高利润的，相当于店铺的品质招牌，当然，这部分商品只适合少部分消费者。

> **名师点拨**
>
> 不管是哪种定价，都是以商品的成本价为基础的，必须有一个合理定价的区间。低价格要有低价格的道理，高价格也要高得合理，这样才会赢得消费者的认同，从而促进店铺稳定健康地发展。

8.4 PC 端首页装修诊断

在讲解之前首先说明一下，本节只讲解 PC 端首页装修诊断并不是说只有 PC 端首页装修重要，手机端首页装修不重要，而是因为手机端首页装修与 PC 端首页装修的内容相似。

首页装修包括首页布局、店招、导航、产品海报、活动海报、左侧栏、促销引导，以及底部设置，如图 8-16 所示。

图 8-16　PC 端首页装修的内容

一、店铺店招的诊断

简单地说,店招即店铺的招牌,它代表了店铺的内在品质和外在形象。一个好的店招不仅能代表店铺的形象,还能直观明确地告诉顾客当前店铺的卖点和价值。

1. 店招的意义

店招具有以下几个方面的意义。

(1)店招为店铺的黄金展示位,卖家必须把它的作用发挥到最大。

(2)告知顾客关于店铺的核心信息及店铺的最大优势,如品牌优势、价格优势、服务优势、促销活动等。

(3)突出商品特点,第一时间打动顾客,引起顾客的购物欲望。

2. 店招的内容组成

店招通常由店标、店铺定位句、收藏按钮组成,图 8-17 所示为不同店铺的店招。

图 8-17 不同店铺的店招

(1)店标。店标要有清晰的识别度,在符合整体视觉形象的前提下越醒目越好,因为这是买家第一眼看到的东西,优秀的店标设计可以给买家留下深刻难忘的印象。

(2)店铺定位句。定位句要设置很具体的东西,不要说一些非常虚的东西。比如,当店铺还不是一个大品牌时,说一些要改变行业的话,或者说一些听起来根本就做不到的事情,效果反而会适得其反。

(3)收藏按钮。收藏按钮是为了让浏览者收藏店铺,以方便他们今后再次浏览店铺查找或购买商品。

二、导航的诊断

在店铺页面中,导航起着分类和快速引导顾客的作用,即通过合理分类,卖家可以把自己要表达的重要内容添加在导航里,让顾客清楚、快速地找到自己想要的东西。就像实体店里货柜的分类摆放,这边是日用品区,那边是食品区,另一边是促销区。

图8-18所示为蜜爱蜜店铺的导航,导航内容分别为首页、店主故事、会员优惠、寻蜜之旅、线下活动、积分兑换、所有商品。很明显,这些内容不是自动生成的,而是要卖家有计划、有规划地根据自己店铺的内容精心策划的。

图8-18 蜜爱蜜店铺的导航

导航不仅方便顾客找到相应的产品,使店铺的内容结构更清晰,更易于浏览,而且有利于提高商品的转化率。

对导航的内容设置如下。

1. 导航分类设置

根据销售类目的不同,导航中是放单品还是放分类主要取决于店铺产品的种类和数量。一些小类目本身产品就比较少,这时在导航中放几个销量比较好的主打款效果可能更好,不一定要放分类。

2. 单页面设置

打造单页面的总原则是,将不方便在描述页里介绍的一些内容以单页面形式呈现给顾客,其内容包括创建故事、使用说明、快递、定制等。关于单页面的制作要注意以下几点。

（1）制作单页面时要符合营销的原则，不要干巴巴地讲故事，而要把产品的价值融进去，把店铺的理念融进去。在讲故事时，要暗示或非常直接地告诉顾客，这个产品的标准和品牌理念是什么。总的来说，店铺故事不能只是故事，还要符合营销的原则，目的是提升这个页面的转化率。

（2）单页面的设计要突出差异性，设计上不要太过重复，不要使页面看起来都相同。

（3）关于单页面的显示位置，PC 端位于店招上部的导航中，而无线端则位于页面底部的菜单中。

（4）单页面要配合着推荐产品。讲完故事之后，应放置一个产品链接，顾客在浏览单页面时的点击欲望和成交欲望是比较大的，要趁着这个热度尽快推荐产品，不要让顾客回到首页或其他页面后再去点击他想要的产品。

三、海报的诊断

店铺海报指的是商家向买家展示自己店铺商品和店铺形象的一种图片。一个好的店铺海报不仅能让买家更容易地知晓店铺卖的是什么，还能提高店铺的浏览量和销售额。

一张淘宝海报通常具有产品、文案、背景、布局、配色这 5 个基本要素，我们可以从这 5 方面去评判一张海报做得好不好。产品是直接影响海报主题、营销效果的重要的因素，选择产品时一定要突出产品卖点。文案内容与排版也应直接体现海报主题的卖点和特色。背景在海报中也是很重要的，漂亮的背景不仅具有视觉冲击力，吸引眼球，还可以衬托出主题、气氛，刺激消费者的购买欲望。布局与配色主要是针对海报的视觉设计效果来说的，要与产品、文案和背景相协调。

1. 淘宝海报的位置

每个类目都有一个主打款,放在首页的第一屏,即重点给流量的位置。

在 PC 端,淘宝海报位于店招和导航下方(手机端的最上方)最明显的位置,第一个大图就是店铺主推的海报。有些海报具有轮播效果,是否轮播要根据店铺产品的多少来定,要能够方便地呈现给顾客,并能让顾客更清晰地看到店铺的卖点。

2. 首页海报

首页海报具有以下两点作用。

(1)推广宝贝。根据数据分析,大多数人是通过搜索方式进入店铺的宝贝页面的,而从宝贝页面去首页的人有 10% ~ 30%。因此将大气、漂亮的海报置于首页,会吸引更多浏览者点击店铺推广的宝贝。当然,宝贝描述页面也同样需要海报来推广宝贝。

(2)美化店铺。一张漂亮的海报不仅可以美化店铺,让顾客得到视觉的享受,增加对店铺的信心,还能激起顾客的购买欲,提高店铺的销售量。

3. 活动海报

活动海报是指店铺为庆祝某个活动(如"618"活动、"双 11"大促、国庆节活动、春节活动、周年庆活动、五一活动、六一活动、情人节活动、三八妇女节活动等)而专门打造的宣传海报。活动就意味着给消费者更多实惠,如买一赠一、五折优惠、满就送等。而卖家正是通过海报来满足消费者的消费心理,吸引更多消费者,刺激消费者购买,提高店铺流量和销量。

在每个月的某个固定日期或者是店铺周年庆、节日时去构建活动海报,让那些关注店铺但没有购买的顾客有一个购买的理由,要加上活动时间的紧迫性以促进顾客快速成交。从店铺诊断的角度来看，首先建议店铺要有活动，因为活动海报不仅可以带来更高的成交可能，还可以减少跳失。

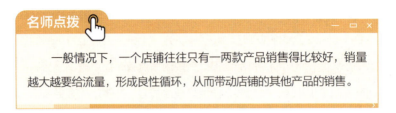

一般情况下，一个店铺往往只有一两款产品销售得比较好，销量越大越要给流量，形成良性循环，从而带动店铺的其他产品的销售。

店铺首页一般都要有店铺的品牌理念、客服服务时间列表、分类列表及尾部品牌承诺（即店铺首页最下方的承诺）。如果在诊断过程中发现缺少某一项，建议及时加上。

在店铺描述页的左侧栏可以推广爆款，按照卖得越好越给流量的原则，在左侧栏推广爆款单品（见图 8-19），不断地吸引新顾客达成第一次成交。一般地，顾客看到产品销量比较大时会产生一种信任感，觉得这个产品应该不错，应该有很多人都在用，于是新客户会主动下单购买。

图 8-19　在左侧栏推广爆款单品

四、促销引导的诊断

如果店铺没有优惠券，建议还是要把它加上，因为优惠券具有以下两个作用。

1. 提高销量，获得利润

消费者大多有占便宜的心理，卖家可以利用优惠券刺激消费者冲动消费，令消费者从不买转变为购买，从少买转变为多买。

2. 引导下单

一般情况下，当顾客拿到优惠券后，顺理成章地就会选择购买商品。顾客觉得这个优惠券如果不及时用的话，以后就会忘记使用或者错过使用期限。假如顾客当天真的没有使用优惠券，手淘客户端在优惠券快到期时会有一个提醒，提示顾客本次活动的优惠券快要过期，引导持有优惠券的顾客第二次进店购买，这样客户下单购买的可能性就更大了。

> **名师点拨**
>
> 在设置店铺优惠券的时候，优惠券是不记录最低价的，如果卖家设置的是用于某个具体产品的优惠券，则优惠券是记录最低价的。尤其是在报"双11"大活动时，要求以近多少天内的最低价的九折或九折以下报商品活动，如果卖家在设置优惠券的时候，把爆款的最低成交价降得比较低，参加活动时则要注意价格和利润。

五、店铺底部的诊断

店铺底部是指店铺首页的公共区，卖家可以通过店铺装修模块装修店铺的底部。图 8-20 所示为恒源祥店铺页面，页面的最下方推出了恒源祥的品牌口号："一个家一处温暖""倾情创造 祥和之家"。这是恒源祥品牌的一个宣传语。底部公共区再一次展现品牌印象，起着首尾呼应的效果（注意，无线端没有这个模块）。除此之外，还可以在店铺的底部公共区设置一些其他模块，如承诺、快递、保障、帮助等一些单页面的链接，或者是几句话，目的仍然是提升顾客对店铺的信任度。

图 8-20　恒源祥店铺页面

8.5　无线端装修诊断

前文中已讲解了 PC 端店铺的诊断，接下来介绍无线端店铺的诊断。其实，无线端的诊断与 PC 端的诊断项目大同小异，相同的有店招、海报、优惠券、底部菜单，不同的有微淘浏览、店铺关注量和互动服务窗，如图 8-21 所示。

图 8-21　无线端装修的内容

> **名师点拨**
>
> 虽然无线端装修没有 PC 端装修的操作空间大，但它也是一个呈现品牌印象的重要阵地，设计时要注意尺寸，同时要符合消费者的浏览习惯。

页面装修的很多内容在介绍 PC 端装修时已介绍过，这里不再赘述。下面只介绍无线端装修与 PC 端装修的不同之处。

一、分析底部菜单

图 8-22 所示为三只松鼠店铺的底部菜单，这是新版底部菜单，老版底部菜单更为直观一些。在无线端的店铺页面底部，卖家可以呈现类似于 PC 端导航部分单页面的集合，有助于转化。对于不适合直接放在描述页中的一些元素，卖家可以将其分类做成属于自己的单页面，如品牌故事、线下门店，或者

线下正在热卖的火爆场景或视频类的东西。

图 8-22 三只松鼠店铺的底部菜单

如果店铺底部菜单比较单调,那么可以添加一些实用的模块来丰富它。如添加互动服务窗,如图 8-23 所示。除了官方默认的订单查询、猜你喜欢、优惠券,还可以放置视频、卡片,或者放置其他自定义的单页面等,卖家可以在千牛客户端自己尝试设置。

图 8-23 店铺底部的互动服务窗

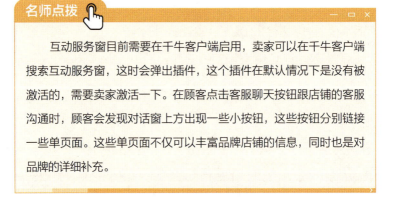

互动服务窗目前需要在千牛客户端启用,卖家可以在千牛客户端搜索互动服务窗,这时会弹出插件,这个插件在默认情况下是没有被激活的,需要卖家激活一下。在顾客点击客服聊天按钮跟店铺的客服沟通时,顾客会发现对话窗上方出现一些小按钮,这些按钮分别链接一些单页面。这些单页面不仅可以丰富品牌店铺的信息,同时也是对品牌的详细补充。

二、微淘的优化

1. 微淘的作用

微淘是淘宝官方于2013年6月上线的一款以内容营销为主的手机客户端。微淘的主要作用在于，在店铺和宝贝之上搭建一个信息通道，生成互动圈子。用户不仅可订阅运营推广的内容，还可以将内容分享给朋友。

微淘既是淘宝内容营销的重要阵地，也是卖家和买家互动交流的圈子。它可以拉近卖家和买家的距离，这对于店铺的引流和转化是非常有用的。卖家要保持微淘的活跃度和持续性地吸粉能力，必须要有引领消费时尚、共享潮流的资讯和话题作支撑。

> 卖家在微淘中可以发布很多内容，如发宝贝、发优惠券、发活动、发广播、发视频等一些有针对性的内容。发布微淘广播时，可以发布上新与宝贝活动的通知。日常微淘可以发一些热门话题、段子、买家秀及实用的攻略、技巧等买家感兴趣的内容。

2. 如何提高微淘浏览量？

如果卖家的微淘没有吸引买家关注，或者微淘"粉丝"不够活跃，抑或是微淘内容不够优质，无法被微淘系统推荐给感兴趣的买家。那么，此时如何才能提高微淘的浏览量呢？下面简单介绍一下提高微淘浏览量的方法。

（1）经常发布优质内容。微淘能很好地吸引买家与卖家互动，卖家要做好微淘内容规划，每天定时发布优质内容。好的微淘内容会在淘攻略、微淘精选栏中展示，可以提高浏览量。

（2）多参加微淘官方活动。建议参加各种活动，特别是微淘官方活动。参与官方活动能被淘宝系统推荐到微淘广场。参加各种活动可以给店铺带来更多的流量，从而充分发挥微淘的作用。

（3）认证微淘优选好店。微淘优选好店可以打标透出，透出的微淘内容可以被更多的买家看到，从而提高卖家微淘的浏览量。

（4）使用旺宝软件直接提升浏览量。微淘有超亿的免费流量，善用微淘将给店铺带来可观的流量，使用旺宝软件可直接提升浏览量。

（5）进行站外推广。卖家可将发布好的微淘内容进行站外推广，如将其分享到微博、微信等社交平台。

（6）进行店铺设置，引导买家关注微淘。在买家下单或咨询时，引导买家关注店铺微淘，另外，还可以在店铺装修设置模块引导买家关注微淘。

> **名师点拨**
>
> 定时发微淘，注意受众人群，策划互动活动，以及创作优质的微淘内容，做好这4点优化就可以把微淘的内容营销做得有声有色。

（1）定时发微淘。每天寻找素材，即时更新。

（2）注意受众人群。注意把文章与产品、受众联系起来。

（3）策划互动活动。定期利用工具或插件组织微淘活动。

（4）创作优质的微淘内容。系统会分配内容营销的流量和权重。

3．微淘关注量

微淘"粉丝"量是提升店铺形象的重要指标，微淘"粉丝"越多，才会吸引越来越多的其他买家的关注，从而大大提高店铺的曝光率和点击率。图8-24所示为店铺微淘的关注量。

图 8-24　店铺微淘的关注量

一个"粉丝"爆棚的微淘账号,通常都是有计划、定期地发布有用的、有意义的取悦买家的内容,而不会无计划地乱发内容。这类微淘内容通常可以归纳为以下几类。

(1)名人热点。

(2)时尚潮讯、热门话题。

(3)宝贝搭配指南。

(4)相关产品的知识。

(5)纯产品。

(6)活动促销。

(7)互动抽奖。

(8)买家秀。

(9)自建有意思话题。

卖家可以根据自己的店铺风格差异化选择微淘内容,无论如何都建议用内容推产品。卖衣服的可以写点流行款式与穿衣搭配方面的内容,卖母婴用品的可以写点育儿方面的内容,然后把自己店铺的宝贝链接巧妙地植入进去,千万不要硬生生地植入进行宝贝推广。

> **名师点拨**
>
> 微淘这种以内容营销获取流量的方式与付费流量不一样,其效果一般不会立竿见影,需要比较漫长的时间才能见到成效。但是作为增加流量的一个入口,微淘还是比较可行的方式,毕竟现在的流量越来越贵了。

8.6 详情页诊断

关于宝贝描述页,前文中已经讲过如何打造高转化率的宝贝详情页的方法与技巧,本节将从店铺诊断的角度来介绍宝贝详情页的优化处理。

一、主图视频的诊断

图 8-25 主图视频

主图视频的功能是全面展示宝贝及细节,其目的是吸引顾客,一般在主图位置上传并保存视频即可浏览,如图 8-25 示。

做了主图视频的商品有机会获取更多的展现机会和流量。一方面，主图视频是提升转化的利器；另一方面，主图视频有可能被淘宝抓取获得额外的流量，比如，被抓取到每日好店这样的地方。

制作主图视频时要注意以下几点。

1. 视频尺寸

以前淘宝要求视频的宽高比必须为 1∶1，现在建议是 3∶4，可以用手机千牛软件中的淘拍插件进行拍摄，该插件可以自动关联相应的宝贝。

2. 视频时间

以前淘宝要求视频时间为 9s，现在通常在 30～60s 内，因为 30s 内的视频才可能被"每日好店"抓取，视频时间最长可达 90s。

3. 可设置导航

主图视频可以设置导航，特别是介绍功能或使用方法的视频，加上类似快进的按钮做导航，方便浏览者观看视频。

4. 视频格式

主图视频几乎支持所有视频格式，淘宝后台会对上传的视频进行统一转码审核，常见的视频格式有 MP4、AVI、MOV、FLV、ASF、WMV、NAVI、3GP、REAL VIDEO、MKV 等。

> **名师点拨**
>
> 对于一般的小店铺来说，通常使用手机或普通的数码相机拍摄就可以了。但对于要求较高的高质量视频，卖家必须采用更专业的拍摄工具和制作软件，然后使用神笔工具或在宝贝编辑的后台关联宝贝。

二、宝贝标题的诊断

前面的章节已讲解过打造高搜索率的宝贝标题,这里从诊断的角度来讲解优化宝贝标题的方法。淘宝标题的优化包括优化标题关键词分布、关键词词频、关键词组合及控制关键词长度等。一个优化好的宝贝标题,不仅可以从淘宝搜索处获得大量的免费流量,而且由于从搜索宝贝标题带来的流量都是精准的优质客户,因此转化率更高。

淘宝的规则在不断地变化,经常搞得淘宝卖家措手不及。面对这样的变化如何才能让自家店铺的宝贝在成千上万的宝贝中脱颖而出呢?这就要求卖家学习淘宝标题的优化,而在标题优化中,关键词的设置是非常重要的。设置宝贝标题关键词应注意以下几点。

- 关键词要精确定位,范围不要太宽泛。
- 关键词要避开竞争,多使用长尾关键词。
- 善用关键词组合,注意关键词的前后顺序。
- 关键词要与主营商品相关。
- 关键字要符合用户搜索习惯,可添加吸引眼球的热搜关键词。

在写作宝贝的标题时要注意以下几点。

- 宝贝标题要多含关键词才利于被搜索到,且关键词要与商品类目、首图、详情保持高度相关性。
- 宝贝标题要有适用性,不要片面追求新奇。
- 在组合标题时需要注意关键词的重复、滥用、顺序、空格相关、紧密优先。适当地采用空格和词组的搭配,可以起到令关键词定位明确、醒目又能增加被搜索的可能性。

- 抛弃重复堆叠的关键词，可以使用同义词。

> **名师点拨**
>
> 宝贝标题的核心词和描述词是互相搭配的，直接影响宝贝的搜索展现和搜索权重，建议将核心词放在首部或尾部。宝贝标题中不要有太多的空格，除非类目比较小，为了提高可读性而有意加一些空格，否则都应该把这 30 个字占满，以便有更多的搜索词搜索到宝贝，如图 8-26 所示。

图 8-26　宝贝标题

三、主图卖点的诊断

主图卖点的诊断点就是点击率。主图点击率高不高，关键在于主图卖点是否突出。

高点击率的主图必须具备以下要点。

- 主图的卖点要从品牌印象出发，争取做到既美观又实用，可以在系列产品的同一位置凸显出品牌 Logo。
- 卖点表达要言简意赅，促进点击。
- 主图要简洁整齐，不能多放卖点，过于杂乱会被降权。
- 主图卖点要突出，要能促使购买者点击。
- 要有视觉冲击力，刺激浏览者的购买欲望，如图 8-27 所示。

图 8-27　主图卖点

> **名师点拨**
>
> 　　天猫对第 N 张主图在不同类目中的要求不同，卖家可以查阅天猫帮助或查看多个同行的店铺图片，找出规律并模仿制作。

四、关联销售的诊断

　　关联销售是指在宝贝详情页面上方、中部和尾部，设置一些由 A 产品到 B 产品的图文链接，把更多优质的宝贝合理地推荐给买家，增加店铺其他宝贝的展现机会和成交机会。关联销售的作用在于放大进店流量,提高访问深度,提升客单价和店铺整体的转化率。

一款宝贝的流量能被放大到其他产品,能提高顾客的停留时间及浏览页面的深度,提升客单价,关联销售在其中起着至关重要的作用,如图 8-28 所示。

图 8-28 关联销售

卖家对关联销售的诊断主要从以下两点进行:如果没有关联销售,则一定要补充上关联销售;不要过多地添加关联销售,也不要随意地添加,只添加对顾客有真正价值的关联销售即可。

添加关联销售的注意事项如下。

- 不同宝贝应放在不同的关联位置,连带性较强的产品、促销的产品或预热的爆款产品宜放在页面上方,搭配的套餐宜放在页面中部,而与宝贝详情页所描述的产品关联度较高的产品宜放在页尾。

- 关联销售不宜过多,不要影响顾客对主产品的浏览,要做到有层次、有目的、有策略。
- 关联销售的产品最好是与生产品相关或互补的。
- 关联销售的排版可以是一排三个,或者两排三个,但是不建议更多。或是采用一拖三的形式,即上面是一个长的海报,下面有3个单品。

> **名师点拨**
>
> 如果卖家是用自定义的图片,而不是用自动抓取的主图做关联销售,那么一定要在自定义的图片上面写上明显的卖点,以促进点击。

五、描述页成交转化率的诊断

描述页成交转化率＝宝贝成交笔数÷描述页所有访客数×100%。描述页成交转化率是店铺至关重要的一个指标,它决定了一个店50%以上的销量。针对店铺描述页成交转化率,可以从以下几个方面来诊断。

- 对页面的视觉营销设计、成交的6大要素、合理的排版布局等进行优化。
- 重点检查店铺的头图和前两屏文案,要能抓住潜在顾客的心思。
- 提升店铺的基础销售,优化评价内容,提升浏览时间和询盘比例。
- 分析价格和促销形式,是不是阻碍了成交。
- 分析售后的承诺或其他环节是不是导致了成交率下降。

针对以上各种情况,卖家要分析导致成交障碍的具体原因,然后有针对性地解决问题。

> **名师点拨**
>
> 如果店铺的销量非常低，评价也一般，那么必须通过各种手段先把基础数据做好，否则单靠文案和视觉设计来提升描述页的转化是有很大难度的。

六、分析收藏率、加购率、询盘率和页面跳失率

（一）收藏率诊断

收藏率是收藏量占总访客数的比例，即收藏率 = 收藏量 ÷ 总的访客数 × 100%。加购率与收藏率之和最好大于 10%。提高收藏率的方法如下。

- 客服引导。当顾客咨询或下单后，客服人员要提醒顾客收藏店铺，然后赠送小礼物给顾客。很多店铺把收藏店铺量作为考核客服业绩的一个重要指标。
- 收藏有礼。订阅相关软件，通过软件提示顾客"收藏有礼"。礼品通常是优惠券、红包等。
- 送淘金币。为了鼓励顾客收藏店铺，在店铺后台的"营销中心"的"淘金币营销"中设置"收藏店铺送淘金币"，也可收获很好的效果。
- 包裹营销。在寄送给顾客的包裹里放一张有二维码的小卡片，提示顾客扫码收藏。

（二）加购率诊断

加购率 = 加购量 ÷ 总的访客数 × 100%，加购率对成交是有很大影响的，加购率越高越好。提高加购率的方法如下。

- 客服引导。客服人员应该积极引导顾客收藏商品或将商品加入购物车。

- 赠送优惠券。在详情页的最前面做一个小图片，设置好利益点，引导顾客收藏、加购，如送3元优惠券、5元优惠券。
- 购买专业软件。在后台订购一个专业软件，在顾客收藏、加购后自动送流量积分等。

> **名师点拨**
>
> 淘宝加购量主要是由店铺的整体水平决定的，主要影响因素包括店铺装修设计、产品图片的效果（主图与推广图）、买家的评价等。因此，要提高加购量，除了要做好店铺的基础销量外，还要做好推广工作。

（三）询盘率诊断

询盘率是指店铺中咨询的客户数占总的访客数的比例，即询盘率＝咨询过客服的访客数÷总的访客数×100%。询盘率也与产品类目有关，有的类目默认下单量比较高，而有的类目通常是先咨询后下单。针对类目有关的商品，卖家要跟同行业中的优秀者比较，看看是否有差距，是否需要优化。

另外，询盘率的高低还与产品销量的高低有关。当销量较小时，很多访客可能要咨询后才会下单；当销量比较大且商品评价较好时，访客静默下单的比例可能会比较高。

> **名师点拨**
>
> 要提高店铺的询盘率，就必须从店铺的整体上去提高，其要点是提升产品的定位，提升店铺的整体装修效果，提升店铺的运营与推广效果，提升店铺的细节与服务。

（四）页面跳失率诊断

页面跳失率是指只浏览一个页面就离开的访问次数占该页面的全部访问次数的比例，即跳失率＝只看过一个页面就跳出的访客数÷全部的访客数×100%。无论访客通过什么渠道到达目标页面，只要到达后没有继续访问其他页面就直接离开了，那就是跳失了。跳失率可以作为衡量页面好与差的重要指标，跳失率越小，说明该页面越受欢迎，顾客更愿意访问更多的页面。反之，跳失率越大，说明该页面越不受欢迎。

> **名师点拨**
>
> 根据类目的不同，一般情况下跳失率在 60%～80% 是比较正常的。但是，如果跳失率太高，比如 90% 以上，那么一定是远远低于或远远高于行业平均水平的。

跳失的原因无非是通过搜索点击到达的目标页面与预期有很大落差，即进入目标页面后，访客发现无论是页面内容还是服务，甚至是网店的整体感觉，都不及预期的效果。

页面跳失率高，说明页面的吸引力不够，最终会影响商品的转化率。要降低跳失率，提高成交转化率，建议从以下几个方面入手。

1. 利用"装修美化店铺"降低跳失率，增加浏览者的购买欲望和信心

影响跳失率主要的因素是店铺的装修美化程度，如店铺首页的美化程度，商品主图和详情页的美化程度更为影响跳失率。顾客浏览商品时，第一眼看到的便是主图，主图足够吸引人，顾客才会有进入详情页的意愿。通过装修美化店铺吸引访客的点击浏览后，一张精美的主图和能令人产生信任感的详情页能增加浏览者的购买欲望和信心。

2. 利用"关联销售"降低跳失率,让店铺的转化暴涨

与实体商场一样,消费者来商场的目的也许只是购买某款裤子。可是当他们在商场看到某款裤子时也许会觉得不合适,于是打算放弃。这时客服应该马上给消费者推荐几款同类的裤子,或许消费者能看中并购买客服推荐的裤子。其实,网店销售也一样,当消费者进店后没有选中商品时,卖家可以通过设置"关联销售"引导消费者点击相关推荐并且继续浏览,或许浏览一圈后就能选中店里的好几款商品。这样不仅可以让店铺销量成倍增长,提高流量的利用率,还能提高客单价和整体销量。

> **名师点拨**
>
> 设置关联销售需要注意以下几点:关联销售的商品要有相关性;关联销售的种类不是越多越好;关联销售要抓住买家需求,向买家推荐必需品;利用搭配包邮等方式吸引买家进一步浏览;利用互补产品做关联销售搭配。

3. 提高图片的加载速度,方便顾客浏览

为了给消费者一个愉快的购物体验,卖家一定要注意店铺图片的加载速度。如果网店的打开速度慢,那么大多消费者会因为图片加载速度慢而放弃浏览,直接跳失。因此,卖家要做到:减少重复的图,让页面精简;重新切图,适当降低图片质量,让总字节数减少;用文字替代部分图片。

4. 优化卖点,打动顾客

有时候店铺的产品卖点不够,或者根本没有打动顾客,这时就得重新挖掘或优化产品的卖点。

5. 增加促销活动，引导咨询

店铺要经常参与促销活动，同时客服要引导顾客咨询或购买后收藏店铺，或者引导顾客跳转到其他页面进行浏览，以避免顾客跳失。

8.7 店铺流量的诊断

流量通常是指访问店铺的浏览人数，即访客数。流量越高，说明访问店铺的人越多，也就意味着卖出商品的机会越大。流量是决定店铺销售的重要因素，卖家必须弄清如何获取和提高店铺的流量。

一、UV/PV，访问深度

一个店铺如果没有流量，也就谈不上什么销售量。也就是说，没有人来光顾店铺，是无法卖出商品的。由此可见，流量是影响店铺销售额的一个非常重要的指标，可以说对店铺的销售起着决定性作用。那么流量又是由什么来决定的呢？

影响店铺综合排名的因素通常包括访客数（Unique Visitor，UV）、停留时间和浏览量。很多店铺卖家都会暗暗叫苦，觉得自己的店铺没有人气，访客人数比较少，那该怎么办呢？当 UV 数值较小或访问深度较小时都需要优化，优化要点如下。

1. 使用直通车、钻展等付费工具来引流，提高访问量

现在的店铺纯粹依靠自然搜索来获取流量已很难生存了，必须使用一些付费工具来提高访客量，如直通车、钻展等。

2. 将自媒体、站外可利用的流量资源导入店铺，提高访客量

如果你是一个自媒体达人，或者有自媒体合作资源，那么可以用链接或淘口令、二维码等引流到淘宝店，或者以其他形式从站外引流，提高访问量。

3. 增加关联销售，放大流量利用率，提高访问深度

当访问深度比较小时，需要增加关联销售，以放大流量的利用率，从而提高访问深度。

4. 优化详情页和店内的导航，提高访问深度

通过对详情页的优化可以吸引更多的访客访问店铺，而设计布局合理的店内导航则可以提高访问深度。

二、免费流量占比

淘宝店铺流量分为免费流量和付费流量。免费流量就是不需要支付任何费用就能获得的流量，如自然搜索流量、手机淘宝首页流量。付费流量就是通过支付费用才能获得的流量，如通过直通车、钻展、淘客等推广营销工具获得的流量。

流量作为店铺的生命线，任何一个店铺都有这两种流量。其实，卖家使用付费流量推广的目标也是吸引到更多平台的免费流量。因为免费流量不仅精准度更高，更重要的是没有任何费用。在店铺的流量结构里，是付费流量占比多，还是自然搜索及手机淘宝首页这种免费流量占比更多，可以从以下几个方面加以分析。

- 分析整体流量的结构，有选择地做针对性投放和引导。
- 用直通车精准关键词的推广，引导自然搜索流量上涨。

- 做好店铺整体营销流程细节，提高店铺整体权重。

> **名师点拨**
>
> 付费流量与免费流量应该遵循二八法则，即付费流量占比为二，免费流量占比为八。一般而言，大多数中小店铺只能通过推广营销工具获取更多的精准流量，但过多地付费推广只会让成本越来越高，根本没有利润可言。因此，还是建议多使用免费流量，但在新店开张或新品上市的前期，可使用直通车、促销活动等付费流量来做全网推广以引爆流量。

三、付费流量产出比

付费流量产出是指由广告带来的直接成交。我们把付费流量的总产出与总投入的比值称为付费流量投资回报率（Return On Investment，ROI），即投入产出比。它包括直通车 ROI、钻展 ROI、淘宝客 ROI 等。ROI 的值越高，说明付费推广的效果越好。

ROI 与周期有关，周期一般为 3 天、7 天或 15 天。对于绝大多数类目来说，15 天是比较好的一个周期，它能够保障一个转化周期，这个周期中的 ROI 也相对准确。

当 ROI 比较低时，对于不同的付费流量工具，一般有以下优化建议。

1. 钻展：优化创意，优化定向，优化资源位

（1）优化创意，就是优化促销文案及图片。

（2）优化定向，就是指卖家之前对目标人群定位不准，人群定向转化不太好，现在要倾向于向访客、智能、营销行为这种比较精准的方向调整。

（3）优化资源位，保留天然转化、天然信任度比较高的位置，去掉那些不怎么高的位置。

2. 钻展/直通车：优化落地页面的营销视觉设计

直通车也好，钻展也罢，归根结底都是为了吸引流量进店。因此，要优化店铺的装修与落地页面的视觉营销设计，提升 ROI。

3. 直通车：优化创意主图（自定义图）

对于直通车，卖家还可以优化创意的主图，如果条件允许，那么还可以申请自定义图片，自定义上传。直通车最多可以上传 4 张图，卖家要优选转化效果好的主图。

4. 直通车：优化人群溢价和定向推广

直通车的溢价是指出价超出了原价，也称为人群搜索溢价。比如，关键词出价为 1.00 元，溢价为 30%，则人群出价为 1×（1+30%）=1.3（元）。人群搜索溢价不仅可以给直通车带来更精准的流量，而且可以大大提高直通车的转化率。

直通车定向推广就是将用户兴趣和需要映射到类目中，将类目宝贝的信息展现给目标人群，实现精准营销。我们可以优化定向推广为店铺带来更多更精准的流量。

> **名师点拨**
>
> 影响直通车 ROI 的因素有点击转化率、点击单价、客单价。相对而言，转化率、客单价越高越好，点击单价则越低越好。

四、访客停留时间

访客停留时间和访问深度基本上成正比,它反映了店铺吸引顾客的程度。针对网店访客停留时间短的问题,建议从以下几个方面进行优化。

1. 提高页面打开速度

顾客访问店铺时,店铺页面要能快速打开。如果速度过慢,不管店铺好坏,顾客都会直接选择关闭店铺,因为顾客往往没有耐心去等待。因此要控制图片质量和大小,少用动态效果,以提高页面加载速度。

2. 优化店铺的页面

页面设计非常重要,店面的形象不仅代表产品的形象,而且代表店铺品牌的形象,设计美观的店铺可以给顾客带来较好的视觉体验,为顾客营造愉悦的购买体验,增强顾客购买产品的信心。因此,店铺装修设计不仅要美观、与众不同,富有吸引力;而且要与店铺产品的风格相符,为访客打造别具一格的购物环境,从而吸引更多顾客驻足浏览。

3. 优化店铺的结构导航

店铺的结构导航要清晰,设计布局要合理,如主图标题、营销卖点、差异化价值、关联销售等,如果这些要点还不够好,则需要进行优化。

8.8 顾客评价的诊断

顾客评价主要是从以下几个方面来诊断。

一、不利评价

笔者没有把这个评价叫作中差评,而是称为不利评价,因为有一些评价虽然是好评,但可能是一种习惯性的好评,主要是买家不希望卖家打电话来要求改评价,而习惯性地给了好评。这种情况实际上是不利于转化的。卖家应该怎样引导买家修改不利的评价,从而降低不利评价的占比呢?方法有以下几个。

- 通过打电话或通过旺旺联系买家,请求删除或修改中差评,这是卖家一贯的做法,但并非上策。
- 对于不能删除的中差评,要分门别类地进行解释,在解释中植入店铺的品牌与理念,这样还可以利用中差评来做营销,把坏事变成好事。
- 由于天猫店不能修改评价,因此对于不利的评价,要专门安排人给客户回复和解释,让客户满意,不要置之不理。

二、多元化评价

追加评价、多图评价、多字评价、视频评价等多元化的评价,是有利于提升转化率的。如果发现店铺的评价比较单一,那么建议用以下方法引导顾客进行多元化的评价。

- 加顾客微信,用微信返现的方式鼓励多图、多字和视频评价。现在淘宝是不让卖家在千牛客户端(就是旺旺)聊天的过程中提到好评返现的,但微信监控不到,因此卖家可以使用微信返现的营销方式。
- 自动短信提醒,鼓励追加评价。设置短信自动提醒,鼓励顾客追加评价和多图、多字、视频的评价。

- 包裹营销，好评返现卡。包裹营销是指在寄包裹时，在包裹里放一个营销的小卡片，如"收藏有礼""好评返现"，以及感谢信等，来鼓励或引导客户做出评价。

三、提及服务评价

提及服务评价是指顾客在评价时，提到××客服的服务非常好，非常热心、专业，解决了顾客咨询中的很多问题等。产品之外的服务体验也是决定购买的重要因素，卖家可以使用以下方法来提升服务质量，加强与顾客之间的交流，赢得顾客的好评。

- 利用情感营销提示。在与顾客交流结束时，客服人员可以主动提醒一下："麻烦您收货评价时对客服的服务做一个评价，帮我加朵小红花。"这就是情感营销，通常情况下客户是不会拒绝的。
- 利用包裹卡片提示。在寄送包裹时放一个卡片，并设置温馨提示："请对接待您的客服的服务态度做一些评价，以帮助我们改进和提升。"

> **名师点拨**
>
> 追求提及服务的评价，不仅可以提高客服的水平与质量，拉近与顾客的距离，更重要的是可以让新顾客在浏览店铺时，能够感受到店铺浓郁的人情味，从而有利于产品的销售。

四、评价回复及质量

对于顾客的评价,无论是好评还是不利的评价,甚至是差评,卖家对于评价的解释和回复都是一个很好的营销机会。具体做法如下。

- 回复评价不要千篇一律,不要过于客套、官方,不要像写诗一般朦朦胧胧,或是以"鸡汤"类套话来回复评价。
- 回复评价时要擅长结合营销,把产品品牌与评价结合起来,因为卖家对评价的解释几乎是新顾客必看的内容,要充分利用它做好营销。

五、问大家

"问大家"对潜在顾客的购买决策具有较大影响,尤其是对一些容易令顾客产生疑虑的产品,同时"问大家"也正在成为比较大的流量入口,因此卖家要注意优化它的活跃度。如果"问大家"里的内容不活跃,或回复的质量比较差,便会严重影响店铺的转化,这时一定要优化,具体做法如下。

- 可以用店家的身份去回复部分问题。
- 可以让自己的朋友自问自答。对于一些新店,顾客的疑虑本来就大,而了解并购买了产品的顾客又不一定能及时地去看"问大家",这个时候卖家可以让自己的朋友去回复一下。但是必须要提醒一点,就是回复一定要真诚,而不要弄虚作假。
- 可以购买第三方的"问大家"服务包。达人营销里有这项服务,但有一点点作假的意思。笔者要提醒大家的是,"问大家"正在成为一个大的流量入口,同时对于购买转化是有较大影响的。

8.9 老顾客维护的诊断

关于老顾客的维护,前文中已经讲了很多具体的做法,本节将从店铺诊断的角度来讲解。

一、四有包裹

卖家在发货时,寄送的包裹要符合我们提倡的四有包裹,即用专用的纸箱和胶带,有小样或赠品,有惊喜礼品,有限期优惠券,这些东西都是提升顾客回购率的重要手段,卖家要加以利用,如图 8-29 所示。

图 8-29 四有包裹

二、短信跟踪流程

顾客下单后,可用短信来进行物流提醒,如图 8-30 所示。

```
设置发货短信、到        设置付款短信        设置个性化
达短信、签收短信        自动提醒           宝贝提醒
等
```

图 8-30　设置短信跟踪流程

- 设置发货短信、到达短信、签收短信等，为顾客提供全链路的物流跟踪服务。
- 设置付款短信自动提醒，或者引导顾客添加店长微信，目的是吸引新的顾客到卖家的私域。
- 设置个性化宝贝提醒，让服务更贴心。比如，笔者是卖蜂蜜的，蜂皇浆是需要冷藏的，且吃起来可能比较难吃，此时便可温馨提示顾客怎样搭配蜂蜜口感更好，功效更好。

> **名师点拨**
>
> 　　以上几项要根据类目的不同酌情添加，适量的短信提示看着很贴心，但过多则会打扰顾客。

三、会员制度

店铺要设置相应的会员制度，尤其是对于重复消费品、快销品来说，是非常重要的。设置会员制度时有以下几个要点。

（1）设置会员阶梯制度，按销量或购买次数给不同级别的顾客提供不同的优惠。

（2）定期策划会员活动或福利。

（3）策划老顾客带新顾客的措施，放大后续营销。

四、定期自动营销

卖家要诊断店铺有没有做自动、定期营销,为了扩大营销,建议要设置自动、定期营销,如图 8-31 所示。比如,在一个顾客购物 30 天之后,自动对其设置 30 天新会员礼:"我们已经认识 30 天了,如果您在接下来一周内购买我们店铺的任何一款产品,会有赠品或折扣送给您,只限一次使用。"

图 8-31　定期自动营销

对于一些重复消费品要设置 60 天、90 天或 180 天的优惠活动。这种活动一定要做,并且要做好,因为销售重复消费品的店铺以老顾客居多,经常搞活动不仅可以保证店铺有稳定的销售量,还能吸引一大批新客户进来。

五、会员生日关怀

同样的道理,卖家也要诊断有没有对会员生日进行关怀。会员生日关怀的设置如图 8-32 所示。设置会员生日关怀需要注意以下几点。

图 8-32　会员生日关怀

- 要尽量收集到会员生日，淘宝默认是不能收集的，但是可以通过第三方软件鼓励顾客填写生日信息，这样以便对他们进行自动关怀。
- 如果会员生日优惠确定了，那么一定要考虑长期可行性，不要半途而废，否则顾客对店铺的信任度就会降低。

六、会员升级关怀

对于会员升级关怀（如图 8-33 所示），在实践过程中卖家会发现，顾客还是很关注这一点的，因为成为高级会员或者 VIP 会员，以后购物会享受更低的折扣。

图 8-33　会员升级关怀

七、沉淀老顾客

大多数人只知道老顾客很重要，但不知道应该如何留住他们。对老顾客不闻不问，这种做法会使店铺慢慢失去老顾客，因为你的产品或服务不可能远远超出同行。因此必须通过主动沉淀的手段，把老顾客吸引在我们周围，方法如图 8-34 所示。具体做法如下。

图 8-34 沉淀老顾客

- 要想办法用红包或包裹，客服或短信，把老顾客沉淀到卖家的个人微信号或公众号中。笔者建议使用个人微信号更好一些。
- 新老顾客的人数及销量占比可以通过第三方软件查看。通过第三方软件可以统计近 30 天、近 90 天、近 180 天中老顾客成交了多少，以及成交趋势的变化，然后进行分析，并找出问题进行优化。

8.10 售前客服的诊断

一、客服知识库（产品、其他）

产品知识是客服必备的，建立客服知识库是非常有必要的，客服在熟悉了产品的相关知识后，便可以从容处理顾客的各类问题，引导顾客购买产品。

如果没有客服知识库，那么可以使用第三方工具来建立。不过，客服知识库的建立不是一蹴而就的，需要长期积累。建立客服知识库有利于对内部客服人员进行指导和培训，此外还要建立反馈机制并及时更新知识库。

二、培训客服的主动营销意识

主动营销是优秀客服的一个重要职能，客服必须有主动营销的套路和意识。如果客服都是被动地等着顾客咨询，机械化地回答顾客的问题，抱着能卖多少就卖多少的心态，那么客服也就失去了存在的意义。一个优秀的金牌客服，通常能让顾客从买一件变成买三件，从消费80元变成消费120元。那么如何培训客服的主动营销意识呢？建议如下。

- 淘汰完全没有能力、没有学习意识的客服。
- 建立优秀的客服月度分享机制和客服评价机制，带领客服团队共同提升。卖家可以通过主管给客服打分、客服之间相互评价、定时查看聊天记录、落实执行情况等举措，来培养客服的主动营销意识。

三、客服常用的快捷回复设置

在客服聊天工具中，可以设置自动回复和快捷回复来提高客服的工作效率。

- 设置自动回复。
- 设置快捷回复，提高工作效率。可以使用千牛设置自动核单和签收的提醒，这样可以大大提高工作效率。

四、如果询盘转化率低于 50%，则需要优化

如果客服的询盘转化率低于 50%，就说明询盘转化率明显偏低，这时要迅速找到偏低的真正原因，要查看聊天记录，查看客服是否回复及时，以及客服是否具备专业产品销售能力。若回复不及时或是客服不具备相应的能力，则要将客服替换掉，或是对客服进行有针对性的培训。

内 容 提 要

本书是一本淘宝、天猫操盘实战手记,从淘宝、天猫店铺运营与管理的角度出发,对作者多年的网店操盘经验与基本操作技能进行了分享。

本书从电商营销必备的基础知识讲起,涉及的技巧和方法都是从实际操作中总结出来的,内容全面、实用,可操作性强。全书共分8章,主要包括:必知必会的电商营销知识、店铺业绩的关键指标——转化率、视觉营销才是转化率的重头戏、如何全方位高精准获取流量、客服为提升销量的作用、延长顾客终身价值的作用、网店工作规划与实施,以及店铺诊断与优化。

本书实操性强,适合网店运营人员或中小网店管理人员自学,也适合作为电商培训机构的培训教程,以及本科院校、高等职业院校电子商务专业的实战指导教程。

图书在版编目(CIP)数据

淘宝天猫网店操盘手记 / 田现辉编著.—北京:北京大学出版社,2020.12
ISBN 978-7-301-31713-6

Ⅰ.①淘… Ⅱ.①田… Ⅲ.①网店 – 运营管理 Ⅳ.①F713.365.2

中国版本图书馆CIP数据核字(2020)第188291号

书　　　名	淘宝天猫网店操盘手记 TAOBAO TIANMAO WANGDIAN CAOPAN SHOUJI	
著作责任者	田现辉　编　著	
责 任 编 辑	张云静　刘　云	
标 准 书 号	ISBN 978-7-301-31713-6	
出 版 发 行	北京大学出版社	
地　　　址	北京市海淀区成府路205号　100871	
网　　　址	http://www.pup.cn　　新浪微博:@北京大学出版社	
电 子 信 箱	pup7@pup.cn	
电　　　话	邮购部 010-62752015　发行部 010-62750672　编辑部 010-62570390	
印 刷 者	北京宏伟双华印刷有限公司	
经 销 者	新华书店	
	880毫米×1230毫米　32开本　11.5印张　300千字 2020年12月第1版　2020年12月第1次印刷	
印　　　数	1–4000册	
定　　　价	58.00元	

未经许可,不得以任何方式复制或抄袭本书之部分或全部内容。
版权所有,侵权必究
举报电话:010-62752024　电子信箱:fd@pup.pku.edu.cn
图书如有印装质量问题,请与出版部联系。电话:010-62756370